Impressum:
Wildtier-Monitoring Bayern, Band 2
Landesjagdverband Bayern e. V.,
Hohenlindner Str. 12, 85622 Feldkirchen
Schriftleitung: Dr. Joachim Reddemann,
Hauptgeschäftsführer des Landesjagdverbandes Bayern e. V.

Gestaltung: Michael Berwanger/Tausendblauwerk, Dachau
Druck: Druckhaus Köthen, Köthen

Titelbild: Tierfotoagentur.de / m.blue-shadow

ISBN-Nr.: 978-3-00-040724-6

WILDTIER-MONITORING BAYERN

BAND 2

Wissenschaftliche Mitarbeit:
Sven Herzog

Schriftleitung:
Joachim Reddemann

Gestaltung:
Michael Berwanger, Marion Lenz, Peter Schungel

LANDESJAGDVERBAND BAYERN E. V.

Herausgegeben vom Landesjagdverband Bayern e. V.
im Auftrag von **Prof. Dr. Jürgen Vocke**,
Präsident des Landesjagdverbandes Bayern e. V.

unter wissenschaftlicher Mitarbeit von
Prof. Dr. Dr. Sven Herzog, Dozentur für Wildökologie und Jagdwirtschaft,
Technische Universität Dresden

mit finanzieller Förderung durch das
Bayerische Staatsministerium für Ernährung, Landwirtschaft und Forsten
aus Mitteln der Jagdabgabe

Unter Schriftleitung von
Dr. Joachim Reddemann
Hauptgeschäftsführer des Landesjagdverbandes Bayern e. V.

mit Beiträgen von

Prof. Dr. forest. habil. Dr. med. Sven Herzog
*Dozentur für Wildökologie und Jagdwirtschaft,
Technische Universität Dresden*

Prof. Dr. rer. nat. Dr. h. c. mult. Paul Müller †
Institut für Biogeographie der Universität Trier

Dr. rer. silv. Joachim Reddemann
Hauptgeschäftsführer des Bayerischen Jagdverbandes

Dr. forest. Thomas Gehle
*Referent für Niederwild beim „Landesbetrieb Wald und Holz
Forschungsstelle für Jagdkunde und Wildschadenverhütung"*

Marion Lenz, B. Eng.
Fachbetreuerin Wildtiermonitoring im Bayerischen Jagdverband

Dipl.-Volksw. Peter Schungel
Assistent des Hauptgeschäftsführers im Bayerischen Jagdverband

Dipl.-Agrar-Ing. Eric Imm
Geschäftsführer Wildland-Stiftung

Dipl.-Biol. Thorsten Kirchner
Gebietsbetreuer Wildland-Stiftung

Haarwild

Beilage
Landkreiskarte Bayerns als Überleger zum Herausnehmen

Bestandseinschätzung der Jäger liefert gesicherte Daten zur Verbreitung zahlreicher Arten

Ich freue mich, Ihnen mit diesem Buch den zweiten Band des Wildtiermonitorings Bayern vorlegen zu dürfen. Hierbei handelt es sich um eine Weiterentwicklung der im Jahr 2009 erschienenen ersten Ausgabe. Als Datengrundlage diente abermals eine Befragung bei den bayerischen Jägern hinsichtlich des Vorkommens gewisser Arten. Es wurden 31 Arten abgefragt. Darunter befinden sind auch zahlreiche Arten, die nicht dem Jagd-, sondern dem Naturschutzrecht unterliegen.

Insgesamt haben sich 1.259 Jagdreviere an der Erfassung beteiligt. Die gewonnen Daten wurden vom Bayerischen Jagdverband über die Hegegemeinschaftsleiter an die einzelnen Revierinhaber verteilt und anschließend in der Landesgeschäftsstelle des Bayerischen Jagdverbandes ausgewertet. Ziel dieses Bandes ist, die Verbreitung der betrachteten Arten in Bayern zu analysieren, um entsprechende Schutz- und Nutzungsstrategien abzuleiten. Die kartographische Darstellung erfolgte mit Hilfe des Programmes ArcGis, Version 10.

Als neue Arten, die im letzten Band keine Berücksichtigung fanden, sind diesmal unter anderem der Sperlingskauz und der Höckerschwan enthalten. Bei vielen bereits 2009 aufgenommenen Arten sind in den Verbreitungskarten sowohl die Vorkommen 2009 als auch 2012 dargestellt. Dies ermöglicht dem Leser, eine Analyse der Verbreitungsentwicklung vorzunehmen. Ebenso sind alle Texte komplett überarbeitet und um weitere Informationen ergänzt.

Unser Dank gilt allen Hegegemeinschaftsleitern und Revierinhabern, die sich an der Erfassung beteiligt haben, sowie Prof. Dr. Dr. Sven Herzog von der Dozentur für Wildökologie und Jagdwirtschaft an der TU Dresden, der das Manuskript für diesen Band komplett überarbeitet hat und zahlreiche weitere Bilder beisteuerte. Ebenfalls sind wir dem leider so früh verstorbenen Prof. Dr. Dr. Paul Müller in dankbarer Erinnerung verbunden. Ohne das große Engagement von Professor Müller, der alle Texte für den ersten Band lieferte und mit zahlreichen eigenen Bildern illustrierte, wäre das Wildtiermonitoring in dieser Art nicht möglich gewesen.

Ich wünsche Ihnen eine anregende Lektüre.

Dr. Joachim Reddemann
(BJV-Hauptgeschäftsführer)

1. Wildtierinformationssysteme und Monitoring als Grundlagen für Schutz und Nutzung

Grundlage sowohl für nachhaltige Nutzung und damit ökosystemgerechte Bejagung von Wildtierpopulationen als auch für geeignete Schutzmaßnahmen sind nachvollziehbare Kenntnisse über ihren Bestand, ihre Vitalität und Entwicklungstendenzen. Flächendeckend vorhandene Reviere, mit Jägern, die in vielen Fällen über mehrere Jahrzehnte die Entwicklung von Fauna und Flora in der freien Landschaft genauestens verfolgen, die ihre Wildtiere kennen, besitzen naturgemäß die notwendigen lokalen Informationen, die wesentliche Quellen und damit unverzichtbare Bausteine für ein flächendeckendes Wildtierinformationssystem darstellen. Nur dem, der glaubhafte, d.h. reproduzierbare und belegbare Daten über den Populationsstatus von Arten besitzt, sie nach transparenten Verfahren ermittelt und sie auf dieser Basis kompetent vertreten kann, wird auch glaubhaft seinen Standpunkt in Diskussionen einbringen können, in denen es um die „Nachhaltigkeit der Bejagung" bestimmter Arten oder ihre Einordnung in Rote Listen oder andere Schutzkategorien geht. Die Jäger kommen mit dem Wildtierinformationssystem zudem einer Vorschrift im Bayerischen Jagdgesetz (§ 13 AVBayJG Wildbestandsermittlung) nach. Natürlich gehen Jäger zunächst einmal nicht auf die Jagd, um Hasen zu zählen. Die Aussage „erst zählen, dann schießen" wird Manchem nicht immer zusagen. Dennoch wird jeder Jäger einsehen, dass der Populationszustand einer Wildtierart natürlich Grundlage für jede nachhaltige Nutzung und für die Festlegung von Schon- und Jagdzeiten ist. Da Populationen nicht an Reviergrenzen gebunden sind und sie von Mortalitätsfaktoren beeinflusst werden, die außerhalb einer bestimmten Lokalität liegen, sind revierübergreifende Informationen zwingend notwendig. Streckenergebnisse können zwar wichtige Hinweise auf Populationstrends liefern, doch wissen wir, wie sehr sie auch von externen Faktoren, wie Motivation oder auch Besorgnis der Jäger um eine Art abhängig sind. Differenzierte Streckenanalysen sind auch weiterhin notwendig aber ohne zusätzliche Informationen können sie zumindest Außenstehende zu Fehlbewertungen verleiten.

In den letzten Jahren konnten wir mitverfolgen, dass durch das sinkende Interesse an der Fangjagd, besonders in Waldrevieren, plötzlich Baummarder, Iltis oder Mauswiesel für einige „Experten" zu „gefährdeten Arten" wurden. Wenn zudem Strecken nicht artspezifisch differenziert werden, wenn z. B. nur noch von „Wildenten" oder „Wildgänsen" gesprochen wird und Hermelin, Mauswiesel sowie Iltis in eine „Schublade" fallen, dann dürfen wir uns nicht wundern, wenn sie in einigen Bundesländern auch pauschal unter Schutz gestellt werden sollen.

Auch die Streckenergebnisse von intensiv bejagten Arten, z. B. dem Schwarz- und Rotwild, erlauben ohne Aussagen zu ihrer Zusammensetzung nach Alter und Geschlecht keine Populationsprognose. Heute können wir von Streckenergebnissen von Rebhühnern, Füchsen, Hermelinen, Baummardern, selbst Wildschweinen oder Rehen keine oder nur sehr vage Aussagen auf deren reale Populationsdichten ableiten.

Die Kenntnis der Populationsdichten der Arten ist jedoch ein gemeinsames Anliegen, aber auch methodisches Grundproblem, nicht nur der Jagd und des Naturschutzes, sondern auch der Populationsökologie und der Seuchenbekämpfung. Natürlich existiert eine Vielzahl von Methoden zur Populationsdichten-Abschätzung (u. a. Fang-Wiederfang-Methoden mit Beobachtung markierter bzw. nichtmarkierter Individuen; Transponder-Markierungen; Fährtenzählung bei Schnee, Losungszählverfahren, Fotofallen und viele andere mehr). Sie alle sind aber primär lokal oder regional, etwa auf Ebene einer Hegegemeinschaft anwendbar. Ihre große Bedeutung liegt in spezifischen Situationen, etwa bei Konflikten, welche aus unterschiedlichen Ansichten über die Wildbestände herrühren, in Großschutzgebieten oder auch in einer Plausibiltätsprüfung der aus Steckenrückrechnungen gewonnenen Daten. Darüberhinaus benötigen wir aber auch großflächige Daten, etwa auf der Ebene eines Bundeslandes.

Wo keine verlässlichen Daten existieren, können Populationsprognosen zum Spielball der Politik und beliebig missbraucht werden. Jäger wissen, dass sich schon immer ein Wandel in den Revieren vollzieht, dass in einem Wirkungsgefüge von Klimaeinflüssen, Flächennutzungsveränderungen, neu auftretenden Viren- und Bakterien-Stämmen, aber auch zunehmendem Druck durch die Generalisten unter den Beutegreifern bestimmte Arten verschwinden.

Gleichzeitig tauchen andere neu auf, einige davon vom Menschen verfrachtet und ausgesetzt (u. a. Kanadagans, Nilgans, Mandarinente, Waschbär, Mink, Marderhund), andere ehemals heimische Arten werden gezielt wieder angesiedelt (u. a. Biber, Wildkatze, Luchs) und wieder andere Arten wie der Wolf erobern ihren ehemaligen Lebensraum zurück. Bei manchen seit langem einheimischen Arten steigen die Populationen deutlich an (u. a. Schwarzwild).

Wieder andere Spezies versucht der Gesetzgeber auf bestimmte Gebiete und Räume in Bayern zu beschränken (vgl. § 17 AVBayJG über „Rotwildgebiete"). Ein großflächiges M o n i t o r i n g ist deshalb von grundlegender Bedeutung und wird seit Jahrzehnten für andere Tier- (vgl. u. a. FLADE und SCHWARZ 2004, HEATH 1971, LECLERCQ 1973, MÜLLER 1974, 1976, 1981, 1988, 2002, 2009) und Pflanzenarten z. T. europaweit durchgeführt. Grundlage für jedes Monitoring sind kenntnisreiche und zuverlässige Mitarbeiter. Es erfordert harte Kärrnerarbeit; es ist aber auch für die Umweltpolitik unverzichtbar (ELLENBERG et al. 1978). Auch deshalb sind in den letzten Jahrzehnten viele „Erfassungsprogramme für die Fauna und Flora Deutschlands und Europas" entstanden (vgl. MÜLLER 1976, 1981, 2009), auch zahlreiche, meist auf Stichproben beruhende

Inventurverfahren. Nur wenige verfügen über ein flächendeckendes Beobachternetz. Eines davon ist das W i l d t i e r i n f o r m a t i o n s s y s t e m (WILD), das im Jahre 2000 als bundesweites Monitoring-Programm zur Erfassung von Wildtierarten vom Deutschen Jagdschutzverband aufgebaut wurde. Sein Ziel ist die kontinuierliche Erfassung von flächendeckenden Populations- und Flächennutzungs-Informationen als Grundlage für Strategien für den Schutz und die nachhaltige Nutzung von Tierpopulationen. Die Daten des Monitoring-Projektes „Greifvögel und Eulen Europas" fließen in das Wildtierinformationssystem mit ein.

Dass die Jäger mit WILD hervorragende Arbeit leisten, wurde auch in der „Biodiversitätsstrategie" der Bundesregierung 2008 besonders hervorgehoben. Das Wildtierinformationssystem, dessen Datenbank und Datenverarbeitung von Spezialisten der Universität Trier in enger Zusammenarbeit mit dem Aufbau dezentraler Einheiten in den einzelnen Landesjagdverbänden entwickelt wurde, steht und fällt mit der qualitativen Mitarbeit der Jäger. Es besteht aus z w e i m e t h o d i s c h sehr unterschiedlichen Arbeitseinheiten:

Den R e f e r e n z g e b i e t e n (Modell-Reviere) und d e r F l ä c h e n d e c k e n d e n E i n s c h ä t z u n g (passives Monitoring). R e f e r e n z g e b i e t e sind einzelne oder mehrere zusammenhängende Reviere in einem Naturraum, in denen neben der Erfassung der Wildtierdaten (inkl. Reproduktionsdaten) auch die wesentlichen Randbedingungen, unter denen diese leben (u. a. Flächennutzung, Vegetation, Klima, Jagdintensität und Jagdstrecken, Straßenverluste, Krankheiten, Prädatoren), zeitgleich und flächenbezogen gesammelt werden. Jede Art erfordert naturgemäß artspezifische Erfassungsmethoden, die über die durchaus wichtige reine Beobachtung deutlich hinausgehen. Die Dichte einer Mauswieselpopulation ist bekanntlich wesentlich schwieriger zu ermitteln als jene von Rebhühnern oder Hasen. Seit 2001 werden in den Referenzgebieten Deutschlands und natürlich auch von Bayern z. B. zweimal jährlich (Frühjahr und Herbst) mittels Scheinwerfertaxation in der Nacht die Feldhasendichten auf bestimmten Flächen erfasst (vgl. u. a. STRAUß et al. 2008).

Deutlich zu unterscheiden von den Aufnahmedaten aus den Referenzgebieten ist das z w e i t e S t a n d b e i n von WILD, die F l ä c h e n d e c k e n d e E i n s c h ä t z u n g. Bei ihr geht es darum, unter Beteiligung möglichst vieler Jäger und Reviere das Vorkommen von Wildtieren im Idealfall flächendeckend zu erfassen. Diese Daten können naturgemäß nur Informationen über die Existenz bestimmter Arten an bestimmten Standorten liefern, doch sind allein schon diese Informationen, wenn man an Arten wie Fischotter, Luchs oder Elch denkt, von unschätzbarer Bedeutung. Sie sind aber auch wichtig, um die Präsenz von sog. „Allerweltsarten" zu dokumentieren; denn auch deren Areale und Populationszustände wandeln sich; allerdings achten wir häufig weniger auf ihre oft schleichenden lokalen und/oder regionalen Verschiebungen.

An der 2006 erstmals von WILD durchgeführten F l ä c h e n d e c k e n d e n E i n s c h ä t z u n g (für 23 Wildarten) beteiligten sich 31.544 Reviere in Deutschland (über 50 % aller deutschen Jagdbezirke) und 3.431 Reviere in B a y e r n. Die von WILD ermittelten Daten wurden auch von Naturschutzorganisationen und dem Bundesamt für Naturschutz auf Plausibilität geprüft und in der „Biodiversitätsstrategie der Bundesrepublik Deutschland" als wichtiges Standbein zur Erfassung und Sicherung der Biodiversität unseres Landes anerkannt. Damit haben Jäger bewiesen, dass nur durch eine solide Grundlagenarbeit Vertrauen und Dialogfähigkeit zwischen unterschiedlichen Interessengruppen entstehen kann. Naturgemäß werden im Wildtier - Monitoring zunächst nur jene Arten schwerpunktmäßig bearbeitet, die nach § 2 des Bundesjagdgesetzes dem Jagdrecht zugeordnet sind. Allerdings sind Erweiterungen auch auf andere Tiergruppen (z. B. Kormoran) sachlich geboten und ergeben sich auch durch Kooperationen mit anderen Erfassungs- und Kartierungsprojekten (z. B. DDA-Monitoring der Vögel Deutschlands; Deutscher Fischereiverband u. a.). Analysen über den Einfluss der Flächennutzung und Prädation, etwa auf Rebhuhn-Populationen, zeigten, dass die im gleichen Raum erhobenen Daten über andere Bodenbrüter (u. a. Kiebitz, Brachvogel, Feldlerche) naturgemäß auch für Populationsprognosen z. B. für ornithologische Arbeitsgruppen von erheblicher Bedeutung sein können. Hinzu kommen auch Aufgaben im Rahmen der nationalen „Umweltbeobachtung" (vgl. § 12 Gesetz über Naturschutz und Landschaftspflege / BNatSchG vom 25.2.2002), aber auch der Umwelthaftung (vgl. MÜLLER 2005) oder der Überwachung von sogenannten FFH-Arten und -Gebieten. Zwar ist die Umweltbeobachtung „Aufgabe des Bundes und der Länder im Rahmen ihrer Zuständigkeiten". Da jedoch der Zweck der Umweltbeobachtung die Ermittlung und Bewertung des „Zustandes des Naturhaushalts" ist (und „seiner Veränderungen, den Folgen solcher Veränderungen, den Einwirkungen auf den Naturhaushalt und den Wirkungen von Umweltschutzmaßnahmen auf den Zustand des Naturhaushaltes"), kommt insbesondere ein effizienter Artenschutz (§ 39) ohne ein dichtes Beobachtungsnetz durch unabhängige Experten nicht zu realitätsnahen Aussagen.

2. Ergebnisse der flächendeckenden Erfassung von Wildtierarten in Bayern 2009

Mit 70.551,57 Quadratkilometern ist Bayern nicht nur das größte, sondern mit Höhendifferenzen zwischen 98 m ü. NN (Main bei Kahl in Unterfranken) und 2.962 m (Zugspitze bei Garmisch-Partenkirchen) in den Alpen auch das Bundesland mit der stärksten orographischen Strukturdynamik und damit auch Faktorenvielfalt.

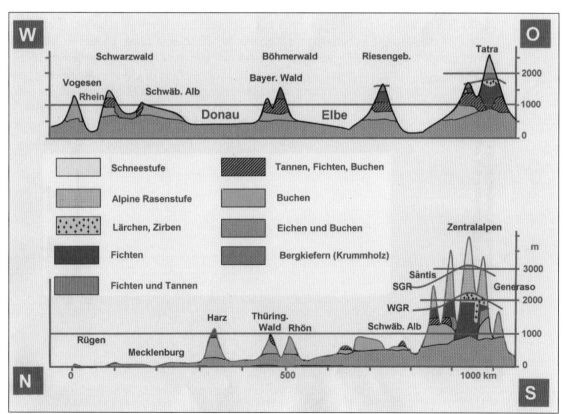

Zwei Querschnittsprofile (Höhenstufen und Vegetation) durch Deutschland zeigen, dass Bayern das Bundesland mit der höchsten Strukturdiversität ist.

Diese bestimmt auch die an sie angepasste hohe Struktur- und damit auch Biodiversität. Bedingt durch seine Lage und vertikale Gliederung kommen sehr unterschiedliche Floren- und Faunenelemente in Bayern vor. So finden wir Arten, die z. B. dem hochalpinen Lebensraum der Alpen oberhalb der Waldgrenze angepasst sind (u. a. Schneehase, Schneehuhn, Alpenmurmeltier, Steinbock), andere, die an die Montanwaldstufe (u. a. Haselhuhn, Auerwild) oder die sommergrünen Wälder des Flachlandes gebunden sind.

Zweifellos sind die alpinen Ökosysteme die naturnächsten, obwohl jahrtausendelange Besiedlung und moderner Massentourismus auch sie nachhaltig veränderten, heute noch beeinflussen und teilweise überformen. Durchschnittlich 179 Menschen leben pro Quadratkilometer in Bayern (insgesamt 12,599 Mio. Einwohner im Jahre 2012). Natürlich ist die Populationsdichte und die Flächennutzung in den Landkreisen höchst unterschiedlich.

Über 50 % der Fläche Bayerns wird landwirtschaftlich genutzt, davon 64,5 % als Ackerland (Grünlandanteil 35 %). Wald bestimmt auf ca. 35 % des Landes die Flächennutzung. Bayern ist mit 2,56 Millionen Hektar das waldreichste Land Deutschlands. 54 % der Wälder befinden sich im Privatbesitz, 30 % sind Staatswälder, 2 % Bundeswald und 14 % Körperschaftswälder. Die Fichte dominiert mit 45 % bei der Baumartenzusammensetzung, gefolgt von der Kiefer (19 %), den weiteren Laubbäumen (13 %), der Buche (12 %) und der Eiche (6 %). Der insbesondere vom Staatsforst angestrebte Waldumbau soll zu einer naturnäheren Bewirtschaftung der Wälder mit einem höheren Laubholzanteil führen. Klimawandel, Verkehrs- und Flächennutzungspolitik bestimmen heute entscheidend die Tierpopulationen in Bayern. Naturgemäß gibt es Gewinner und Verlierer dieses Wandels.

Zu den Gewinnern gehören vornehmlich die Anpassungskünstler unter den Arten, auch profitieren viele von den Nahrungsüberschüssen in der Feldflur und der verstärkten Fruktifikation der Waldbäume im letzten Jahrzehnt, insbesondere der Eichen und Buchen (u. a. Schwarzwild). Gewinner sind aber auch viele Generalisten unter den Beutegreifern, die nicht an ein bestimmtes Beutetier gebunden sind, und die das heute verfügbare breite und reichhaltige Nahrungsangebot nutzen können. Viele von ihnen unterstehen in Bayern dem Jagdrecht (u. a. Fuchs, Waschbär, Marderhund, Nutria, Rabenkrähe, Elster, Eichelhäher) und können deshalb auch durch jagdliche Eingriffe in ihren Populationen reduziert werden. Die Verlierer sind den Jägern bestens bekannt, werden ihre Populationen doch seit Jahrzehnten auch unter Einsatz erheblicher finanzieller Mittel „dauergestützt" (u. a. Auerwild, Birkwild).

Entsprechend der ökologischen Valenz der Arten, aber auch ihrer Bindung an unterschiedliche Landschaften, verlaufen ihre Populationstrends in den bayerischen Großlandschaften z. T. höchst unterschiedlich. Diese von der Landesnatur bestimmten Räume, die von MEYNEN & SCHMITHÜSEN (1962) als n a t u r r ä u m l i c h e E i n h e i t e n definiert wurden, bestimmen auch in der Kulturlandschaft immer noch die Wildtiere. Natürlich besitzen sie je nach ökologischer Nische und Migrationsfähigkeit für einzelne Tier- und Pflanzengruppen unterschiedliche Bedeutung (vgl. u. a. KUHN & BURBACH

1998, SCHLUMPRECHT & WAEBER 2003), doch wirken sie insbesondere auf die Lebensbedingungen des Feder- und Haarwildes.

Dem sollten im Übrigen auch nach dem Bayerischen Jagdgesetz die Hegegemeinschaften folgen (vgl. § 7 AVBayJG): „Der räumliche Wirkungsbereich einer Hegegemeinschaft hat zusammenhängende Jagdreviere zu umfassen, die nach Lage, landschaftlichen Verhältnissen und natürlichen Grenzen den Lebensraum der darin vorkommenden Hauptwildarten bilden und in ihrer Gesamtheit eine ausgewogene Hege der darin vorkommenden Wildarten und eine einheitliche großräumige Abschussregelung gewährleisten".

Für die Landschafts- und Naturschutzplanung liegen bei den Bundesländern eine Vielzahl von Untersuchungen und Berichtssystemen vor, die Informationen über Schutzgebiete, Biotope oder Arten liefern. Eine nationale Darstellung des Umweltzustandes und seiner Entwicklung lässt sich aufgrund der unterschiedlichen Zielsetzung aus diesen Daten allerdings kaum durch eine Verdichtung oder Verknüpfung ableiten (vgl. die Diskussionen um eine „Ökologische Flächenstichprobe" des Statistischen Bundesamtes seit 1996).

Wesentlich zielführender ist eine Bewertung des Zustandes der Biodiversität unseres Landes, dargestellt an einem Indikatoren-System von Tier- und Pflanzenarten. Dazu muss man allerdings diese Arten und ihre Verbreitung auch kennen. Getrennt von den Arten können ganz im Sinne der FFH-Richtlinie auch die Habitate erfasst und ihre Flächenveränderungen bilanziert werden. Natürlich bestehen zwischen Habitaten und vielen Arten enge Beziehungen. Allerdings fällt auch auf, dass die „Habitatbindung" keineswegs allgemeinen Lehrbuchvorstellungen folgt und viele Arten in völlig anderen als ihren „Idealhabitaten" heute offensichtlich überleben und erfolgreich reproduzieren.

Erfassung der einzelnen Arten

Die Erfassung von 31 Arten wurde von den örtlichen Jägern auf Revierebene durchgeführt, zentral koordiniert über die Leiter der 750 Hegegemeinschaften in Bayern. Die gesammelten Informationen zum Vorkommen der einzelnen Arten wurden in der WILD-Datenbank des Bayerischen Landesjagdverbandes gespeichert und werden im Folgenden, bezogen auf die einzelnen Bayerischen Landkreise, graphisch dargestellt. Für die erste bundes- und bayernweite Erfassung der Wildtierarten wurde zunächst eine Auswahl getroffen, die neben regionalen Besonderheiten insbesondere den Populationsstatus der Arten, mögliche Probleme in der Kulturlandschaft, ihre Gefährdung, ihre Invasivität (insbesondere bei Neozoen), Schutzprogramme aber auch offene wissenschaftliche, praktische und arbeitstechnische Fragen berührte.

Bei manchen Arten hat sich ihr Art- bzw. Unterartstatus geändert, was u. a. nicht nur Konsequenzen für ihre Erfassung hat, sondern in einigen Fällen auch für deren

Lage der Landkreise Bayerns

Bejagung und zukünftige Streckenlisten. Das gilt z. B. für den Silbermöwenkomplex. „Silbermöwen" gehören bekanntlich zu den „jagdbaren Vogelarten" mit einer Jagdzeit vom 1. Oktober bis 10. Februar. Aber hinter den „Silbermöwen" verbergen sich sehr verschiedene Großmöwen-Arten, die sich äußerlich meist nur geringfügig unterscheiden (OLSEN & LARSSON 2004), deren Evolution und Verbreitungsgeschichte jedoch über 60 Jahre Gegenstand wissenschaftlicher Kontroversen und Spekulationen war (MAYR 1940). Erst durch sorgfältige Freilandanalysen (YESOU 1991) unterstützt durch molekulargenetische Untersuchungen konnte Ende des vergangenen Jahrhunderts nachgewiesen werden, dass der „Silbermöwen-Komplex" aus mehreren Arten und Unterarten besteht. Danach gehören z. B. die „Bayerischen Silbermöwen" überwiegend zur Unterart Larus michahellis michahellis, der Mittelmeermöwe, die ein „Neubürger" Bayerns ist (BEZZEL et al. 2005, von LOSSOW & FÜNFSTÜCK 2003) und sicherlich zunächst deshalb als „stark gefährdeter Brutvogel" eingestuft wurde. 1987 tauchte die erste Brut der Art in Bayern auf. Im Mittelmeergebiet, dem Herkunftsraum der Mittelmeermöwe, an der Schwarzmeerküste und der iberisch-französischen Atlantikküste expandieren die dortigen Populationen, weshalb auch mit einem weiteren Ansteigen nicht nur der bayerischen Populationen gerechnet werden darf. Neuere Brutvorkommen in den Niederlanden, Polen und einzelnen Bundesländern Deutschlands bestätigen diesen Trend. Im Zusammenhang mit Kartierungen im Rahmen des WILD konnte 2006 auch eine größere Brutkolonie der Mittelmeermöwe auf einer künstlichen Insel in der Donau bei Kößnach (Straubing) festgestellt werden. Grund genug, darauf hinzuweisen, dass Larus michahellis zwar weiter im Steigflug ist, dass sie jedoch im Gegensatz zur Silbermöwe, mit der sie leicht verwechselt werden kann, nicht oder noch nicht zu den jagdbaren Arten in Deutschland und Bayern gehört. Feldornithologisch sind Silber- und Mittelmeermöwe keineswegs leicht zu unterscheiden. Der englische Name der Mittelmeermöwe „Yellow-legged Gull" (Gelbbein-Möwe) deutet darauf hin, dass die Beinfarbe ein Unterscheidungsmerkmal sein kann; allerdings gibt es auch Silbermöwen mit gelben Beinen. Im Winter besitzen adulte Silbermöwen meist einen deutlich graueren Kopf als adulte Mittelmeermöwen. In allen Altersstadien sind Mittelmeermöwen meist deutlich heller als Silbermöwen. Sitzen Silber- und Mittelmeermöwen in gemischten Schwärmen nebeneinander, fällt auch auf, dass die Mittelmeermöwen etwas kleiner sind als ihre nördlichen Verwandten. Man muss schon einige Erfahrung mitbringen, will man die beiden Arten sicher unterscheiden. Für Mittelmeer- und Silbermöwen selbst ist das jedoch kein Problem. Dort wo sie zusammen vorkommen (z. B. an der Atlantikküste), finden nur selten Kreuzungen zwischen beiden Arten statt. Ein Blick auf die „Silbermöwen-Abschüsse" in südlichen deutschen Bundesländern in den letzten zehn Jahren lässt vermuten, dass sich sicherlich darunter auch einige Mittelmeermöwen befinden. Trotzdem hat sich die Mittelmeermöwen-Population in Deutschland gut entwickelt. Allerdings wäre es sinnvoll, wenn die immerhin über zehn Jahre alten Erkenntnisse der Wissenschaft auch in der Jagdzeiten-Festsetzung der Bundesländer Einzug halten würden. Aber selbst wenn wir dazu noch weitere zehn Jahre benötigen, wir

Jäger sollten auf jeden Fall genau wissen, welche biologisch hochinteressanten Objekte über Kimme und Korn angepeilt werden.

Eine wichtige Wildtiergruppe stellen naturgemäß auch die Neubürger in Bayern dar. Viele Arten verdanken ihr heutiges Vorkommen in Bayern dem Menschen (u. a. Kanadagans, Nilgans, Graugans, Mandarinente, Biber, Nutria, Luchs, Waschbär, Marderhund, Nutria). Andere Neubürger wanderten in den letzten Jahrzehnten meist vom Osten her nach Bayern ein. Dagegen kämpfen einheimische Arten in Restpopulationen ums Überleben (u. a. Auerhuhn, Birkhuhn). Daneben existieren Arten, deren Populationsentwicklungen erhebliche Sorgen bereiten (u. a. Schwarzwild). Verständlich, dass diese Arten nicht nur für Jagd und Naturschutz von besonderer Bedeutung sind, sondern auch für unsere Gesellschaft. Deshalb besitzen sie im Rahmen der Wildtiererfassung auch einen „Sonderstatus".

Von wachsender Bedeutung für das WILD-Monitoring sind zweifelsohne die N e o - z o e n, zu denen nach klassischer Definition zunächst einmal alle diejenigen Arten gehören, die nach etwa dem Jahr 1500 in unser Gebiet einwanderten oder vom Menschen eingeführt wurden. Diese zeitliche Grenzziehung war sinnvoll, denn einerseits setzte mit dem Beginn großer Entdeckungsreisen ein erstaunlicher Floren- und Faunenaustausch zwischen den Kontinenten ein, andererseits kam mit den ersten Kräuterbüchern und vielen regionalen und lokalen Faunenlisten auch erst eine Dokumentation über die „einheimischen Arten" zustande. Da jedoch der Wandel das Charakteristikum unserer Ökosysteme ist, kommt es bei der Analyse von Neozoen nicht mehr so entscheidend darauf an, in welchem Jahrhundert sie einwanderten, sondern welche Rolle sie in unseren regionaltypischen Ökosystemen spielen. Es geht letztlich um ihre Integration, es geht um ihr Zusammenwirken mit einheimischen Arten und deren Gefährdung durch die Neuankömmlinge; es geht um die genaue Definition ihres Etablierungsstatus (vgl. u. a. BAUER & WOOG 2008). E t a b l i e r t e N e o z o e n sind gebietsfremde Arten mit sich selbst tragenden Populationen, die über einen längeren Zeitraum, mindestens 25 Jahre, und über mindestens drei Generationen in Bayern existieren und in ihrem Fortbestand ohne menschliche Hilfe auskommen (BAUER & WOOG 2008, GEBHARDT et al. 1996, GEITER 1999, MÜLLER 1981).

I n v a s i v e N e o z o e n sind nichtheimische Arten, die sich außerhalb ihres Herkunfts-Areals und jenseits ihrer Ausbreitungsfähigkeiten in Bayern etablieren, die regionaltypischen Lebensgemeinschaften und die Biodiversität verändern und bedrohen. BAUER & WOOG (2008) unterscheiden mehrere Kategorien von Neozoen bei Vogelarten, die u.E. auch auf Säugetiere und andere Wirbeltiere angewandt werden können. Zu den etablierten Neozoen unter den Federwildarten gehören in Deutschland u. a. die Kanadagans, die Nilgans, die Rostgans und die Mandarinente. Eine weitere wichtige Gruppe mit „Sonderstatus" im WILD sind naturgemäß Großsäugetiere (u. a. Elch, Braunbär, Wolf, Luchs), deren Einwanderung sorgfältig erfasst werden muss. Ihr Monitoring und ihr Management sind ohne aktive Mithilfe der Jäger schlichtweg nicht möglich. Großraubwild und die Landschaften, in denen es noch seine Fährte zieht, sind für Jäger und Naturliebhaber zweifellos die letzten Natur-Paradiese unserer Erde. In großen

Teilen Westeuropas wurden sie zerstört, Luchs, Wolf und Braunbär in den letzten 200 Jahren ausgerottet. Dennoch haben sie Spuren im kulturellen Gedächtnis der Menschen hinterlassen. Das gilt insbesondere für Wolf und Braunbär. WRIGHT (1909) widmete ihm „with the respect, admiration, and affection to the noblest wild animal of North America" eine Monographie. HERRERO (1985) dokumentierte akribisch "Bear Attaks" und zeigte, dass sie dort auftreten, wo wir das Wissen und die Achtung vor diesem Muskelpaket längst verloren haben. WITTING (1939) setzte dem berühmten Sieben-bürgischen Karpatenbären Frate Nicolae ein Denkmal. EBEN-EBENAU (1944) ließ uns kanadische Wildnis atmen und mit seinem „Geisterbären" mitfühlen; LINNELL (2009) sowie BREITENMOOSER & BREITENMOOSER (2008) lieferten uns wissenschaftliche Er-kenntnisse über den Luchs und seine Beutetiere. Wir wissen, dass wir zusammen leben können, wenn wir es nur wollen. Aber es müssen die Voraussetzungen geklärt sein, die auch unsere anderen Wildtiere berücksichtigen.

Der Wegfall der Elektrozäune und „Todesstreifen" zwischen Ost und West, wirksame Schutzmaßnahmen und auch wieder ansteigende Populationsdichten von Bär und Wolf verstärkten im letzten Jahrzehnt deren Ausbreitungstendenzen nach Westen und Norden. Durch die letzten unzerschnittenen, naturnahen Kulturlandschaften, durch Gebiete im Alpenraum oder ehemalige Truppenübungsplätze und Schutzgebiete wird eine natürliche Einwanderung erleichtert. Der Lebensraumbedarf insbesondere von Wolf und Bär führt jedoch zwangsläufig in Deutschland, bei über 220 Menschen pro Quadratkilometer, zu Konflikten zwischen Flächennutzung und Weidetieren, zwischen Problem-Menschen und Problem-Bären. Bär, Wolf und Luchs sind Arten des Anhangs II der FFH-Richtlinie, wobei Bär und Wolf als prioritäre Arten einen besonderen Schutz genießen. Sofern sie reproduktionsfähige Populationen in Europa etablieren können, sind diese Gebiete meist ohne erhebliche Restriktionen in das NATURA-2000-Netz zu integrieren (MÜLLER 2005, 2008). Für Habitate und Arten von „gemeinschaftlichem Interesse" sind bekanntlich Managementpläne zu erstellen. Das geht nur mit den Men-schen, nicht gegen sie.

Jäger hatten bereits vor über 30 Jahren empfohlen, eine aktive, allerdings rational ab-wägende Rolle bei der Reintegration von Bär, Wolf und Luchs, aber auch von Elch oder Wisent in mitteleuropäische Ökosysteme zu übernehmen. Übereinstimmend mit inter-nationalen Konventionen (u. a. Berner Konvention; Rio) und EG-Gesetzen (FFH-Richtli-nie) begleiten die Jäger die natürliche Zuwanderung der Großsäuger und übernehmen gemeinsam mit anderen Naturschutzverbänden und mit EuroNatur Verantwortung für Schutz, aber auch Management dieser Arten. Auch dazu ist ein sorgfältiges Monitoring zwingend erforderlich, auch um offene Fragen des Zusammenwirkens von Großraubtie-ren, Schalenwild, Haustieren und Menschen unter den konfliktträchtigen Flächennut-zungskonkurrenzen in Deutschland besser verstehen und steuern zu können. Voraus-setzung für lebensfähige Populationen sind möglichst unzerschnittene, verkehrsarme Räume, die als „Trittsteine" dienen können, aber auch die regionale Akzeptanz der Bevölkerung. Deshalb beteiligen sich die Jäger beim Abbau bestehender Informationsdefizite. Illegale Tötungen in natürlich eingewanderten Populationen werden ebenso abgelehnt wie illegale Auswilderungen.

Kooperationsstrategien erfordern mehr Wissen über diese Arten, die keine Kuscheltiere sind; sie brauchen die Freiheit, die auch wir alle so lieben, für die wir kämpfen, unsere Vorfahren sogar starben. Es könnte sein, dass wir trotz aller Wunschvorstellungen diese Freiräume schon längst verloren haben.

Zum Nach- und Weiterlesen

BAUCH, T.; EGER, M.; KRUSCH, R.; HERZOG, S. Wildbestandsermittlung durch Wildlosungszählung. Allgemeine Forst Zeitschrift - Der Wald, 182–183, 4/2007

BAUER, H.-G.; WOOG, F. Nichtheimische Vogelarten (Neozoen) in Deutschland, Teil I: Auftreten, Bestände und Status. Vogelwarte **46**, 157–194, 2008

BEZZEL, E.; GEIERSBERGER, I.; von LOSSOW, G; PFEIFER, R. Brutvögel in Bayern. Ulmer, Stuttgart, 2005

BREITENMOOSER, U.; BREITENMOOSER, C. Der Luchs. Ein Grossraubtier in der Kulturlandschaft. Salm Verlag, Bern, 2008

BRIEDERMANN, L. Der Wildbestand – die große Unbekannte. Methoden der Wildbestandsermittlung. Enke Verlag, Stuttgart, 1983

DJV (2007): Wildtier-Informationssystem der Länder Deutschlands. Status und Entwicklung ausgewählter Wildtierarten in Deutschland (2002–2006). Jahresbericht 2006. Bonn

DJV (2008): Wildtier-Informationssystem der Länder Deutschlands. Jahresbericht 2007. Bonn

EBEN-EBENAU, R. Der Geisterbär. Parey Verlag, Hamburg, 1944

ELIGER, A.; LINDEROTH, P.; PEGEL, M. Jagdbericht Baden-Württemberg 2006/2007. Berichte der Wildforschungsstelle **14**, Aulendorf, 2008

ELLENBERG, H.; FRÄNZLE, O.; MÜLLER, P. Ökosystemforschung im Hinblick auf Umweltpolitik und Entwicklungsplanung. Forschungen im Bereich von Umweltgrundsatzangelegenheiten des Bundesministeriums des Innern, Bonn, 1978

FLADE, M.; SCHWARZ, J. Ergebnisse des DDA-Monitoringprogramms. Vogelwelt **125**, 177–213, 2004

GEBHARDT, H.; KINZELBACH, R.; SCHMIDT-FISCHER, S. Gebietsfremde Tiere - Auswirkungen auf einheimische Lebensgemeinschaften und Biotope – Situationsanalyse. Ecomed Verlag, Landsberg, 1996

GEITER, O. Was sind Neozoen? Begriffsbestimmungen und Definitionen. Umweltbundesamt Texte **55**, 44–50, 1999

GREGORY, R.; VANSTRIEN, A.; VORISEK, P.; GMELIG, A.; NOBLE, D.; FOPPEN, R.; GIBBONS, D. Developing indicators for European birds. Philos. Trans. R. Soc. London **360**, 269–288, 2005

HEATH, J. The European Invertebrate Survey. Acta Entomol. Fenn. **28**, 27–29, 1971

HELBIG, A.J.; LIEBERS, D.; DE KNIFF, P. Artbildung und Verwandtschaftsverhältnisse im Silber-Heringmöwen-Komplex Larus argentatus/fuscus. Limicola **18**, 233–258, 2004

HERRERO, S. Bear attacks. Their sauses and avoidance. Lyons & Burford, New York, 1985

JOHANSOHN, S.; STRAUSS, E. Wild und Jagd – Landesjagdbericht Niedersachsen 2005, Hannover, 2006

KUHN, K.; BURBACH, E. Libellen in Bayern. Ulmer, Stuttgart, 1998

LANGGEMACH, T.; BELLEBAUM, J. Prädation und der Schutz bodenbrütender Vogelarten in Deutschland. Vogelwelt **126**, 259–298, 2005

LECLERRCQ, J. Participation Belge à la Cartographie des Invertébrés Européens. Mitt. Biogeographie **5**, 3–18, 1973

LINNELL, J. Luchs, Rehwild und Jäger. Jagen weltweit, 52–59, 4/2009

von LOSSOW, G.; FÜNFSTÜCK, H.-J. Bestand der Brutvögel Bayerns 1999. Ornithol. Anzeiger **42**, 57–70, 2003

LWF BAYERN, Waldfläche und Waldstruktur, im Internet unter: http://www.lwf.bayern.de/veroeffentlichungen

MAMMEN, U.; MÜLLER, P.; STUBBE, M. *Das Monitoring der Greifvögel und Eulen Europas – Grundlage einer europaweiten Schutzstrategie. Game Conservancy Nachrichten* **15**, *34–46, 2005*

MEYNEN, E.; SCHMITHÜSEN, J. *Handbuch der naturräumlichen Gliederung Deutschlands. Bundesanstalt für Landschaftskunde und Raumforschung, Bad Godesberg, 1962*

MAYR, E. *Speciation phenomens in birds. Amer. Nat.* **74**, *249–278, 1940*

MÜLLER, P. *Erfassung der westpalaearktischen Invertebraten. Fol. Entomol. Hung.* **27**, *405–430, 1974*

MÜLLER, P. *Voraussetzungen für die Integration faunistischer Daten in die Landesplanung der Bundesrepublik Deutschland. Schr. Vegetationskunde* **10**, *27–47, Bonn-Bad Godesberg, 1976*

MÜLLER, P. *Arealsysteme und Biogeographie. Ulmer, Stuttgart, 1981*

MÜLLER, P. *Ökosystemgerechte Jagd. Sonderteil der Allgemeinen Forstzeitschrift 43 (27), 761–772, 1988*

MÜLLER, P. *Ökosystemgerechtes Wildlifemanagement. Rundgespräche der Kommission für Ökologie* **25**, *95–132, Bayerische Akademie der Wissenschaften, Verl. Pfeil, München, 2002*

MÜLLER, P. *Erfassung und Sanierung von Umweltschäden aus naturwissenschaftlicher Sicht. In: Umwelthaftung nach neuem EG-Recht 13–46. Verl. E. SCHMIDT, Berlin, 2005*

MÜLLER, P. *Habitatverbesserungen für den Fuchs? Game Conservancy Nachrichten* **17**, *1–14, 2007*

MÜLLER, P. *Klimawandel und Wildtiere. GCD-Nachrichten* **17**, *29–50, 2008*

MÜLLER, P. *FFH-Irrtum zwischen Theorie und Praxis. Miro* **44**, *14–19, (4): 12–21, 2008*

MÜLLER, P. *Die Zukunft der Jagd & die Jäger der Zukunft. Verl. Neumann-Neudamm, Melsungen, 2009*

OLSEN, K. M.; LARSSON, H. *Gulls of Europe, Asia and North America. Helm, London, 2004*

SCHLUMPRECHT, H.; WAEBER, G. *Heuschrecken in Bayern. Ulmer, Stuttgart, 2003*

STATISTISCHES LANDESAMT BAYERN, *Regionalstatistik Bayern*

STRAUSS, E.; GRAUER, A.; BARTEL, M.; KLEIN, R.; WENZELIDES, L.; GREISER, G.; MUCHIN, A.; NÖSEL, H.; WINTER, A. *The German wildlife information system: population densities and development of European Hare* (Lepus europaeus Pallas) *during 2002–2005 in Germany. J. Eur. Wildl. Res.* **54**, *143–147, 2008*

SÜDBECK, P.; BAUER, H.-G.; BOSCHERT, M.; BOYE, P.; KNIEF, W. *Rote Liste der Brutvögel Deutschlands, Ber. Vogelschutz* **44**, *23–81, 2007*

VAN STRIEN, A.; PANNECK, J.; GIBBONS, D. *Indexing European bird population trends using results of national monitoring schemes: a trial of a new method. Bird Study* **48**, *200–213, 2001*

WITTING, E. *Frate Nicolae der siebenbürgische Karpathenbär. Rütten & Loening, Potsdam, 1939*

WRIGHT, W.H. *The Grizzly Bear. University of Nebraska Press, Lincoln, 1909*

YESOU, P. *The sympatric breeding of La-rus fuscus, L. cachinnans and L. argenta-tus in western France. Ibis* **133**, *256–263, 1991*

Kapitel I

Federwild

FOTO: G. PAULUHN/PICLEASE

Rebhuhn
(Perdix perdix)

FOTOS: WERNER NAGEL, A. WOLF

Stabile Seltenheit

Einst Charaktervogel der kleinbäuerlichen Kulturlandschaft, angepasst an weite, offene Steppen, kommt das Rebhuhn seit den 1980er Jahren insgesamt nur noch selten vor, es stirbt aber auch nicht aus. Die Ursachen für den europaweiten Einbruch sind bis heute unverstanden. Vielleicht liegt das an ihrer Indifferenz (DWENGER 1991): Rebhühner sind Kulturfolger, aber auch Kulturflüchter, sie brüten im Altgras, aber auch im Getreide, usw. Sie verhalten sich überall anders. Bis heute bleiben viele Fragen zum Nistsubstrat und zu Deckungshabitaten unbeantwortet (DÖRING & HELFRICH 1986). Sicher ist, dass mosaikartig Vorkommen seit Jahren erloschen sind. Die mittlere Dichte liegt für besiedelte Jagdbezirke bei zwei Paaren pro 100 ha, Maximaldichten liegen bei über sechs Paaren. Solche Dichten werden kleinräumig vor allem in Nordwestdeutschland, in Bayern entlang des Mains und der Donau erreicht, am häufigsten auf Ackerland. Waldlandschaften meiden Rebhühner, sie sind wie Feldhasen Offenlandbewohner. Mindestens 200 ha Offenland brauchen sie (KAISER 1997).

Während sich Rebhühner im Winter zu Ketten gruppieren, vereinzeln sie sich im Frühjahr. Hähne beanspruchen ein Territorium und rufen in der Dämmerung. Hahn wie Henne wechseln vor der Wahl des Neststandortes ihre Partner, nach Brutbeginn bewacht ein Hahn aber nur eine Henne (JENKINS 1961). Häufig liegen nahe dem Brutplatz Wege oder wegähnliche Linearstrukturen. Rebhühner scheinen jedoch unabhängig von der Flächennutzung Habitate für Nistplätze zu bevorzugen, deren Aufwuchs Anfang Mai zwischen 15 und 65 cm hoch ist (WÜBBENHORST 2002).

Vor allem eine hohe Sterblichkeit im Frühjahr scheint die Bestände seit über 20 Jahren zu begrenzen. Eine der wenigen systematischen Untersuchungen zum Einfluss von Fressfeinden zeigte, dass eine intensive Beutegreiferbejagung zwar die herbstlichen Rebhuhnbesätze erhöhen kann. In Phasen dreijähriger Beutegreiferkontrolle stieg der Herbstbesatz (September) bezogen auf den jeweiligen Frühjahrsbesatz von etwa 100 % auf bis zu 350 % an. Dagegen nahmen die Frühjahrsbesätze während der Kontrollzeit kaum zu (TAPPER *et al.* 1996).

Steckbrief

Länge	28 bis 32 cm
Gewicht	325 bis 425 g
Gelege	Zehn bis 22 Eier
Brutzeit	April/Mai
Rechtlicher Status	Unterliegt dem Jagdrecht, Jagdzeit in Bayern 1.9. – 31.10.

Folglich werden vor allem noch Brutplatzmangel und Mangelernährung als Sterblichkeitsfaktoren im Frühjahr diskutiert (WÜBBENHORST 2002). Erste Studien zu der Frage, ob sich das Rebhuhn wegen einer ausgeprägten Nistplatztreue selbst im Weg steht, deuten jedoch eher darauf hin, dass sich Rebhuhnpaare vorrangig aus dem Weg gehen, sich die Brutterritorien nicht überlappen (vgl. DÖRING & HELFRICH 1986). Warum dann aber die Besätze nicht weiter zunehmen, wenn in den besten Jagdbezirken maximal nur die Hälfte des geeigneten Offenlandes als Brutlebensraum besetzt ist, bleibt ungeklärt (GEHLE 2010).

Sowohl Küken bis zur zweiten Lebenswoche als auch Altvögel müssen im Frühsommer hohe Anteile tierischer Nahrung (Spinnen, Springschwänze, Schmetterlingsraupen, Zikaden) aufnehmen, insgesamt überwiegt jedoch die Pflanzennahrung (Samen, Blätter, Sprosse). Das Angebot bestimmt die Aufnahme (vgl. GLUTZ v. BLOTZHEIM et al. 1973, POTTS 1986). Sollte Nahrungsmangel die hohe Frühjahrssterblichkeit bedingen, könnten die Besätze vielleicht mit einer Frühjahrsfütterung vor einem weiteren Rückgang bewahrt werden. Vorerst bleibt damit die Anlage und Erhaltung von Deckungsstreifen sowie eine gezielte Fütterung Daueraufgabe einer nachhaltigen Hege.

Landesweit bedeutendes Projekt der Wildland-Stiftung Bayern zum Rebhuhnschutz

Der Naturraum Nördlicher Oberpfälzer Wald mit zahlreichen Kuppen, Wäldern, Feuchtwiesen und naturnahen Bachtälern und einem Mosaik unterschiedlicher Kleinbiotope aus Hecken, Rainen, Quellen und Teichen bot ausgezeichneten Lebensraum für das Rebhuhn. Als in den 80er Jahren des letzten Jahrhunderts auch in der Gemeinde Tännesberg im Landkreis Neustadt an der Waldnaab der Bestand dramatisch einbrach, widmete sich die Wildland-Stiftung als Naturschutzstiftung der Bayerischen Jäger dem Schutz des Feldvogels.

Der Schutz des Rebhuhns läuft heute unter dem großen Gemeinschaftsprojekt „Bayerische Modellgemeinde Biodiversität Tännesberg", in dem unter einer Trägergemeinschaft aus der Gemeinde Tännesberg, dem Naturpark Nördlicher Oberpfälzer Wald und den großen Naturschutzverbänden aus Wildland-Stiftung Bayern, Bund Naturschutz in Bayern und Landesbund für Vogelschutz in Bayern mehrere Projekte zum Schutz der Artenvielfalt zusammengeführt sind.

Im Vordergrund steht dabei die Beratung der Landwirte, sich an Agrarumweltprogrammen zu beteiligen, um die Strukturvielfalt und damit die Lebensraumqualität für die Feldvögel zu erhalten. Nach dem Motto: „Naturschutz geht durch den Magen" werden mit dem extensiven Anbau alter Kartoffel- und Getreidesorten neue Wege beschritten, Naturschutz im Einklang mit der Bevölkerung und zum Nutzen des Menschen umzusetzen. Nach ersten Erprobungs- und Anbauphasen auf Naturschutzflächen der Wildland-Stiftung Bayern beteiligen sich heute weitere Landwirte am Anbau alter Kartoffel- und Getreidesorten. Nach altem Braurecht wird aus Emmer, Dinkel

QUELLE: BJV

und Einkorn das inzwischen beliebte Rebhuhn-Zoigl, eine Bierspezialität, gebraut. Darüber hinaus runden viele Backspezialitäten aus diesen alten Getreidesorten das regionale Angebot ab.

Entlang des eigens errichteten Rebhuhnwegs lernen Besucher weitere Besonderheiten aus dem Leben des Feldvogels kennen: Artenreiche Saumbiotope entlang von Feldern und Wegen fördern die Insektenvielfalt, die während der Kükenaufzucht als Hauptnahrung unerlässlich sind. Rohböden auf Feldwegen oder im Kartoffelacker werden von den Hühnern zum Sandbaden aufgesucht. Solche Flächen nutzen die Vögel auch mit ihren Jungvögeln gerne zum Gefiedertrocknen nach Regenfällen. Durch nasses Gefieder kühlen besonders die Jungvögel schnell aus, was zu einer hohen Verlustrate führt. Auf einer Demonstrationsfläche wird der Anbau der verschiedenen Feldfrüchte in lockerem Pflanzabstand gezeigt, in dem die Vögel leichter hindurch laufen können. Durch die Aussaat von mehrjähriger Lebensraummischung aus vielen verschiedenen Wildpflanzen haben die Tiere ganzjährig Deckung und ein reichhaltiges Nahrungsangebot aus Insekten und Sämereien.

In dem Gesamtprojekt unter der oben genannten Trägerschaft sind weitere Projekte wie die Beweidung mit Rotvieh oder Streuobstprojekte zusammengefasst, die allesamt dazu beitragen, die Artenvielfalt in der Region zu bewahren.

Jahreszyklus beim Rebhuhn

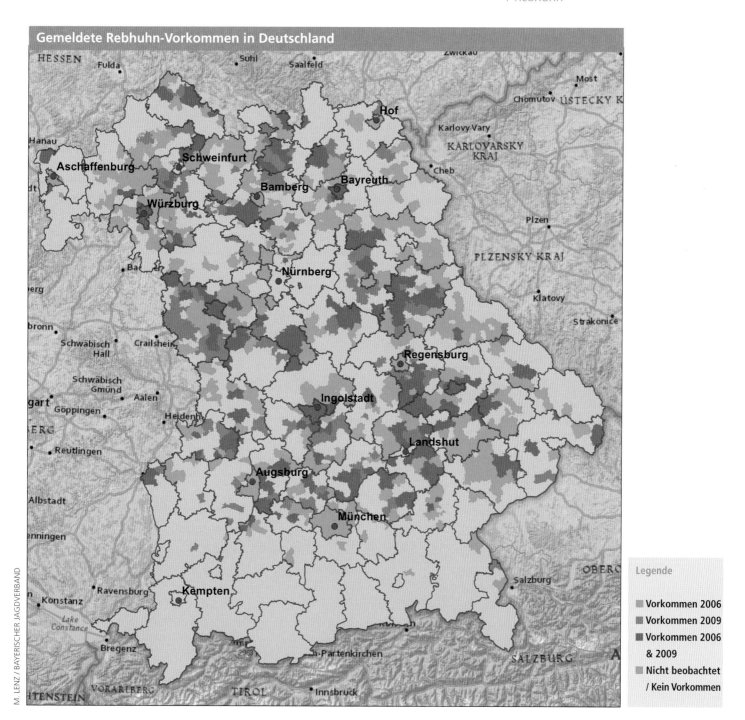

Gemeldete Rebhuhn-Vorkommen in Deutschland

Legende

- Vorkommen 2006
- Vorkommen 2009
- Vorkommen 2006 & 2009
- Nicht beobachtet / Kein Vorkommen

M. LENZ / BAYERISCHER JAGDVERBAND

Zum Nach- und Weiterlesen

DÖRING, V.; HELFRICH, R. Zur Ökologie einer Rebhuhnpopulation (Perdix perdix, Linné, 1758) *im Unteren Naheland (Rheinland-Pfalz; Bundesrepublik Deutschland). Schriften des Arbeitskreises für Wildbiologie und Jagdwissenschaft an der Justus-Liebig-Univeristät Gießen. Ferdinand Enke Verlag Stuttgart. Heft 15. 365 S., 1986*

DWENGER, R. Das Rebhuhn. Die Neue Brehm-Bücherei. Ziemsen Verlag. Wittenberg Lutherstadt. Zweite Auflage. Bd. 447. 144 S., 1991

GEHLE, T. Steht sich das Rebhuhn selbst im Weg? Rheinisch-Westfälischer Jäger **64, 9**: *6–8, 2010*

GLUTZ V. BLOTZHEIM, U. N.; BAUER K. M.; BEZZEL, E. [Hrsg.] Perdix perdix Linné 1758 – Rebhuhn. In: Handbuch der Vögel Mitteleuropas. Galliformes und Gruiformes. Band 5. Akademische Verlagsgesellschaft. Frankfurt am Main. S. 247–283, 1973

JENKINS, D. Social behaviour in the partridge Perdix perdix. Ibis **103a**, *155–186, 1961*

KAISER, W. Rebhuhnprojekte in Mitteleuropa. Bericht an die Wildtierland. Wildbiologische Gesellschaft München e.V. Ettal. 80 S., 1997

POTTS, G. R. The Partridge. Pesticides, Predation and Conservation. W. Collins Sons & Co. Ltd. London. 274 S., 1986

TAPPER S.; POTTS G.R.; BROCKLESS, M. H. The effect of an experimental reduction in predation pressure on the breeding success and population density of grey partridges Perdix perdix. J. App. Ecol. 33: 965–978, 1996

WÜBBENHORST, D. Gefährdungsursachen des Rebhuhns Perdix perdix *in Mitteleuropa. Vergleichende Untersuchung von Lebensräumen mit unterschiedlicher Siedlungsdichte des Rebhuhns unter besonderer Berücksichtigung der Nisthabitate. Dissertation, Kassel University Press. 102 S., 2002*

Fasan
(Phasianus colchicus)

FOTO: S. OTT/PICLEASE

Steckbrief

Länge	55 bis 90 cm
Gewicht	750 bis 1.300 g
Gelege	Acht bis zwölf Eier
Brutzeit	April bis Juli
Rechtlicher Status	Unterliegt dem Jagdrecht, Jagdzeit in Bayern 1.10. – 31.12.

Ein alter Europäer

Alle mitteleuropäischen Fasanenbestände stammen von jagdlich motivierten Aussetzungen ab, vor allem aus höfischen Fasanerien. Erste sichere Hinweise auf das Vorkommen freilebender Fasane in Deutschland stammen aus dem Rheinland des 12. und 13. Jahrhunderts. Aus der zentral- und ostasiatischen Heimat verfrachtet, etablierten sich von den über 30 Rassen mindestens drei Ökotypen: Der Colchicustyp (Böhmischer Jagdfasan, Nominatform), der robuste Torquatustyp (Ringfasan, ab 1750) und der Mongolicustyp (Kasachstan-Fasan, ab 1900) mit weißem Halsring. Weitere Ökotypen, die gezüchtet und ausgesetzt wurden, sind der ringlose Versicolortyp aus Japan (Japanischer Buntfasan) und Nachkommen aus Kreuzungen dieser Typen (GLUTZ v. BLOTZHEIM *et al.* 1973). Der Fasan ist zugleich ein klassischer Kulturfolger. Seine höchsten Dichten erreicht er in Nordwestdeutschland und im Südosten Bayerns.

Fasane leben im Winter gesellig, aber vielfach in getrenntgeschlechtlichen Gruppen aus zehn bis 30 Hennen und zwei bis zehn Hähnen. Innerhalb dieser Gruppen besteht eine Rangordnung. Zu Beginn der Balz Ende März bilden sich Zweiergruppen aus Platzhahn und Beihahn. Der Platzhahn wird Haremsbesitzer und balzt, Beihähne verstreichen. Die Beihähne sind „psychische Kastraten": Ihre roten Hautlappen (Rosen) bleiben klein, die Hähne rufen nicht, fliehen und jagen einzelne Hennen an, um sie zu treten. Balzhähne dagegen zeigen Futterlocken und das typische Umkreisen einer Henne. Die Henne kann sich dem Anbalzen entziehen, indem sie sich der nächsten Hennengruppe (Harem) anschließt. Nach und nach scheiden Hennen zum Brüten aus dem Harem aus (GLUTZ v. BLOTZHEIM *et al.* 1973).

In unbejagten Populationen fand man ein Geschlechterverhältnis von eins zu 0,5 bis 1,5. Bejagung verschiebt das Verhältnis zugunsten der Hennen auf eins zu zwei bis eins zu zehn. Bis zu einem Verhältnis von eins zu 50 soll eine normale Quote befruchteter Eier möglich sein (TWINING *et al.* 1948). Bei einer Gesamtsterblichkeit von jährlich 60 Prozent werden Fasane im Durchschnitt knapp zwei Jahre alt. Die Überlebensrate der Hennen entscheidet über die Bestandsdichte. Mit zunehmender Dichte wiederum steigt die Hennensterblichkeit, vor allem im Frühjahr und Spätsommer, ebenso wie die alter Hähne (GLUTZ v. BLOTZHEIM *et al.* 1973).

Seit 2008 sind die Jagdstrecken nicht nur in Ostbayern, sondern vor allem in Nordwestdeutschland eingebrochen, lokal um über 60%. Erste Studien weisen darauf hin, dass langfristige Trends maßgeblich von der Witterung im April abhängen könnten (GEHLE 2010). Fasanenhennen schreiten von April bis Juni mit einer Zeitspanne von über 70 Tagen zum Brutgeschäft (BEKLOVA & PIKULA 1992). So war der April 2007 extrem warm und trocken und hat vermutlich die sehr hohen Jagdstrecken im Herbst nicht nur in Bayern ermöglicht. Doch bis heute erholten sich die Besätze nicht wieder. Zwar gibt es keinen Hinweis darauf, dass der Rückgang des Fasans mit der Anwendung des für Bienen tödlichen Pflanzenschutzwirkstoffes Clothianidin zusammenhängt (PEGEL 2009), doch nahm am Niederrhein und in Westfalen die Jagdstrecke am stärksten in Landkreisen mit hohem Getreideanteil ab (GEHLE 2010). In einigen Jagdbezirken gingen die Strecken nicht zurück. Sie unterschieden sich von den betroffenen Revieren durch einen für den Fasan optimalen Lebensraum mit kontinuierlicher Wasserverfügbarkeit, mehrjährigen, niedrigen Deckungsstrukturen (Altgras, Schilf) und ausreichend wintergrüner Deckung wie Senf oder Gehölzgruppen (vgl. BEHNKE 1964). Offensichtlich können Fasanenbesätze in derart gut ausgestatteten Habitaten Stressoren besser verkraften als in schlechten.

Ein aktuelles Forschungsprojekt der Ludwig-Maximilians-Universität München beschäftigt sich in Bayern mit der Folge, welche Rolle Umweltgifte wie z. B. das Pestizid Clothianidin, aber auch Krankheitserreger in Zusammenhang mit dem Rückgang des Fasans spielen.

Für die Hege ist zu beachten, dass mit dem saisonalen Wechsel zwischen geselliger und territorialer Lebensweise auch die Biotopansprüche wechseln können. Fasane brauchen sowohl offene Äsungsflächen und Balzplätze als auch eine sichere Winterdeckung gegen Wind und Schnee. Je nach Revierverhältnissen kann damit ein Wechsel zwischen Sommer- und Wintereinständen verbunden sein. Gerade von ihrer Herkunft aus wandernde Ökotypen wie der Mongolicus lassen sich folglich nur durch konsequente Winterfütterungen (Weizen, Gerste, Tricitale) unter guter Deckung (Streifen aus Schilf, Mais, Schlehe, Brombeere, Weiden) in den Revieren halten. Verfügbare Wasserstellen, Bereiche für das tägliche Hudern (Holzasche), zur Aufnahme von Magensteinchen (Sandhaufen mit Muschelschrot) und zum Aufbaumen optimieren den Lebensraum (vgl. SCHMIDT 2004).

Kurzumtriebsplantagen zur Energieholzerzeugung sind möglicherweise ein Lichtblick für den Fasan in der ausgeräumten Agrarlandschaft

FOTO: PROF. DR. DORIS KRABEL

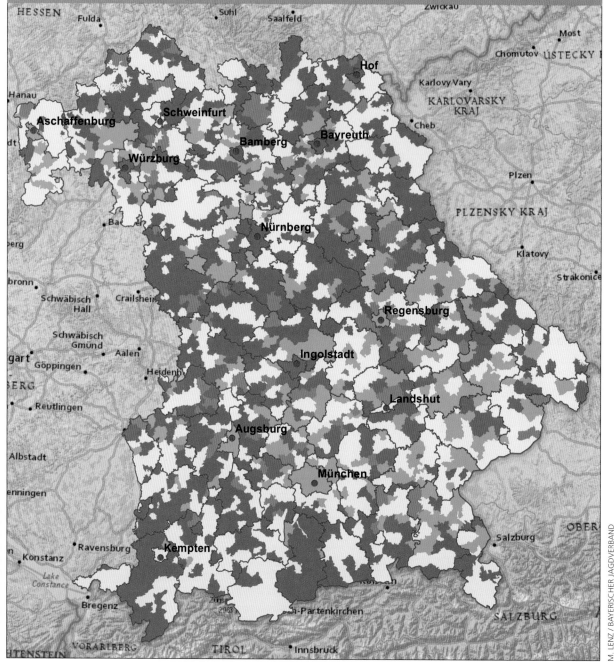

Gemeldete Fasan-Vorkommen in Bayern

Legende

- Vorkommen 2006
- Vorkommen 2009
- Vorkommen 2006 & 2009
- Nicht beobachtet
- Kein Vorkommen

M. LENZ / BAYERISCHER JAGDVERBAND

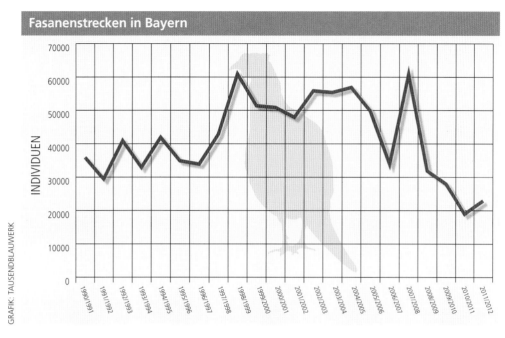

Fasanenstrecken in Bayern

GRAFIK: TAUSENDBLAUWERK

INDIVIDUEN

**Fasanenstrecken
in Bayern 1990 – 2012**

Zum Nach- und Weiterlesen

BEHNKE, H. Hege, Aufzucht und Aussetzen von Fasanen und Rebhühnern. Verlag Paul Parey. Hamburg und Berlin. 3. Aufl., 81 S., 1964

BEKLOVA, M.; PIKULA, J.The time course of egg-laying and clutch size in free living population of Phasianus colchicus in the Czech Republic. Folia Zoologica **41**, 253–262, 1992

GEHLE, T. Retrospektive zum Rückgang des Fasans. Schriftenreihe des Landesjagdverbandes Bayern e.V. **18**, 13–23, 2010

GLUTZ V. BLOTZHEIM, U. N.; BAUER K. M.; BEZZEL, E. [Hrsg.] Phasianus colchicus Linné 1758 – Fasan. In: Handbuch der Vögel Mitteleuropas. Galliformes und Gruiformes. Band 5. Akademische Verlagsgesellschaft. Frankfurt am Main, 322–370, 1973

HERZOG, S. Kurzumtriebsplantagen: Eine Chance für das Niederwild? Revierkurier, 1–3, Juni 2011

PEGEL, M. Entwicklung der Fasanenbesätze und weiterer Niederwildarten nach Ausbringung von mit Clothianidin gebeiztem Saatgut im Frühjahr 2008. Bericht der Wildforschungsstelle. [Hrsg.] Landwirtschaftliches Zentrum für Rinderhaltung, Grünlandwirtschaft, Milchwirtschaft, Wild und Fischerei Baden-Württemberg LAZBW. Aulendorf, 22 S., 2009

SCHMIDT, K. Fasanenhege zeitgemäß. Ein Leitfaden für die Praxis. Verlag J. Neumann-Neudamm AG. Melsungen, 127 S., 2004

TWINING, H.; HJERSMAN, H. A.; MACGREGOR, W. Fertility of eggs of the Ringnecked Pheasant. California Fish Game **34**, 209–216, 1948

Wachtel
(Coturnix coturnix)

Steckbrief	
Länge	16 bis 18 cm
Gewicht	70 bis 155 g
Gelege	Sechs bis 14 Eier
Brutzeit	April bis Juni
Rechtlicher Status	Unterliegt dem Jagdrecht, ganzjährige Schonzeit

Nachweise nur durch rufende Hähne

Der bekannte „Wachtelschlag" der Hähne (Balzruf der Hähne) ist meist der erste Beleg für die Präsenz des kleinsten Hühnervogels in unseren Landschaften. Wachteln sind Zugvögel und bevorzugen als Lebensraum offene Landschaften. Ihre Populationen unterliegen erheblichen jahreszeitlichen Schwankungen, daher sind Aussagen zu Populationstrends schwierig. In der offenen Kulturlandschaft brütet die Wachtel in Deckung bietenden höheren Krautschichten, benötigt jedoch auch vegetationsfreie, zumindest kurzgrasige Flächen. Der Wachtelschlag ist deshalb meist aus lückigen Getreidefeldern, aus Brachflächen oder vom Rand von Getreideschlägen zu hören.

Als Zugvögel treffen die ersten Wachteln bei uns je nach Wettergeschehen im April oder Anfang Mai ein und ziehen Anfang Oktober wieder in Richtung Süden.

Bis gegen Ende des 19. Jahrhunderts spielte in den mitteleuropäischen Brutgebieten der Wachtelfang eine große Rolle. Er wurde mit einem feinmaschigen Schleppnetz, dem Tirass, durchgeführt. HORNBERGER (1986) verdanken wir eine Schilderung des Wachtelfangs aus Oberschwaben. Verständlich, dass in der damaligen Zeit die Menschen sorgfältiger auf die Präsenz der Wachteln in der Feldflur achteten. „Wenn die Gerste gehauen war und der zwischengesäte Klee zu wachsen begann, dann war Zeit für den Wachtelfang. Unerlässlich war ein ruhiger, revierender feinnasiger Vorstehhund. Die beiden Träger des Tirass halten das Netz leicht gespannt in dem durch seine Länge gegebenen Abstand, etwa 5 m, auf die Finger aufgerefft... Steht der Hund Wachteln vor,..., dann gehen die Netzhalter ihn vorne an. Einige Meter vor der Hundenase lässt der Haltefinger die Netzreffen auf die Kleesaat herunter und deckt sie völlig ein... Dann bringt man die sich drückenden Wachteln durch Zupfen und Rütteln zum Steigen. Sie verfangen sich in den Netzmaschen, werden schnell gegriffen und in Säckchen gesteckt... In 1,5 Stunden wurden auf diese Weise bis zu 33 Wachteln gefangen".

Die Meldungen zu Wachtelvorkommen in Bayern zeigen, dass die höheren Lagen der Alpen gemieden werden, ebenso geschlossene Waldungen. In Aussehen und Lebensweise ist die Wachtel dem Rebhuhn sehr ähnlich. Die Grundfarbe ist braun, das Seitengefieder gestrichelt. Der Hahn lässt sich von der Henne leicht am schwarzen Kehlfleck unterscheiden. Ihre Ernährung besteht hauptsächlich aus Sämereien, Getreidekörnern und Insekten. Wachteln sind polygame Vögel, der Hahn beteiligt sich nicht an der Aufzucht der Jungen. Als Nest dient eine kleine Mulde, die nur spärlich mit dürrem Gras ausgekleidet wird.

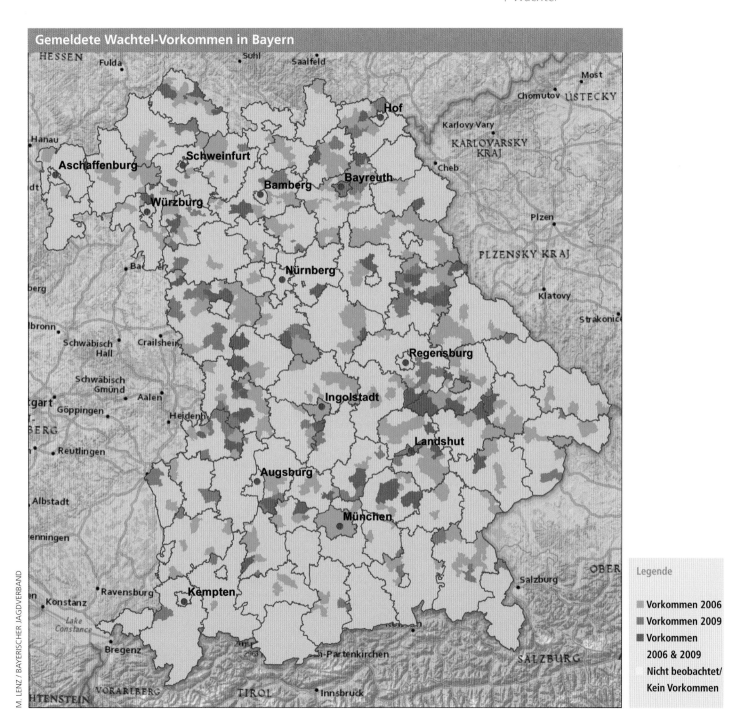

Gemeldete Wachtel-Vorkommen in Bayern

Legende

Vorkommen 2006

Vorkommen 2009

Vorkommen
2006 & 2009

Nicht beobachtet/
Kein Vorkommen

M. LENZ / BAYERISCHER JAGDVERBAND

Zum Nach- und Weiterlesen

BÖNISCH, R. Die Wachtel (Coturnix coturnix) in der Naab-Wondreb-Senke. J. OAG Ostbayern **19**, 177–186, 1992

BÖNISCH, R. Wachtel. In: Brutvögel in Bayern, Verlag Ulmer, Stuttgart, 122–123, 2005

HORNBERGER , F. Über den Wachtelfang in Oberschwaben. Orn. JB. Baden-Württemberg, 2, 1986

KROYMANN, B. Beitrag zur Kenntnis der Brutverbreitung einiger Vogelarten im Bereich der Hochalb. Mit Notizen zur Rufaktivität der Wachtel (Coturnix coturnix). Anz. Orn. Ges. Bayern **12**, 214–236, 1973

ZACH, P. Zur Vogelwelt des Rötelseeweihergebietes bei Cham in der Oberpfalz in den Jahren 1988–1997. J. OAG Ostbayern **24/25**, 1–114, 1998

Auerwild
(Tetrao urogallus)

FOTO: H.-J. FÜNFSTÜCK/PICLEASE

Verlierer intensiver Forstwirtschaft

Auerwild ist ein typischer Bewohner der eurasiatischen borealen Berg- und Nadelwälder. Der Verlust solcher naturnaher Wälder, nicht zuletzt auch durch die geregelte Forstwirtschaft der letzten 250 Jahre, stellt neben anderen Rückgangsursachen wie etwa Prädation sicher eines der Hauptprobleme dieser Vogelart dar.

Sein Brutverhalten, seine gesamte Populationsbiologie, seine Ernährung und Verdauungsphysiologie sind an naturnahe Bergwälder adaptiert, wo es vor opportunistischen Prädatoren (u. a. Fuchs, Wildschwein) sicher sein kann. Hier findet es seine bevorzugte Nahrung, die je nach Jahreszeit aus Nadeln, Knospen, Beerenkräutern, Früchten und Insekten besteht. Insbesondere die Nadeln werden durch spezialisierte Magen-Darm-Mikroorganismen erschlossen, deren Ausfall zum Verhungern der Vögel in strengen Wintern führen kann. Zusätzlich werden Mahlsteine aufgenommen, die der Zerkleinerung der pflanzlichen Kost dienen.

Das faszinierende Balzverhalten des Auerhahns, seine Frühjahrsbalz und sein von Infraschall- Flattersprüngen (vgl. MOSS & LOCKIE 1979, LIESER et al. 2006) begleiteter „Frühgesang", ist für Jäger und alle anderen naturbegeisterten Menschen ein besonders tief einprägsames Erlebnis.

Zwischenzeitlich konnten durch molekulare Methoden auch die Verwandtschaftsverhältnisse der balzenden Hähne an einigen Brutplätzen genauer beleuchtet werden (vgl. u. a. SEGELBACHER et al. 2007), ebenso wie die potentielle Gefährdung der Populationen durch weitere Zersplitterung und Isolation (SEGELBACHER & HÖGLUND 2000, STORCH 2001, SEGELBACHER et al. 2003).

Zunehmende Freizeitaktivitäten und eine Technisierung der Forstwirtschaft haben dazu geführt, dass die Auerwild-Bestände in den Alpen stark rückläufig sind. In den Mittelgebirgen ist Auerwild fast verschwunden. Hier war das Auerwild in der Vergangenheit ein Profiteur übernutzter Nadelwälder. Größere Vorkommen finden sich nur noch in Osteuropa und Skandinavien.

Steckbrief	
Länge	74 bis 95 cm
Gewicht	Hennen 1,5 bis 2,5, Hahnen 3,5 bis 6,5 kg
Gelege	Fünf bis zwölf Eier
Brutzeit	Mai/Juni
Rechtlicher Status	Unterliegt dem Jagdrecht, ganzjährige Schonzeit

Auerwild unterliegt dem Jagdrecht, genießt in Deutschland jedoch ganzjährige Schonzeit. In verschiedenen anderen EU-Staaten wird das Auerhuhn jedoch durchaus noch bejagt. Unabhängig davon, ob es sich dabei vorwiegend um eine Herbstjagd vor allem auf jüngere Individuen oder um eine Frühjahrsbejagung balzender Althähne handelt, ist dann aber ein langfristiges Bestandesmonitoring auf wissenschaftlicher Grundlage erforderlich. Seit etwa den 1970er Jahren wurden regelmäßig in unterschiedlichen Regionen Wiederansiedlungsprojekte ins Leben gerufen. Diese waren teils mehr, teils weniger erfolgreich. Die Grundprobleme einer Wiederansiedlung des Auerhuhns in Deutschland scheinen in der Beachtung der Genetik und der Ernährungsphysiologie der ausgewilderten Tiere einerseits, und in der Prädatorensituation andererseits zu liegen (vergl. z.B. SIANO *et al.* 2006, 2011 und HERZOG 2010). Dies bedeutet aber nicht, dass Wiederansiedlung beim Auerhuhn grundsätzlich zum Scheitern verurteilt ist. Zukünftige Projekte erfordern allerdings eine frühzeitige und engmaschige wissenschaftliche Begleitung (Herzog 2010).

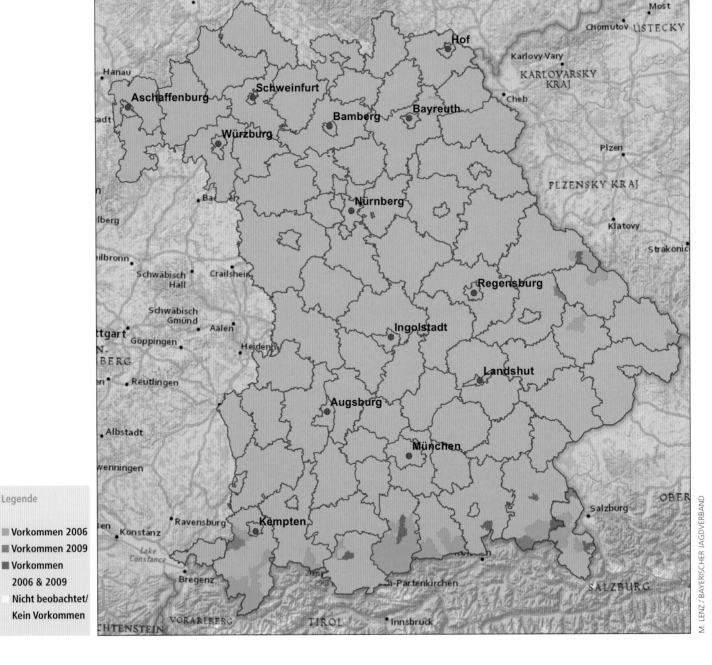

Gemeldete Auerwild-Vorkommen in Bayern

Legende

- Vorkommen 2006
- Vorkommen 2009
- Vorkommen 2006 & 2009
- Nicht beobachtet/ Kein Vorkommen

M. LENZ / BAYERISCHER JAGDVERBAND

Zum Nach- und Weiterlesen

BANUELOS, M.-J.; QUEVEDO, M.; OBESO, J.-R. Habitat partitioning in endangered Cantabrian capercaillie Tetrao urogallus cantabricus. J. Ornithol **149**, 245–252, 2008

HERZOG, S. Für und Wider von Wiederansiedlungsprojekten, dargestellt am Beispiel des Luchses (Lynx lynx) und des Auerhuhnes (Tetrao urogallus) im Harz. Artenschutzreport **26**, 55–57, 2010

LIESER, M.; BERTHOLD, P.; MANLEY, G.A. Infrasound in the flutter jumps of the capercaillie (Tetrao urogallus): apparently a physical by-product. J. Ornith, 147

MARTI, C. Das schweizerische Auerhuhn-Schutzprojekt. Naturschutzreport **10**, 47–56, 1995

MENONI, E. Ecologie et dynamique des populations du grand tétras dans les Pyrénées, avec des references speciales à la biologie de la réproduction chez les poules – quelques applications à sa conservation. Dissertation, Universität Toulouse, 1991

MOSS, R.; LOCKI, I. Infrasonic components in the song of the capercaillie Tetrao urogallus. Ibis **121**, 95–97, 1979

MÜLLER, F. Auerhuhn. In: Handbuch der Vögel Mitteleuropas, Band 5. Akad. Verlagsgesellschaft, Frankfurt a. Main, 172–225. 1973

PAKKLA, T.; PELLIKA, J.; LINDEN, H. Capercaillie Tetrao urogallus – a good candidate for an umbrella species in taiga forests. Wildl. Biol. 9, 309–316, 2003

SEGELBACHER, G.; HÖGLUND, J.; STORCH, I. From connectivity to isolation: genetic consequences of population fragmentation in capercaillie across Europe. Molecul. Ecol. **12**, 1773–1780, 2003

SEGELBACHER, G.; WEGGE, P.; SIVKOV, A.; HÖGLUND, J. Kin groups in closely spaced capercaillie leks. J. Ornithol.**148**, 79–84, 2007

SIANO, R.; BAIRLEIN, F.; EXO, K.-M.; HERZOG, S. A. Überlebensdauer, Todesursachen und Raumnutzung gezüchteter Auerhühner (Tetrao urogallus L.). Vogelwarte **44**, 145–158, 2006

SIANO, R., HERZOG, S. A.; EXO, K.-M.; BAIRLEIN, F.. Nahrungswahl ausgewilderter Auerhühner (Tetrao urogallus L.) im Harz. Vogelwarte **49**, 137–148, 2011

STORCH, I. Capercaillie. The Journal of birds of the Western Palaearctic. Oxford University Press, Oxford, 2001

WEGGE, P.; KASTDALEN, L. Pattern and causes of natural mortality of capercaillie, Tetrao urogallus, chicks in a fragmented boreal forest. Ann. Zool. Fenn. **44**, 141–151, 2007

WEGGE, P.; KASTDALEN, L. Habitat and diet of young grouse broods: resource partitioning between Capercaillie (Tetrao urogallus) and Black Grouse (Tetrao tetrix) in boreal forests. J. Ornith. **149**, 237–244, 2008

Birkwild
(Tetrao tetrix)

Steckbrief

Gewicht	Bis 1.300g
Gelege	Sieben bis zehn Eier
Brutdauer	26 bis 28 Tage
Brutzeit	Mai/Juni
Rechtlicher Status	Unterliegt dem Jagdrecht (ganzjährige Schonzeit), Rote Liste Bayern (vom Aussterben bedroht)

Restbestände zwischen Isolation, Habitatverlusten und Prädation

Birkwild ist im Gegensatz zum nah verwandten Auerwild kein ausgesprochener Waldvogel, sondern bewohnt offene, locker mit Gebüsch durchsetzte Moore und Heiden sowie Lebensräume in den sog. Kampfzonen des Waldes. Wie beim Auerwild trägt der Hahn ein prächtiges Gefieder, während die Henne ein schlichtes graubraunes Federkleid besitzt. Die Balzzeit beginnt im März und endet im Mai. Anschließend legt die Henne sechs bis zehn Eier, deren Brutdauer ca. 28 Tage dauert. Die geschlüpften Küken sind bereits nach ungefähr 14 Tagen flugfähig. Die Nahrungsgrundlage des Birkwildes bilden Birkenknospen, Heidekraut, Beeren und Samen. Die Küken sind in den ersten beiden Lebenswochen ausschließlich auf proteinreiche Insektennahrung angewiesen. Da es sich bei Birkwild um einen Bodenbrüter handelt, sieht es sich zahlreichen Prädatoren gegenüber. Besonders hohe Verluste haben Füchse und Marderartige zu verantworten. Auch Habicht, Krähenvögel und Schwarzwild stellen dem bodenbrütenden Raufußhuhn und seinen Gelegen nach.

Die alpine Birkwildpopulation Bayerns erscheint mit ca. 800 bis 1.000 Vögeln weitgehend stabil. Neben einer Restpopulation im Biosphärenreservat in der Rhön, die im Jahr 2009 ca. 15-20 Vögel umfasste, existiert nur noch ein kleines Birkwildvorkommen bei Haidmühle im Bayerischen Wald. Dieser kleine Bestand speist sich jedoch aus dem tschechischen Grenzgebiet und erscheint nur in Zusammenhang mit diesen grenzüberschreitenden Flächen überlebensfähig.

Ende der 1960er Jahre fanden noch etwa 300 Birkhähne in der gesamten Hochrhön auf ca. 10.000 bis 12.000 ha geeigneten Lebensraum. Die damals noch vernetzten, überlebensfähigen Teilpopulationen in den Kammlagen der Rhön sind bis auf eine Population im Naturschutzgebiet Lange Rhön erloschen. Nach einem Bestandstief im Frühjahr 1996 – damals balzten nur noch zwölf Hähne im Naturschutzgebiet – konnte sich die Population wieder auf 30 Hähne im Jahr 2003 erholen. Der drastische Bestandseinbruch in den letzten Jahren auf nurmehr vier Hähne im Jahr 2010 hat eine neue Dimension erreicht. Damit ist die isolierte Population akut vom Aussterben bedroht und gegenüber einer Verschlechterung ihrer Lebensbedingungen oder auch stochastischer Ereignisse besonders empfindlich.

Der große Bestandseinbruch Ende der 1970er Jahre hing in erster Linie mit gravierendem Lebensraumverlust durch Dickungsschluss von großflächigen Fichtenerstaufforstungen zusammen. Aus Birkhuhnoptimallebensräumen wurden in kürzester Zeit völlig untaugliche Flächen. Flächenarrondierung, Wegeerschließung und Nutzungsintensivie-

Bestandsentwicklung Birkhuhn

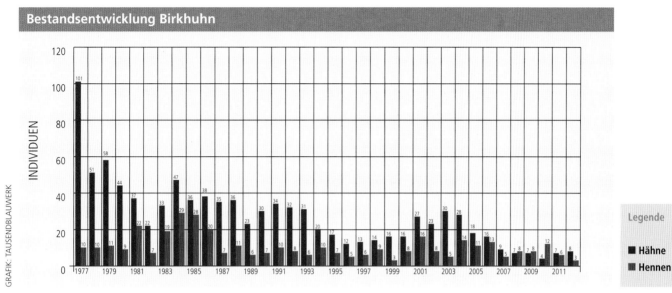

GRAFIK: TAUSENDBLAUWERK

Bestandsentwickelung des Birkhuhns im Naturschutzgebiet „Lange Rhön" von 1977 bis 2012

Legende

■ Hähne
■ Hennen

rungen als Folge der damaligen Flurbereinigungen in mehreren Gemarkungen der Langen Rhön führten zu weiterem Verlust von Kleinstrukturen und damit einer verminderten Biotopkapazität. Einhergehend mit dem großflächigen Lebensraumverlust haben die natürlichen Feinde des Bodenbrüters „Birkwild" stark im Bestand zugenommen. Man kann beispielsweise von einer Vervierfachung der mittleren Fuchsbesätze nach Tollwutimmunisierung ausgehen. Die Entwicklung der Schwarzwildbestände verlief ähnlich rasant wie in anderen Gebieten Bayerns. Auch die übrigen Fressfeinde profitieren von der modernen Kulturlandschaft und reagieren darauf mit höheren Bestandsdichten.

Zugleich schätzt der Erholungssuchende die Reize der Hochrhön mit ihrer herrlichen Fernsicht. Es ist die Vielzahl der verschiedensten Freizeitaktivitäten, die den Lebensraum der störempfindlichen Tierarten immer weiter schrumpfen lässt. Wandern, Joggen, Reiten, Mountainbiking, Gleitschirmfliegen, Motorflug, Modellflug und Skilanglauf finden auf engstem Raum statt.

Die Wildland-Stiftung engagiert sich als Naturschutzorganisation des Bayerischen Jagdverbands seit langer Zeit zum Schutz des Birkwildes in der Rhön. Bereits 1978 wurden erste Flächenankäufe getätigt. Die Stiftung beschäftigt seit 1995 einen hauptamtlichen Berufsjäger, der in den Revieren des Birkwildhegerings eine intensive Bejagung der natürlichen Fressfeinde durchführt und damit auch die Revierinhaber des Birkwildhegerings unterstützt. Seit dem Jahr 2000 wird großräumig mit revierübergreifenden Bewegungsjagden auf hohe Bestände von Schwarzwild und Fuchs reagiert. Des Weiteren wird ein Gebietsbetreuer für die Optimierung der Lebensraumqualität von der Wild-

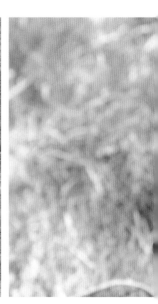

land-Stiftung Bayern beschäftigt. Er wird finanziert über den Europäischen Sozialfonds und den Bayerischen Naturschutzfonds. Neben den biotopverbessernden Maßnahmen sind Konzepte zur Besucherlenkung für das Naturschutzgebiet „Lange Rhön" entwickelt worden, um ein Miteinander der vielfältigen Nutzungsansprüche zu ermöglichen:

- Wegegebot für Wanderer und Skilangläufer
- Wegenetz für Mountainbiker
- Sommer- und Winterwanderwege
- Besucherinformation an Parkplätzen
- Einsatz von Naturschutzwächtern

Der Lebensraum des Birkhuhns in der Rhön zählt zur größten zusammenhängenden Gebietskulisse für die Umsetzung des staatlich finanzierten Vertragsnaturschutzprogramms in Bayern. Damit ist die Offenhaltung der Lebensräume gewährleistet. Wiesenflächen werden nicht gedüngt und erst ab Juli gemäht. Das Engagement der Jägerschaft geht weit über die intensive Bejagung der Fressfeinde hinaus. Die Jäger vor Ort unter dem Dach des Birkwildhegerings engagieren sich schon seit Gründung im Jahr 1963 für den Schutz des Birkhuhns in der Rhön. Auch als Birkhühner noch jagdbar waren, hat die Jägerschaft Bestandserfassungen durchgeführt. Seit 1977 erfolgt diese Zählung nach standartisierter Methode in Zusammenarbeit mit Ornithologen. Der Birkwildhegering mit heute 12 Revieren im Naturschutzgebiet Lange Rhön versteht sich als der regionale Anwalt des Birkwilds und anderer Bodenbrüter.

FOTOS: T. MEYER

Er engagiert sich u.a. besonders durch:

- jährliche Birkwildzählungen
- jährliche Biotopaktionen zur Verbesserung der Lebensräume
- Jagdkonzept: freiwillige Selbstbeschränkungen bei Ausübung der Jagd, z. B. Kirrungsverzicht im Kerngebiet des Birkwildlebensraums
- intensive Bejagung der Fressfeinde des Birkwilds
- Durchführung von revier- und länderübergreifenden Jagden
- Mitarbeit in einer projektbegleitenden Arbeitsgruppe Birkwild
- Unterstützung des Berufsjägers der Wildland-Stiftung Bayern

Bereits zum dritten Mal wurde in diesem Jahr schwedisches Birkwild in der Rhön ausgewildert. Dieses Jahr haben Gebietsbetreuer Torsten Kirchner und Wildland-Berufsjäger Christian Lintow acht Hähne und sechs Hennen aus Skandinavien mitgebracht. Ziel der Auswilderung ist die genetische Auffrischung der kleinen Rhöner Population. Trotz hoher Lebensraumqualität und intensiver Schutzbemühungen ist die Birkwildpopulation in der Rhön seit 2004 weiter gesunken. Durch die jährlich stattfindenden Birkwildzählungen ist der Bestand wie bei kaum einer anderen Vogelart genau erfasst. Dabei gaben die immer kleiner werdende Zahl der beobachteten Vögel und ein Rückgang der Kükenzahlen Anlass zur Sorge. Hierfür könnte unter anderem die Inzucht innerhalb der kleinen Restpopulation verantwortlich sein. Genetische Studien belegten die genetische Einengung des Rhöner Birkwildbestandes. Durch die Auswilderung von schwedischem Birkwild soll die genetische Depression überwunden werden und ein Anschub in der Fruchtbarkeit der Population erfolgen. Seit Projektbeginn im Jahr 2010 dürfen insgesamt über fünf Jahre jeweils 15 schwedische Birkhühner in die Rhön umgesiedelt werden. Um die Rhöner Birkwildpopulation überlebensfähig zu erhalten, muss neben der Auswilderung der birkhuhntaugliche Lebensraum deutlich erweitert und optimiert werden.

Stark unterstützt wird der Birkwildhegering durch die Kreisgruppen Mellrichstadt und Bad Neustadt des Bayerischen Jagdverbandes. Für sein Engagement erhielt der Birkwildhegering bereits den Naturschutzpreis des Bayerischen Jagdverbandes sowie die bayerische Umweltmedaille für besondere Verdienste für Umweltschutz und Landesentwicklung des Bayerischen Umweltministeriums.

Aktuelles

Intensivierung der Schutzmaßnahmen

Das Birkwild steht im Biosophärenreservat als bekannteste und empfindlichste Art an erster Stelle bei den Schutzbemühungen. Zusammen mit den Rhöner Landwirten wird seit langem die traditionelle, extensive Nutzung der bunten Rhönwiesen ohne Düngung erhalten. Zusätzlich sichert die Wildland-Stiftung Bayern über spezielle Landschaftspflegemaßnahmen zusammen mit den Naturschutzbehörden, dem Landschaftspflegeverband und dem Naturpark Rhön den hohen landschaftlichen Wert mit einer einmaligen Artenvielfalt.

Beringung und Telemetrie

Alle schwedischen Vögel werden beringt. Damit kann die Herkunft der Vögel eindeutig belegt werden. Zudem wird rund die Hälfte der ausgewilderten Vögel mit einem kleinen Sender ausgerüstet. Damit können die Ortsbewegungen der Tiere verfolgt und ihre Anwesenheit bestätigt werden.

Begleitende Prädatorenkontrolle

Aktuell läuft der Aufbau einer modernen, effizienten und tierschutzgerechten Fangjagdstruktur im Birkwildlebensraum und dem nahen Umfeld auf einer Fläche von ca. 5.000 ha, die vom Berufsjäger der Wildland-Stiftung Bayern betreut wird.

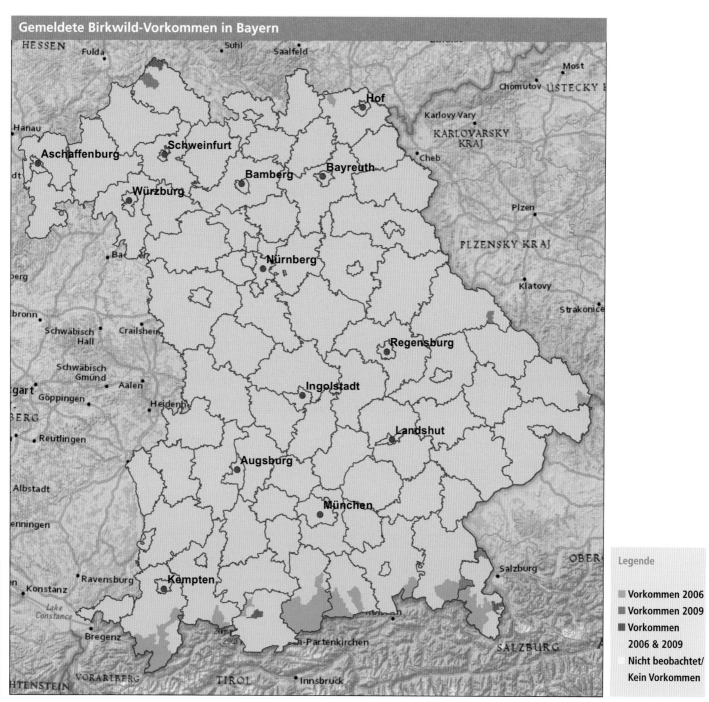

Gemeldete Birkwild-Vorkommen in Bayern

Legende

- Vorkommen 2006
- Vorkommen 2009
- Vorkommen 2006 & 2009
- Nicht beobachtet/ Kein Vorkommen

Zum Nach- und Weiterlesen

ANDREN, H. Corvid density and nest predation in relation to forest fragmentation: a landscape perspective. Ecology **73**, 794–804, 1992

BAINES, D. Habitat requirements of black grouse. Proc. Int. Symp. Grouse **6**, 147–150, 1995

BAINES, D. The implications of grazing and predator management on the habitats and breeding success of black grouse Tetrao tetrix. J. Appl. Ecol. **33**, 45–53, 1996

BERGMANN, H.; KLAUS S. Distribution, status and limiting factors of black grouse in central Europe, particularly in Germany, including an evaluation of re-introductions. Gibier Faune Sauvage **11**, 99–124, 1994

BEZZEL, E.; LECHNER F. Die Vögel des Werdenfelser Landes. Kilda Verl., Greven, 1978

DICK, H. Randeffekt-Problematik durch generalistische Beutegreifer am Beispiel von Rabenkrähen (Corvus corone corone L.) und Wurzacher Ried (Süddeutschland). Ökologie der Vögel **17**, 1995

KAY-BLUM, U. Bemühungen um das Birkwild weiter verstärken. Jagd in Bayern **11**, 14, 2003

LONEUX, M.; RUWET J. Evolution des population du Tétras lyre en Europe. Cahiers d'Ethologie **17**, 287–343.

SODEIKAT, G. Birkhuhnschutz mit Hilfe des Zielartenkonzepts und durch zusätzliche Auswilderung von Birkhühnern. Naturschutzreport **10**, 217–225, 1995

STORCH, I. Grouse. Status Survey and Conservation Action Plan 2000–2004. IUCN, Gland, 2004

UNGER, C.; KLAUS S. Schutz und Nutzung der Rauhfußhühner in Europa. Beitr. Jagd- und Wildforschung **30**, 131–140, 2005

ZEILER, H. Birkwild, Haselhuhn, Schneehuhn. Österreichischer Jagd- und Fischereiverlag, Wien, 2008

ZEITLER, A. Skilauf und Rauhfußhühner. Ornith. Beob. **92**, 227–230, 1995

ZEITLER, A.; GLÄNZER U. Skiing and Grouse in the Bavarian Alps. Grouse News **15**, 8–12, 1998

ZEITLER, A.; KOLB K.-H. Birkhuhn. Brutvögel in Bayern, Ulmer Verl., 116–117, Stuttgart, 2005

Haselwild
(Tetrastes bonasia)

Steckbrief	
Länge	35 bis 40 cm
Gewicht	350 bis 450 g
Gelege	Sieben bis zehn Eier
Brutzeit	April/Mai
Rechtlicher Status	Unterliegt dem Jagdrecht, ganzjährig geschont

Überlebenschance durch Waldumbau

Das Haselwild gehört zusammen mit dem Auerwild, dem Birkwild und dem Alpenschneehuhn zu den Rauhfußhühnern (*Tetraonidae*). Es ist etwa rebhuhngroß und damit der kleinste einheimische Vertreter dieser Familie. Das Haselhuhn ist eine eher versteckt lebende Wildart, deren Vorkommen im Revier – ähnlich wie das der Wildkatze – oftmals lange unentdeckt bleibt.

Allerdings ist diese Art in den letzten Jahrzehnten auch vielerorts in ihrem Bestand zurückgegangen und lokal auch ausgestorben.

Dies hat seine Gründe vor allem in der im späten 19. und 20. Jahrhundert zunehmend praktizierten schlagweisen Hochwaldwirtschaft und in einer Intensivierung der Landwirtschaft, wobei letztere beim Haselhuhn weniger kritisch erscheint. Beide Faktoren führten jedoch zu einem Rückgang der artgemäßen Lebensräume. Als geeignete Lebensräume gelten mit Laubhölzern bestandene Verjüngungsflächen, kleine inselartige Lücken im Endbestand oder gar Zerfallsstadium von Wäldern, aber auch, insbesondere in Siedlungsnähe, größere Feldholzinseln, in denen der namensgebende Haselstrauch oft die Vegetation prägt.

Erstgenannte Flächen finden sich idealerweise auch im Rahmen der Niederwaldwirtschaft, bei der das Jungwaldstadium künstlich immer wieder hergestellt und damit über Jahrzehnte erhalten wird. Somit war das Haselhuhn auch immer eine Charakterart der Regionen mit traditioneller Niederwaldwirtschaft.

Ein aktuelles Projekt an der Technischen Universität Dresden will der Frage nachgehen, inwieweit Kurzumtriebsplantagen zur Energieholzerzeugung diese Lebensraumbedingungen wenigstens in Ansätzen ebenfalls schaffen können. Kurzumtriebsplantagen stellen im Grunde eine niederwaldartige Bewirtschaftungsform dar, welche sich möglicherweise als geeigneter Lebensraum erweist.

Darüber hinaus macht es Sinn, über die Wiederansiedlung dieser Art nachzudenken. Sofern die Basisanforderungen an solch ein Projekt, also vor allem das Vorhandensein geeigneter Lebensräume, die intensive Prädatorenkontrolle während der Ansiedlungsphase und eine angemessene fachwissenschaftliche Begleitung, erfüllt sind, hat dieses auch gute Erfolgsaussichten.

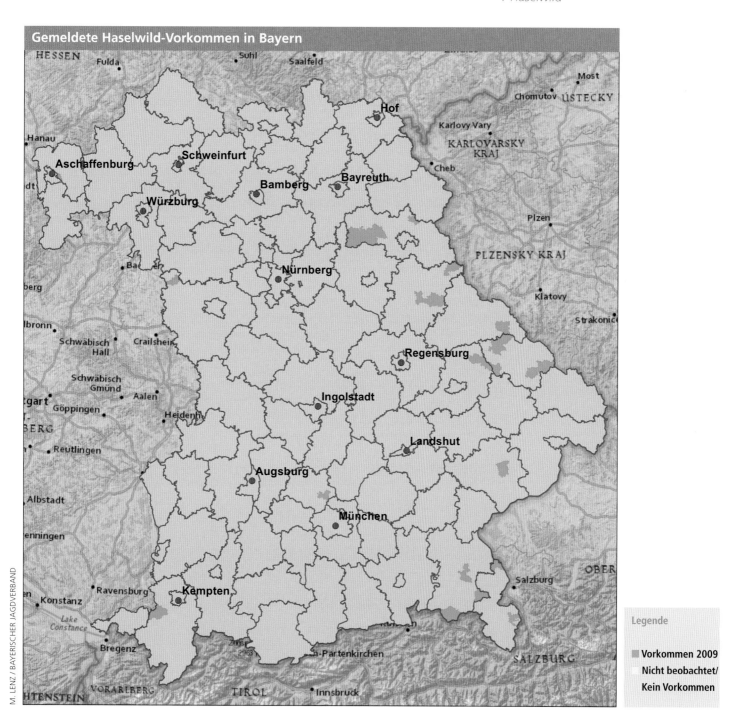

Gemeldete Haselwild-Vorkommen in Bayern

Legende

■ Vorkommen 2009

□ Nicht beobachtet/
Kein Vorkommen

M. LENZ / BAYERISCHER JAGDVERBAND

Graugans
(Anser anser)

FOTO: HELMUT PIEPER

Steckbrief

Länge	74 bis 84 cm
Gewicht	2,1 bis 4,7 kg
Gelege	Vier bis acht Eier
Brutzeit	März bis Mai
Rechtlicher Status	Unterliegt dem Jagdrecht, Jagdzeit in Bayern 1.8. bis 31. 8. und 1.11. bis 15.1

Topmodel der Verhaltensforschung

Anfang der 1970er Jahre mit nur noch 200 Brutpaaren in Deutschland (Schleswig-Holstein) vertreten, hat sich die Graugans nach diversen Ansiedlungsprojekten zu einem Kulturfolger gemausert. Ein wichtiges „Ausbreitungszentrum" in Bayern lag um 1955 in Seewiesen bei Starnberg. Freifliegende Populationen der Verhaltensforscher um Konrad Lorenz bildeten den Grundstock. Hinzu kamen Aussetzungen in Südbayern oder im Donautal (VIDAL 1997, WÜST 1981). Der Weltbestand der Graugans wird auf rund eine Million Vögel geschätzt (DELANY & SCOTT 2006), die Hälfte davon zieht jährlich durch Deutschland (HEINICKE & WAHL 2007).

1984 tauchten die ersten Brutpaare am Altmühsee auf (RANFTL 2002). Seitdem ist eine deutlich nordwärts gerichtete Expansion feststellbar und eine Verstärkung der ostbayerischen Populationen durch natürliche Zuwanderungen südböhmischer Graugänse aus dem Raum Budweis. Im Frühjahr 2011 wurde dagegen ein im Vorjahr beringter Altvogel aus dem Ruhrgebiet am Fetzer See bei Günzburg abgelesen (GEHLE, unveröff.). Dies zeigt, wie wenig man über den Austausch und die Ausbreitungsmechanismen des Brutbesatzes weiß, und wie wichtig weitere Beringungsprogramme sind.

Zu unterscheiden sind bei den langlebigen Gänsen (bis 25 Jahre) Brutbesatz, Nichtbrüter- und Winterbesatz. In den Niederlanden leben heute mehr als 20.000 Brutpaare (Dichten bis 30 Graugänse pro 100 ha), 15 Jahre zuvor waren es gerade 1.200 (VAN DER JEUGD et al. 2006). Wenngleich Einzelvögel über 1.000 km vom Schlupfort abwandern, ist die brütende Gans ortstreu. Der Nichtbrüteranteil ist unbekannt.

Nichtbrüter wechseln ihr Federkleid auf Mausergewässern, die meist nicht zum Brutgebiet gehören. Neben kleinen Mauserplätzen finden sich überregionale in den Niederlanden, in Dänemark, Ostdeutschland, Schweden und Polen.

Graugänse schneiden nach dem Scherenprinzip Jungtriebe, (Keim-) Blätter und Wurzeln von Kulturgräsern, Weideunkräutern, Getreide oder Raps, ab. Auch Knollen von Kartoffel und Rübe oder Körner (Mais, Getreide, Sonnenblume) werden aufgenommen (BAUER & GLUTZ v. BLOTZHEIM 1968).

Zog früher fast die gesamte baltisch-atlantische Grauganspopulation ab September nach Spanien (Herbstzug), überwintern heute kleinere Trupps ortstreu (Elbe, Ostfriesland) oder ziehen erst ab Ende Oktober zu alten Sammelplätzen (Niederlande, Niederrhein). Ab Februar fliegen die aus Spanien heimziehenden Graugänse bis Frankreich, um dann auf zwei Routen weiter in die nordischen Brutgebiete zurück zu ziehen (Frühjahrszug). Die Brutbesätze aus Nordost- und Osteuropa überwintern in Tunesien und fliegen ohne zu rasten direkt zurück. Das Ziehen wird über die Eltern weitergegeben. Dabei fliegen die Jungtiere mit ihren Eltern und prägen sich so die Zugroute ein. Gössel, die ohne Kontakt zu ziehenden Altvögeln aufwachsen, bleiben Standvögel (RUTSCHKE 1997, KAMPE-PERSSON 2002).

Gänse reagieren extrem feinsinnig auf kleinste Veränderungen. Wird der Mensch nicht als Gefahr angesehen, zeigen sie kaum Fluchtverhalten. Dies kann man an städtischen Gewässern wie beispielsweise denen im Englischen Garten oder dem Olympiapark in München gut beobachten.

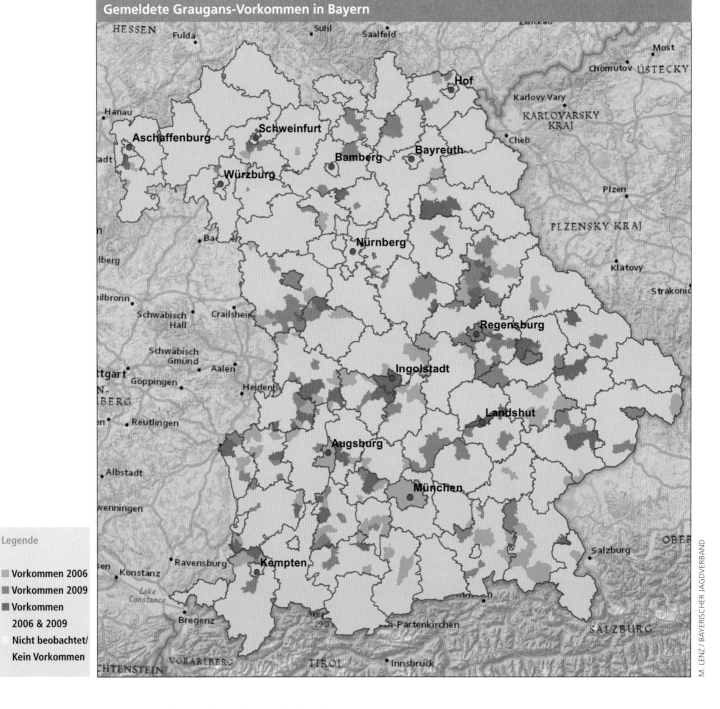

Gemeldete Graugans-Vorkommen in Bayern

M. LENZ / BAYERISCHER JAGDVERBAND

Zum Nach- und Weiterlesen

BAUER, K. M.; GLUTZ V. BLOTZHEIM, U. N. Anser anser (Linné 1758) – Graugans. In: Handbuch der Vögel Mitteleuropas. Anserifomers. Akademische Verlagsgesellschaft, Frankfurt am Main, Band 2, Teil 1, 149–187, 1968

DELANY, S.; SCOTT, D. Waterbird Population Estimates. Wetlands International, Wageningen, 239 S., 2006

HEINICKE, T.; WAHL, J. Monitoring of geese and swans in Germany. Posterpräs. 10th meeting of the Goose Specialist Group of Wetlands International GOOSE 2007 26th – 31st Jan. 2007. Xanten. Germany, 2007

KAMPE-PERSSON, H. Anser anser. Greylag Goose. BWP Update. The Journal of Birds of the Western Palearctic **4**, 181–216, 2002

RANFTL, H. Gänse (Anserini et Tadornii) am Altmühlsee in Mittelfranken (Nordbayern). Anz. Verl. Thüring. Ornithol. **4**, 309–316, 2002

RUTSCHKE, E. Wildgänse. Lebensweise. Schutz. Nutzung. Blackwell Wissenschaftsverlag, Berlin, 260 S., 1997

VAN DER JEUGD, H.; VOSLAMBER, B.; VAN TURNHOUT, C.; SIERDSEMA, H.; FEIGE, N.; NIEHNUIS, J.; KOFFIJBERG, K. Overzomerende ganzen in Nederland: grenzen ann de groei?. SOVON-onderzoeksrapport 2. SOVON Vogelonderzoek Nederland. Universität Oldenburg, Beek-Ubbergen, 134 S., 2006

VIDAL, A. Die Graugans in Ostbayern. Avifaun. Informationsdienst Bayern **4**, 96–102, 1997

WÜST, W. Avifauna Bavariae. Bd. 1. Ornithol. Ges. Bayern, München, 1981

Kanadagans
(Branta canadensis)

FOTO: HELGE SCHULZ

Erfolgreiche Traditionalistin

Wenngleich Kanandagänse schon 1665 in London angesiedelt wurden, kamen sie ursprünglich mit immerhin elf Rassen nur in Nordamerika vor. Diese Population wird aktuell auf etwa sechs Millionen Vögel geschätzt, Tendenz steigend (vgl. DELANY & SCOTT 2006). Die Vorkommen in Bayern konzentrieren sich entlang der großen Gewässersysteme, in der Umgebung von Seen und Feuchtgebieten, aber vor allem um die Gewässer von Parkanlagen großer Städte. So wird die „Münchener Kanadagansgruppe" (BEZZEL *et al.* 2005) als älteste Ansiedlung in Deutschland angesehen, nachdem Daten für ihre Existenz zwischen den Weltkriegen gefunden wurden (WÜST 1981).

In Nordrhein-Westfalen wurden seit Mitte der 1990er Jahre über 1.400 Kanadagänse beringt. Anhand ihrer Wiederfunde wurde für über 4.000 Gänse im Herbst 2007 ein Nichtbrüteranteil von 55% geschätzt, 15% Brutvögel und 30% Gänseküken. Einzelne Gänse werden seit über zehn Jahren beobachtet, ohne je gebrütet zu haben. Unter den Beringten breiten sich Kleinstvorkommen nur um etwa einen halben Kilometer pro Jahr aus, doch verdoppelt sich zur Zeit die Population etwa alle fünf Jahre (GEHLE, unveröff., HOMMA & GEITER, schriftl. Mitt).

Teile der europäischen Besätze sind standorttreu (Großbritannien), andere Teile wandern (Schweden). Dieser Zustand ist bis heute so beobachtbar (MOOIJ & BRÄSECKE 2001). Die Kanadagans entwickelt gerade Wandertraditionen. So werden im Verlauf der Jahre immer wieder bestimmte Gewässer angeflogen. Gruppen aus 70 bis 500 Gänsen zeigen relativ feste Raum-Zeit-Muster. Entweder wird ein Gewässer zum Brüten, Mausern und Überwintern bewohnt, oder aber von vielen kleinen Brutgewässern aus werden einzelne Wintergewässer angeflogen.

Steckbrief	
Länge	90 bis 110 cm
Gewicht	3,5 bis 5,4 kg
Gelege	Vier bis acht Eier
Brutzeit	März bis Juni
Rechtlicher Status	Unterliegt dem Jagdrecht, Jagdzeit in Bayern 1.11. bis 15.1.

Die Biologie der Kanadagans ähnelt derjenigen der Graugans derart, dass es zu Kreuzungen kommt, bei der die Kanadagans meist den Ganter stellt. Zur Mauserzeit kommt es bei bayerischen Kanadagänsen vereinzelt zu Wanderungen bis nach Polen. Innerhalb der deutschen Gänse treten zum Teil erhebliche Unterschiede bezüglich Größe und Gewicht, Legebeginn, Gelegegröße und weiteren brutbiologischen Kenndaten auf, was auf unterschiedliche Gründerpopulationen hinweisen könnte. So brüten kleinere Subspezies nur 24 bis 26 Tage gegenüber der längeren Brutzeit von 28 bis 30 Tagen. Die Brutzeit beginnt in Europa zwischen der zweiten Märzhälfte in Großbritannien und Ende Mai in Schweden (BAUER & GLUTZ v. BLOTZHEIM 1968, RUTSCHKE 1997, MOOIJ & BRÄSECKE 2001). Die Gössel sollen mit 63 Lebenstagen flügge sein und bis zum Nistplatzbezug der Eltern im Folgejahr im Familienverband leben. Zwischen Ende Juni und Ende August wären dann die meisten Gössel flügge. Der Familienverband kann aber auch im Laufe des Winters auseinanderfallen (SUDMANN *et al.* 2002).

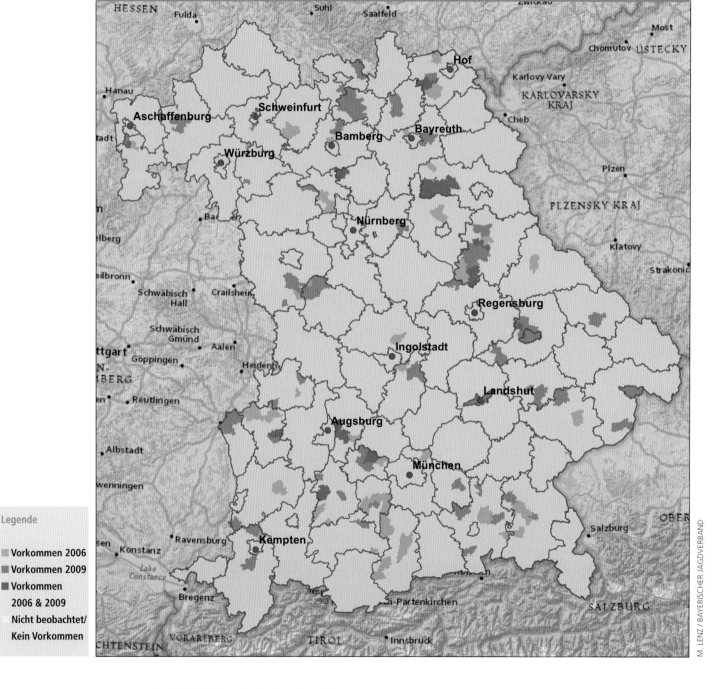

Gemeldete Kanadagans-Vorkommen in Bayern

Legende

Vorkommen 2006

Vorkommen 2009

Vorkommen
2006 & 2009

Nicht beobachtet/
Kein Vorkommen

Zum Nach- und Weiterlesen

BAUER, K. M.; GLUTZ V. GLOTZHEIM, U. N. Anser anser (Linné 1758) – Graugans. In: Handbuch der Vögel Mitteleuropas. Anserifomers. Akademische Verlagsgesellschaft, Frankfurt am Main Band 2, Teil 1, 149–187, 1968

BEZZEL, E.; GEIERSBERGER, I.; VON LOSSOW, G.; PFEIFER, R. Brutvögel in vBayern. Ulmer, Stuttgart, 2005

DELANY, S.; SCOTT, D. Waterbird Population Estimates. Wetlands International, Wageningen 239 S., 2006

MOOIJ, J.H.; BRÄSECKE, R. „Exotische" Wasservögel als Neozoen in Deutschland. Beiträge zur Jagd- und Wildforschung 26, 357–380, 2001

RUTSCHKE, E. Wildgänse. Lebensweise. Schutz. Nutzung. Blackwell Wissenschaftsverlag, Berlin, 260 S., 1997

SUDMANN, S.R.; SUDFELDT, C.; GLINKA, S.; JÖBGES, M.; MÜLLER, A.; ZIEGLER, G. Methodenanleitung zur Bestandserfassung von Wasservogelarten in Nordrhein-Westfalen. Charadrius 38, 25–92, 2002

WÜST, W. Avifauna Bavariae Band 1. Ornithologische Gesellschaft München, 1981

Höckerschwan
(Cygnus olor)

Steckbrief	
Länge	bis 160 cm
Gewicht	5,5 bis 13 kg
Gelege	Drei bis 12 Eier
Brutzeit	März bis Juni
Rechtlicher Status	Unterliegt dem Jagdrecht, Jagdzeit in Bayern 1.11. bis 20.2.

Futterzahme Bestände und Verstädterung

Von den großen, wildlebenden Wasservogelarten gehört der Höckerschwan zu denjenigen, die sich gut an den Menschen anpassen konnten. Neben dem häufigen Höckerschwan sind in Deutschland noch der Singschwan (*Cygnus cygnus*) als Wintergast und gelegentlich der Zwergschwan (*Cygnus bewickii*) anzutreffen. Seinen deutschen Namen hat der Höckerschwan aufgrund des charakteristischen dunklen Höckers an der Schnabelwurzel.

Ehemals ein typischer Bewohner weiter, einsamer Seenlandschaften etwa Mittel- und Ostdeutschlands oder Ost- und Nordosteuropas, findet sich der Höckerschwan seit Jahrzehnten zunehmend in unmittelbarer Nähe menschlicher Siedlungen. Futterzahme Schwäne sind heute aus kaum einer städtischen Parkanlage mehr wegzudenken.

Höckerschwäne finden wir heute in Mitteleuropa aber auch an allen größeren Binnengewässern. Die Konzentration in urbanen Räumen vor allem in den Wintermonaten ist möglicherweise der Grund dafür, dass der Höckerschwan im Rahmen der Erhebungen durch die bayerischen Jäger für das Jahr 2009 nur aus vergleichsweise wenigen Revieren gemeldet wurde.

Der Höckerschwan gehört zu den Entenvögeln. Er ernährt sich hauptsächlich von Wasserpflanzen, die mittels des langen Halses und der Fähigkeit zu gründeln in bis zu etwa 1,5 m Wassertiefe abgeweidet werden. Darüber hinaus sind Höckerschwäne insbesondere im Frühjahr auch auf den auflaufenden Saaten landwirtschaftlicher Kulturen regelmäßig anzutreffen. Am Gewässer finden wir den Höckerschwan typischerweise in den flachen Bereichen, in etwa in denjenigen Lebensräumen, welche auch von den Gründelenten genutzt werden.

Futterzahme Höckerschwäne und Stockenten an der Elbe

Zur Brut benötigt ein Paar von Natur aus ein vergleichsweise großes Revier in der Größenordnung von ca. 100 ha, welches durch den männlichen Schwan auch intensiv verteidigt wird. Solche Auseinandersetzungen können teilweise sehr heftig ablaufen und gelegentlich auch mit Verletzungen (Flügelbrüche), selten sogar mit Todesfolge (Ertrinken) einhergehen (MÜLLER 1986).

An günstigen Brutplätzen in der Natur, insbesondere aber in den futterzahmen urbanen Teilpopulationen kann das Brutterritorium auch deutlich kleiner ausfallen, sodass man den Eindruck gewinnt, dass Schwäne auch in Kolonien brüten. Letzteres trifft aber nicht wirklich zu, vielmehr haben wir es in diesen Fällen mit einer Aggregation kleinster Territorien zu tun. Durch die damit verbundenen „Grenzstreitigeiten" wächst auch der Stress und die Reproduktionsrate der Schwäne wird limitiert.

Höckerschwäne weiden im Frühjahr häufig auf den Saaten

Dennoch haben wir innerhalb der Städte häufig das Problem, dass die hohe Schwanenpopulation nicht nur eine Eutrophierung der Gewässer begünstigt, sondern dass auch die zwischenartliche Konkurrenz um Brutraum andere Wasservogelarten zurückdrängt.

So wäre es durchaus wichtig, den Höckerschwan zu bejagen.

Nicht jeder Jäger bejagt den Höckerschwan aber auch entsprechend intensiv.

Das hat mehrere Ursachen: zum einen sind jagd- und kulinarische Traditionen den Höckerschwan betreffend während des letzten Jahrhunderts zu großen Teilen verloren gegangen. Gleichzeitig haben viele Jäger durchaus gute Gründe, insbesondere in Siedlungsnähe auf die Bejagung einer so populären Art wie dem Höckerschwan zu verzichten: sie befürchten einen erheblichen Imageschaden bei der lokalen Bevölkerung, welche - über die Zusammenhänge in der Natur unaufgeklärt - sich über die Bejagung dieser schönen Tiere betroffen zeigt. Schließlich mag gelegentlich auch noch alter Jägeraberglaube im Spiel sein: bekanntlich soll denjenigen, der ein weißes Stück Wild erlegt, binnen Jahresfrist selbst der grüne Rasen decken.

Dies führt dazu, dass zukünftig weniger jagdliche, sondern zunehmend anderweitige Regulationsmaßnahmen durch die lokalen Ordnungsbehörden bei überhand nehmenden urbanen Höckerschwanbeständen das Mittel der Wahl darstellen. Insbesondere ein Perforieren der Schale der Eier, ohne die Gelege selbst zu entfernen, ist ein Verfahren, welches auch aus ethischer Sicht akzeptabel erscheint. Allerdings ist das damit verbundene Störpotential, auch in Bezug auf andere Wasservogelarten, deutlich höher als bei einer regulären Bejagung.

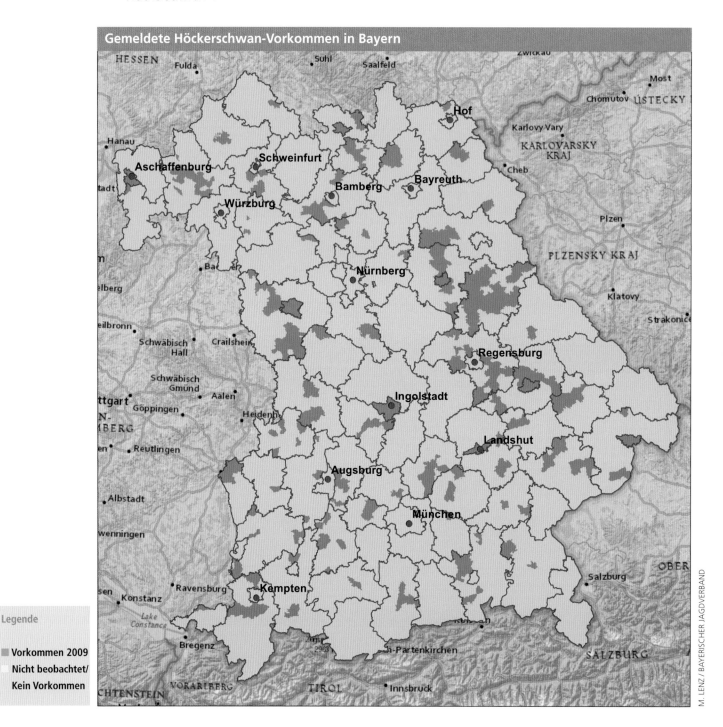

Gemeldete Höckerschwan-Vorkommen in Bayern

M. LENZ / BAYERISCHER JAGDVERBAND

Zum Nach- und Weiterlesen

BAUER, K.; GLUTZ VON BLOTZHEIM, U. N.
Handbuch der Vögel Mitteleuropas. Band
2, 27–46, 1968

MÜLLER, F. Wildbiologische Informationen
für den Jäger: Jagd + Hege Ausbildungs-
buch IX. Jagdbuch-Verlags AG, Balzers,
1986

Graureiher
(Ardea cinerea)

In der Teichwirtschaft ungern gesehen

Der Graureiher, im Volksmund auch Fischreiher genannt, gehört zur Ordnung der Schreitvögel und damit in die Verwandtschaft der Störche. Seine Hauptnahrungsgrundlage sind oftmals Fische, doch spielen auch Amphibien und Kriechtiere, und zunehmend auch Kleinsäuger eine wichtige Rolle im Nahrungsspektrum. Graureiher sind typischerweise Koloniebrüter, die Brutkolonien finden sich oftmals weit von den Gewässern, die der Nahrungssuche dienen, entfernt. So legen Graureiher zur Aufzuchtzeit der Jungvögel nicht selten große Strecken zurück, um diese mit Nahrung und teilweise sogar Wasser zu versorgen. Beides wird im Kehlsack transportiert.

Reiherkolonien werden bei Gefahr kollektiv verteidigt. Neben Lärm sind es Kotspritzer, mit denen die potentiellen Prädatoren in die Flucht geschlagen werden sollen.

Problematisch sind Störungen von Reiherkolonien durch den Menschen, z. B. durch Hobbyfotografen, während der Brutzeit unter anderem deshalb, weil das Auffliegen der brütenden Vögel oftmals von Rabenvögeln, z. B. Krähen beobachtet wird, welche dann die schutzlosen Gelege erbeuten.

Die Bestandsentwicklung des Graureihers in den vergangenen Jahrzehnten ist eine Erfolgsgeschichte: war diese Art noch Mitte des vergangenen Jahrhunderts in vielen Regionen sehr selten geworden oder ganz verschwunden, so zeigen die aktuellen Bestandsaufnahmen die Verbreitung in nahzu allen geeigneten Biotopen.

War der Graureiher bis in die Feudalzeit ein geschätzes Jagdwild (teilweise der hohen Jagd zugeordnet, man denke etwa an die damals an den Höfen verbreitete Reiherbeize) und seine Brutkolonien entsprechend streng geschützt, so stellte sich in Deutschland ab Mitte des 19. Jahrhunderts die Situation zunehmend anders dar: einerseits wurde der Graureiher mit der Bindung des Jagdrechts an Grund und Boden aufgrund der Schäden in der Fischereiwirtschaft intensiv verfolgt, andererseits konnte vor allem seit Beginn des 20. Jahrhunderts und bis in die 1970er Jahre ein dramatischer Lebensraumverlust beobachtet werden. So waren es etwa die Folgen der Flurbereinigung in den 1960er und 1970er Jahren durch die zahlreiche Feuchtbiotope verschwanden und Kleingewässer in großen Teilen in unterirdische Rohre verlegt wurden, welchen zum Rückgang dieser Art beitrugen.

Beides wird als Ursache des Rückganges des Graureihers angesehen. Erst durch den zunehmenden Schutz von Gewässern und Feuchtgebieten in Verbindung mit umfassenden Schonzeitregelungen des Jagdrechts hat sich diese Tendenz umgekehrt. Vermutlich haben weitere Faktoren, wie beispielsweise eine Folge wärmerer Winter gegen

Steckbrief	
Länge	85 bis 100 cm
Gewicht	1.000 bis 2.000 g
Gelege	Drei bis fünf Eier
Brutzeit	März/April
Rechtlicher Status	Unterliegt dem Jagdrecht

Ende des 20. Jahrhunderts, eine allgemein zunehmende Eutrophierung der Gewässer und eine Intensivierung der Teichwirtschaft ebenfalls eine Rolle gespielt.

Mit der Bestandszunahme des Graureihers ist auch eine Ausweitung des Verbreitungsgebietes einhergegangen, in Mitteleuropa können wir heute wieder flächendeckend von stabilen Beständen sprechen. Diese *a priori* erfreuliche Entwicklung hat aber auch ihre Schattenseiten. Gerade in Teichwirtschaften kommt es durch den Graureiher oftmals zu hohen Fischverlusten. Das liegt an der sog. „überoptimalen Reizsituation", also ein relatives Überangebot an Beute auf engem Raum. Dieses zieht einerseits viele Graureiher an, die über ein exzellentes Kommunikationssystem verfügen. Am Teich selbst ist es aufgrund des dichten Fischbesatzes leicht, Fische zu erbeuten. Vereinfacht gesagt, wird der Graureiher „nachlässig", viele Fische werden nur verletzt und verenden später. Die Verluste durch den Graureiher sind oftmals höher, als es durch den reinen Nahrungsbedarf begründet ist.

Die lokale Bejagung ist in solchen Fällen neben Vergrämungs- und Ablenkungsmaßnahmen eine Option. Im Falle von stabilen Beständen ist sie auch unproblematisch.

Der Graureiher ist die einzige Reiherart, die in Bayern dem Jagdrecht unterliegt. Nach § 19 (2) AVBayJG darf die Jagd auf den Graureiher zum Schutz der heimischen Tierwelt und Verhinderung von wirtschaftlichen Schäden in der Zeit vom 16.09.-31.10. im Umkreis von 200 m um geschlossene Gewässer (Fischereigesetz Bayern) ausgeübt werden.

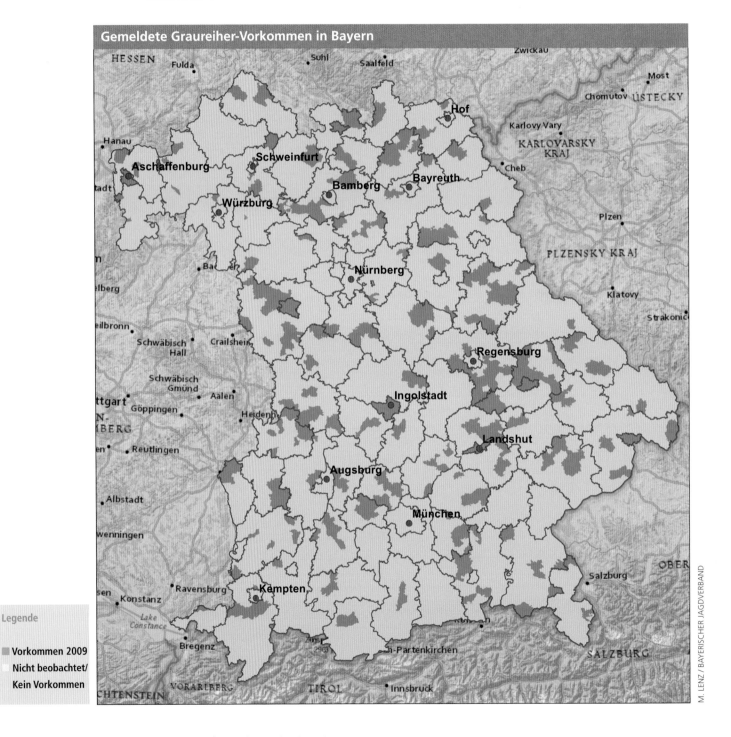

Gemeldete Graureiher-Vorkommen in Bayern

Legende

■ Vorkommen 2009

☐ Nicht beobachtet/
Kein Vorkommen

M. LENZ / BAYERISCHER JAGDVERBAND

Zum Nach- und Weiterlesen

*BEZZEL E. Bestandsentwicklung des Grau-
reihers (*Ardea cinerea*) in Mitteleuropa:
Erfolge und Probleme aus der Sicht des
Artenschutzes. Zeitschrift für Ökologie
und Naturschutz **2**, 145–155, 1993*

*RYDZEWSKI, W. The nomadic movements
of the European grey heron,* Ardea cinerea. Ardea **44**, 71–81, 1956*

Waldschnepfe
(Scolopax rusticola)

FOTO: BJV

Steckbrief

Länge	33 bis 35 cm
Gewicht	250 bis 380 g
Gelege	Vier Eier
Brutzeit	Ein bis zwei Bruten von April bis Juli
Rechtlicher Status	Unterliegt dem Jagdrecht, Jagdzeit in Bayern 16.10. bis 15.1.

Gut getarnter Frühlingsbote

Entsprechend ihrer Habitatansprüche liegen die Verbreitungsschwerpunkte der Waldschnepfe in Bayern in strukturreichen Waldgebieten der bayerischen Mittelgebirge und in den Alpen und Voralpen (bis etwa 1.700 m Höhe). Auf dem Durchzug können Waldschnepfen in allen Naturräumen von Bayern auftreten. Gerade bei der Waldschnepfe ist es wichtig, den Brutbestand von den Durchziehern zu trennen, um tieferen Einblick in die regionale Populationsdynamik zu erhalten.

Waldschnepfen bevorzugen Wälder mit aufgelockerten Humusformen (Mull und Moder), mit reicher Boden-, insbesondere Regenwurmfauna, die sie mit ihrem beweglichen, mit Tastsensillen ausgestatteten Oberschnabel im Boden auffinden. Die Habitatbindung ihrer Nahrungstiere bindet auch die Waldschnepfe an sommergrüne Laub- und Bruchwälder (HIRONS 1982, 1987). Hier steht auch ihr Bodennest, eine einfache Bodenmulde. Vier Eier sind üblich; die Jungen sind Nestflüchter. Da regenwurmreiche Laubwälder auch ein bevorzugter Lebensraum des Schwarzwildes sind, sind die Neststandorte naturgemäß durch Wildschweine gefährdet (vgl. hierzu auch GATTER 2000, NYENHUIS 2007).

Bei der Frühjahrsbalz sind, zumindest bei den spektakulären Balzflügen, meist verschiedene Hähne beteiligt. Dabei sitzen die Hennen meist am Boden. Schnepfen, die bei der Luftbalz „puitzen" und „quorren", sind immer Hähne. Geschlechtsbestimmungen bei auf der Frühjahrsbalz erlegten Schnepfen zeigten, dass überwiegend Hähne erlegt wurden.

Äußerlich lassen sich beide Geschlechter nicht voneinander unterscheiden.

Sowohl das Zugverhalten als auch Tendenzen zur Überwinterung in Mitteleuropa werden von Großwetterlage und lokalem Witterungsgeschehen beeinflusst.

Aus den Streckenmeldungen (1997/98 = 513; 2001/02 = 615; 2011/12 = 444) lassen sich für Bayern keine Rückschlüsse auf die Bestandsentwicklung ableiten. Aussagen von RÖMHILD (2005), wonach „die Gefährdung durch Jagd seit dem Verbot der Frühjahrsjagd deutlich zurückgegangen ist", lassen sich durch Fakten nicht belegen. In Abhängigkeit von der Hauptverbreitung der Art und dem herbstlichen Zuggeschehen werden die Populationen der Waldschnepfe entscheidend durch die Habitat- und Klimabedingungen in Skandinavien, Großbritannien und Russland bestimmt. Durch jagdliche Eingriffe wird nur ein kleiner Teil des jährlichen Zuwachses in Europa abgeschöpft. In Deutschland stiegen die Strecken seit Ende der 90er Jahre an (1997/98 = 4.256; 2001/02 = 12.801; 2007/08 = 18.245) um im Jagdjahr 2010/2011 wieder stark auf 10.299 Tiere abzufallen. Entsprechend des regionalen Schwerpunktes des gesamten

Zuggeschehens werden die meisten Waldschnepfen in Deutschland in Niedersachsen, Nordrhein-Westfalen und Schleswig-Holstein erlegt. Diese drei Bundesländer waren im Jagdjahr 2010/11 mit rund 94% aller Waldschnepfen an der Gesamtstrecke von Deutschland beteiligt, Bayern mit 3,4 %.

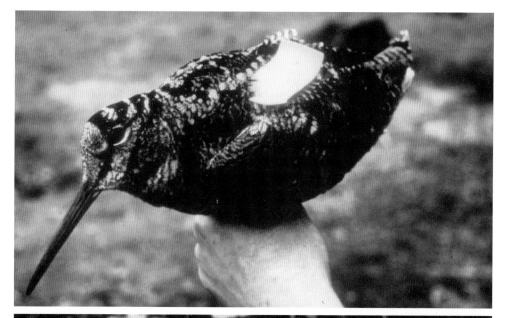

FOTOS: PROF. DR. DR. PAUL MÜLLER

Untersuchungen an markierten (oben) und telemetrierten (unten) Waldschnepfen belegten, dass unser Brutbestand in Deutschland höher ist als bisher angenommen.

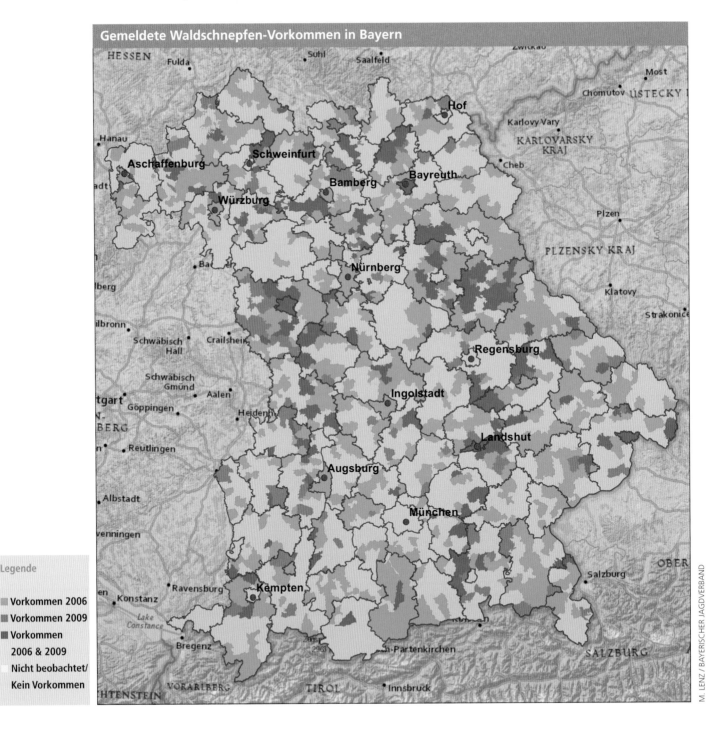

Gemeldete Waldschnepfen-Vorkommen in Bayern

Legende

■ Vorkommen 2006

■ Vorkommen 2009

■ Vorkommen
2006 & 2009

□ Nicht beobachtet/
Kein Vorkommen

M. LENZ / BAYERISCHER JAGDVERBAND

Zum Nach- und Weiterlesen

FERRAND, Y. A census method for roding Eurasian Woodcocks in France. Biol. Rep. **16**, 19–25, 1993

GATTER, W. Vogelzug und Vogelbestände in Mitteleuropa. Aula Verl., Wiebelsheim, 2000

GODEL, M. Nesting of the Eurasian Woodcock, Scolopax rusticola L., in northwestern Europe. Vogelwarte **35**, 208–214, 1989

GOSSMANN, F.; BASTAT, C.; GUENEZAN, M. 2004–2005 French Woodcock report. Int. Woodcock Snipe Spec. Group Newsl. **31**, 20–22, 2005

HIRONS, G. The significance of roding behaviour in the Eurasian Woodcock Scolopax rusticola – an alternative explanation based on observations of marked birds. Ibis **122**, 350–354, 1980

HIRONS, G. A Five-year study of the breeding behaviour and biology of the Woodcock in England – A first report. Proc. Second European Woodcock and Snipe workshop, Fordingbridge, 1982

HIRONS, G. Habitat use by Woodcock Scolopax rusticola during the breeding season. Gibier Faune Sauvage **4**, 349–362, 1987

LIEGL, M. Zum Vorkommen der Waldschnepfe (Scolopax rusticola) in der Naab-Wondreb-Senke und im Steinwald (Oberpfalz). J. OAG Ostbayern **15**, 85–103, 1988

MACHADO, A.; FERRAND, Y.; GOSSMANN, F.; SILVEIRA, A.; GONCALVES, D. Application of a roding survey method to the sedentary Eurasian Woodcock Scolopax rusticola population in Pio Island, Azores. Eur. J. Wildl. Re. **54**, 205–214, 2008

MERAN, PH. Some observations on Woodcock migration in Austria and western Hungary, 1990. In: Intern Waterfowl Res. Bureau Newsletter **17**, 3–4, 1991

MÜLLER, P. Frühjahrsjagd hilft der Waldschnepfe. Game Conservancy Nachrichten **1**, 22–27, 1998

NYENHUIS, H. Fei_____g zwischen Wald_____ (Scolopax rusticola L.), _____wild und Wildschwein (Sus scrofa L.). Allg. Forst- u. Jagdz. **162**, 174–180, 1995

NYENHUIS, H. Überlegungen zum Schutz ___ Waldschnepfe (Scolopax rusticola L.) in Habitat___ _____chsdichte (Vulpes vulpes L.) in Westdeut_____ __Beitr. Jagd- u. Wildforschung **33**, 239–24_, 2007

RÖMHILD, M. Waldschnepfe. In: Brutvögel in Bayern, 190–191, Verlag Ulmer, Stuttgart, 2005

Steinadler
(Aquila chrysaetos)

Steckbrief	
Länge	79 bis 95 cm
Flügelspannweite	190 bis 230 cm
Gewicht	2,8 bis 6,6 kg
Gelege	ein bis drei Eier
Brutzeit	März/April
Rechtlicher Status	Unterliegt dem Jagdrecht, ganzjährig geschont

Nur in den Alpen überlebt

Der Steinadler besitzt eine holarktische Verbreitung. Dabei befinden sich die deutschen Brutvorkommen ausnahmslos im Alpenraum, während die Art ursprünglich flächendeckend verbreitet war. Seine aktuellen Brutvorkommen in den Bayerischen Alpen sind im Rahmen von Artenhilfsprogrammen weitgehend erfasst.

Der territoriale Adler wurde im 19. und noch Anfang des 20. Jahrhunderts extrem verfolgt. Jungadler wurden ausgehorstet, Brutvögel am Horst abgeschossen. Allerdings ist der Steinadler trotz dieser Verfolgungen in den Bayerischen Alpen nie vollständig verschwunden. Seine Horststandorte, überwiegend in schwer zugänglichen Felswänden, sein vorsichtiges Verhalten und nicht zuletzt die schützenden Alpen sicherten sein Vorkommen. 1961 wurden in den Bayerischen Alpen 15 Bruthorste bestätigt, 1979 mindestens 25. Bayernweit wurden zwischen 1998 bis 2003 insgesamt 254 Brutpaare erfasst. Nur 0,26 Jungadler/Brutpaar/Jahr wurden in den Horsten flügge (BEZZEL *et al.* 2005).

Diese im Vergleich zu anderen europäischen Steinadlervorkommen (vgl. WATSON 1997) geringen Reproduktionsraten deuten auf hohe Störungseinflüsse während der Brutzeit hin, sicherlich auch auf innerartliche Konkurrenz.

Der Steinadler ist heute im gesamten Alpenraum dominierender Brutvogel und Spitzenkonsument. Seine Hauptbeutetiere sind Schneehasen, Murmeltiere,

Füchse, Gamskitze und Aas. Reduktionsabschüsse von Reh- und Gamswild in den Gebieten der Bergwaldsanierung reduzierten seine Nahrungsgrundlagen vermutlich erheblich.

Über das Territorialverhalten und seine Jagdflüge sind wir durch zahlreiche Freilandbeobachtungen und Telemetrie-Projekte sehr gut informiert. Sein physisches Leistungsvermögen wurde auch durch jahrhundertelange Falknerei weitgehend aufgeklärt. Durch Freilandbeobachtungen und die Adlerbeize kennen wir auch das Beutetierspektrum des Steinadlers.

Gerade durch seine Nahrungsökologie, und hier insbesondere durch die Aufnahme von erlegtem, aber nicht geborgenem Wild oder durch Aufbrüche, kann der Steinadler auch Schadstoffe aufnehmen, die seine Vitalität reduzieren (vgl. u. a. FISHER *et al.* 2006, HUNT *et al.* 2006, KENNTNER *et al.* 2007; MÜLLER *et al.* 2006).

Seeadler- und Steinadler-Populationen haben sich durch effiziente und insbesondere von Jägern getragene Schutzmaßnahmen in Mitteleuropa in den letzten Jahren überraschend gut stabilisiert. Ihr derzeitiger „Status" ist sicherlich nicht durch Blei aus Jagdgewehren vorrangig gefährdet.

Durch die Falknerei haben sich unsere Kenntnisse über Verhalten und Vorkommen der Greifvögel erheblich erweitert. Durch Falkner wurden Schutz- und Zuchtprogramme entwickelt und auch finanziell getragen, die u. a. Wanderfalke und Steinadler halfen.

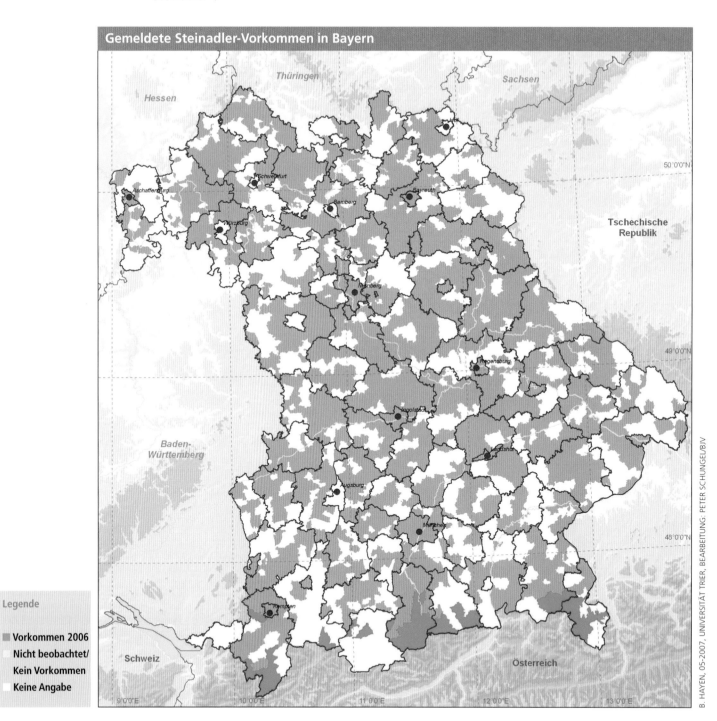

Gemeldete Steinadler-Vorkommen in Bayern

Legende

■ Vorkommen 2006
☐ Nicht beobachtet/
 Kein Vorkommen
☐ Keine Angabe

B. HAYEN, 05-2007, UNIVERSITÄT TRIER, BEARBEITUNG: PETER SCHUNGEL/BJV

Zum Nach- und Weiterlesen

BEZZEL, E.; FÜNFSTÜCK, H.-J.; KLUTH, S. Steinadler (Aquila chrysaetos). In: Greifvögel in Deutschland. Bestand, Situation, Schutz 60–64. Aula Verlag, Wiesbaden, 2001.

BEZZEL, E.; GEIERSBERGER, I.; von LOSSOW, G.; PFEIFER, R. Brutvögel in Bayern. Ulmer Verlag, Stuttgart, 2005.

FISHER, I.J.; PAIN, D.J.; THOMAS, V.G. A review of lead poisoning from ammunition sources in terrestrial birds. Biol. Conserv. **131**, 421–432, 2006.

HALLER, H. Raumorganisation und Dynamik einer Population des Steinadlers Aquila chrysaetos in den Zentralalpen. Ornith. Beob. **79**, 163–211, 1982.

HALLER, H. Der Steinadler Aquila chrysaetos im schweizerischen Alpenvorland: Ausbreitungstendenzen und ihre populationsökologischen Grundlagen. Ornith. Beob. **91**, 237–254, 1994.

HALLER, H. Der Steinadler in Graubünden. Ornith. Beob. Beiheft **9**, 1–167, 1996.

HUNT W.G.; BURNHAM, W.; PARISH, C.; BURNHAM, K.; MUTCH, B.; OAKS, J.L. Bullet fragments in deer remains; implications for lead exposure in scavengers. Wildlife Soc. Bull. **34**, 167–170, 2006.

KENNTNER, N.; CRETTENAND, Y.; FÜNFSTÜCK, H.-J.; JANOVSKY, M.; TATARUCH, F. Lead poisoning and heavy metal exposure of golden eagles (Aquila chrysaetos) from the European Alps. J. Ornithol. **148**, 173, 2007.

KLUTH, S.; BEZZEL, E. Der Steinadler in Bayern. Populationsdynamik im Wandel der Alpenlandschaft. Schr. Bayer. Landesamt Umweltschutz **155**, 125–130, 1999.

VON LOSSOW, G.; FÜNFSTÜCK, H.-J. Bestand der Brutvögel Bayerns 1999. Ornith. Anz. **42**, 57–70, 2005.

MÜLLER, P.; BLÖMEKE, B.; KEMPER, F. Ökotoxikologische und toxikologische Bewertung von bleihaltiger Munition aus Jagdgewehren – Gutachten im Auftrag des Deutschen Jagdschutzverbandes. 312 Seiten; Biogeographie, Universität Trier, 2006.

SOUTULLO, A.; URIOS, V.; FERRER, M. How far away in an hour? Daily movements of juvenile golden eagles (Aquila chrysaetos) tracked with satellite telemetry. J. Ornith. **147**, 69–72, 2006.

WATSON, J. The golden eagle. Poyser, London, 1997.

ZECHNER, L.; STEINECK, T.; TATARUCH, F. Bleivergiftung bei einem Steinadler (Aquila chrysaetos) in der Steiermark. Egretta **47**, 157–158, 2005.

Uhu
(Bubo bubo)

FOTO: G. PAULUHN/PICLEASE

Steckbrief	
Länge	60 bis 75 cm (Weibchen > Männchen)
Gewicht	2.000 bis 3.400 g
Gelege	Zwei bis drei (selten vier) Eier
Brutzeit	Februar-März
Rechtlicher Status	Unterliegt dem Naturschutzrecht

Eine erfolgreiche Wiederansiedlungsgeschichte

Der Uhu ist die weltweit größte Eulenart. Dass sie heute in Deutschland wieder vielerorts anzutreffen ist, ist sicherlich in wesentlichen Teilen der Verdienst eines erfolgreichen Wiederansiedlungsprojektes.

Ohne die heute leider auch im Naturschutz üblich gewordenen teuren Medienkampagnen und ohne millionenschwere Projektfinanzierungen ist es durch eine vergleichsweise kleine Gruppe engagierter Naturschützer und Jäger in der Zeit zwischen den 1960er und 1980er Jahren gelungen, durch ein Zuchtprogramm die Basis für ein Wiederansiedlungsprojekt zu schaffen, welches man im Nachhinein in vielen Punkten als beispielhaft bezeichnen kann (vergl. BERGERHAUSEN 1985, BERGERHAUSEN & RADLER 1989).

Nach intensiver Verfolgung durch den Menschen vor allem im 19. Jahrhundert galt der Uhu in den 1950er Jahren in weiten Teilen Deutschlands als ausgestorben. Erste Wiederansiedlungsversuche in der Zeit vor dem II. Weltkrieg blieben erfolglos. Die Maßnahmen der „Aktion zur Wiedereinbürgerung des Uhus" (NB: korrekt muss es „Wiederansiedlung" heißen) bestanden vor allem in der Etablierung eines Zuchtprogrammes in menschlicher Obhut, wobei bewusst Tiere aus unterschiedlichen Teilen des europäischen Verbreitungsgebietes einbezogen wurden. Vermutlich war es diese breite genetische Basis der Zuchtpopulation und eine intensive wissenschaftliche Begleitung (vergl. RADLER 1991) von Anfang an, welche letztlich zum Erfolg führte.

Die Hauptvorkommen des Uhus in Bayern liegen in den Alpen und den Mittelgebirgen. Brutplätze finden sich typischerweise in felsigen Steilhängen in Schluchten, Kies- oder Steinbrüchen. Nur selten brütet er in Baumhorsten von Greifvögeln oder am Boden. Allerdings werden auch immer wieder Bruten in der Nähe des Menschen, auf alten Gemäuern, beschrieben. Da wir in der Vergangenheit immer davon ausgegangen sind, dass Brutplätze störungsfrei sein müssen, scheint sich hier ein Anpassungsprozess abzuspielen, d.h. von Generation zu Generation haben die weniger scheuen Individuen einen Vorteil, der sich in einer höheren Zahl überlebender Nachkommen auszahlt. Auf diese Weise können sich ehemals scheue Tierarten auch über die Zeit hinweg an den Menschen annähern. Neben dem Wanderfalken und dem Uhu ist auch der Seeadler derzeit ein möglicher Kandidat für eine solche Entwicklung. Manche Menschen bedauern dies, da sie fürchten, dass typische Eigenschaften des Wildtieres dadurch verloren gehen. Auf der anderen Seite müssen wir aber eingestehen, dass die Natur selbst, die

Evolution festlegt, was „richtig" oder „falsch" ist. Und in einer von menschlicher Zivilisation überformten Landschaft wie der unseren ist es offenbar „richtig", sich an den Menschen anzupassen.

Unabhängig davon sind Störungen an den Brutplätzen, etwa durch Kletterer und andere Freizeitnutzer in der Natur, aufgrund der immer intensiveren Naturnutzung nach wie vor ein Problem.

Auch werden vergleichsweise viele Uhus Opfer des Straßen- oder Schienenverkehrs. Das hat auch damit zu tun, dass solche Verkehrswege vermeintlich ideale Schneisen für den typischen niedrigen, teils gleitenden Suchflug des Uhus darstellen. So entsteht die klassische Situation einer sogenannten „ökologischen Falle".

Schließlich führt auch die veränderte Landnutzung mit einem hohen Anteil an Raps und Maisanbau zur Biogasgewinnung zu einer erheblichen Einschränkung beim Nahrungserwerb im niedrigen Suchflug.

Immer noch ist zu wenig über die Verbreitung und den Bruterfolg von Uhus bekannt. Meldungen von Brutverdacht und – erfolg sind deshalb besonders erwünscht, damit entsprechende Schutzmaßnahmen ergriffen werden können, z. B. die zeitweise Sperrung von Kletterfelsen während der Brutzeit.

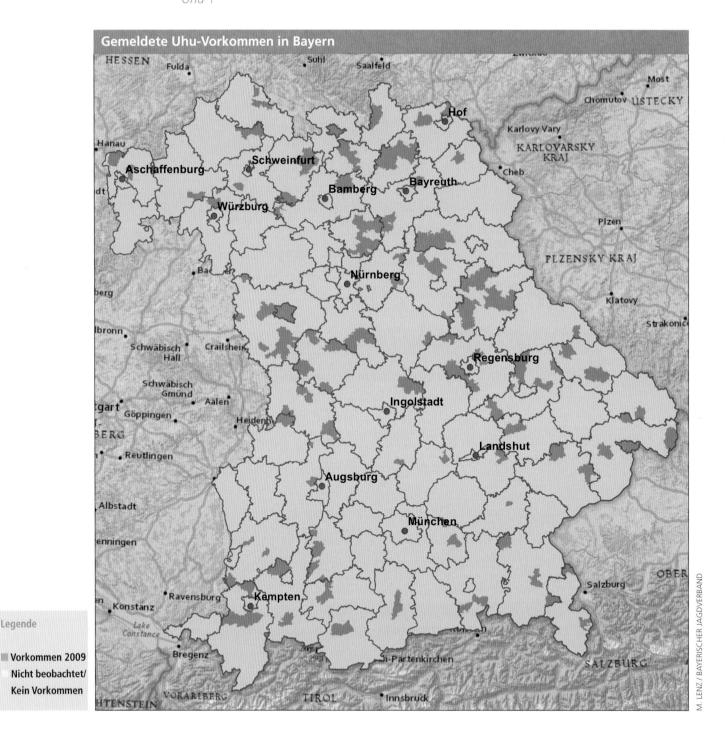

Gemeldete Uhu-Vorkommen in Bayern

Legende

■ Vorkommen 2009

□ Nicht beobachtet/
Kein Vorkommen

M. LENZ / BAYERISCHER JAGDVERBAND

Zum Nach- und Weiterlesen

*BERGERHAUSEN, W. Die Vermehrungs-zucht des Uhus – 25jährige praktische Erfahrungen der Aktion zur Wiedereinbürgerung des Uhus (AZWU). Die Voliere **8**, 100–103, 1985*

*BERGERHAUSEN, W.; RADLER, K. Bilanz der Wiedereinbürgerung des Uhus (Bubo bubo L.) in der Bundesrepublik Deutschland. Natur und Landschaft **64**, 151–161, 1989*

*BEZZEL, E.; SCHÖPF, H. Anmerkungen zur Bestandesentwicklung des Uhus (Bubo bubo) in Bayern. J. Orn. **127**, 217–228, 1986*

*BEZZEL, E.; OBST, J.; WICKL, K.-H. Zur Ernährung und Nahrungswahl des Uhus (Bubo bubo). Journal of Ornithology **117**, 210–238, 1976*

*DALBECK, L.; BREUER, W. Der Konflikt zwischen Klettersport und Naturschutz am Beispiel der Habitatansprüche des Uhus (Bubo bubo). Natur und Landschaft **76**, 1–7, 2001*

KAY-BLUM, U. Drei Kilo im leisen Segelflug: Der Uhu. Jagd in Bayern, 13, Februar 2009

*RADLER, K. Populationsbiologische Untersuchungen zum Artenschutz beim Uhu (Bubo bubo). Göttingen Research Notes in Forest Genetics – Göttinger Forstgenetische Berichte **11**, 1–112, 1991*

Sperlingskauz
(Glaucidium passerinum)

FOTO: H. GLADER/PICLEASE

Steckbrief	
Länge	16 bis 23 cm (Weibchen > Männchen)
Gewicht	60 bis 100 g
Gelege	Drei bis sieben Eier
Brutzeit	April bis Juni
Rechtlicher Status	Unterliegt dem Naturschutzrecht

Kleine Eule mit großer Sympathie

Unsere kleinste heimische Eule ist etwa starengroß. Sie ist ein Jahresvogel und bewohnt ausgedehnte Waldgebiete mit hohem Altholzanteil und reicher Struktur, d.h. sowohl einem hinreichend großen Dickungs- aber auch Totholzanteil. Die Hauptbeute des Sperlingskauzes sind Kleinsäuger, insbesondere Mäuse. Wenn diese bei hoher Schneelage schwerer zu erbeuten sind, weicht er auch auf Singvögel aus. Wichtigster Prädator des Sperlingskauzes sind andere Eulenarten, etwa der Waldkauz (*Strix aluco*), sodass er seine zeitliche Nische in der Dämmerungs- und sogar Tagaktivität gefunden hat. Das Fluggeräusch ist auch lauter als bei Eulen üblich. Dies liegt am Fehlen des durch die Federrami gebildeten Fransensaumes, der für Eulen, aber auch für die Waldschnepfe typisch ist und geräuschdämpfend wirkt.

Direkte Beobachtungen des Sperlingskauzes sind dennoch selten. Die Erfassung des Vorkommens im Revier stützt sich daher oft auf indirekte Merkmale, etwa Rupfungen, Gewölle, seinen Balzgesang oder seine Rufe, mit denen das Männchen bereits im Herbst sein Revier zu markieren beginnt. Diese kann man auch mit Klangatrappen imitieren, sodass eine systematische Erfassung des Sperlingskauzes in gewissem Rahmen möglich wird.

Der Sperlingskauz ist ein Höhlenbrüter, der insbesondere Spechthöhlen, etwa von Bunt-, Dreizehen- oder Grünspecht nutzt. Der Verlust bzw. das Fehlen von entsprechenden Höhlenbäumen wird daher heute auch als einer der entscheidenden Gründe für Bestandsrückgänge angesehen. So wurden deutliche Bestandsrückgänge aus der Zeit nach dem Zweiten Weltkrieg zum Beispiel im Schwarzwald wohl durch die damals großflächigen Abholzungen und, als Folge, eine Ausbreitung des Waldkauzes beschrieben (vergl. z.B. KÖNIG & KAISER 1985). Erst durch eine Wiederansiedlungsaktion scheint die Art dort wieder heimisch geworden zu sein.

In Bayern war der Sperlingskauz wohl nie wirklich häufig. Bereits BISCHOFF (1867) beschreibt die Art als „selten". Die aktuellen Nachweise belegen, dass der Sperlingskauz auch außerhalb der Alpen und Mittelgebirge vielleicht nicht flächendeckend, doch regelmäßig vorkommt. Inwieweit dies mit einer größeren Aufmerksamkeit gegenüber der Art, die mittlerweile im Naturschutz als Leitart für strukturreiche Nadel- und Bergmischwälder mit natürlichem Bestandsaufbau angesehen wird (vergl. RUDOLPH & LIEGL 2001), geschuldet ist oder der Sperlingskauz tatsächlich in Ausbreitung begriffen ist, muss vorerst offen bleiben. Hierzu wären regelmäßige Aufnahmen auch und besonders in bislang nicht besiedelten Waldgebieten erforderlich.

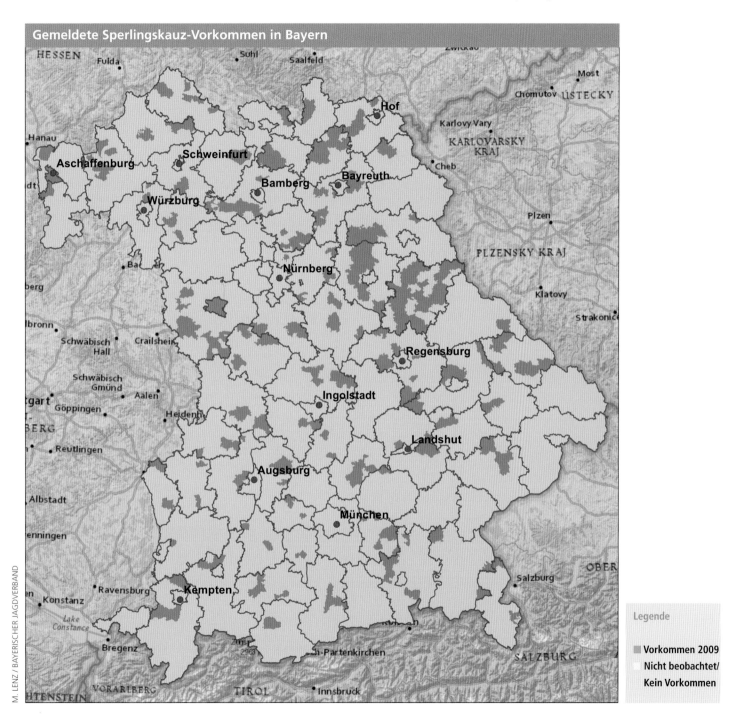

Gemeldete Sperlingskauz-Vorkommen in Bayern

Legende

■ Vorkommen 2009

□ Nicht beobachtet/
Kein Vorkommen

M. LENZ / BAYERISCHER JAGDVERBAND

Zum Nach- und Weiterlesen

BISCHOFF, W. Nutzen und Schaden der in Bayern vorkommenden Vögel. Erster Theil. Braun & Schneider, München 1867

GLUTZ VON BLOTZHEIM, U.N.; BAUER, K. Handbuch der Vögel Mitteleuropas, Band 9, S. 464–502, 1980

KAY-BLUM, U. Der Zwerg unter den Eulen: Der Sperlingskauz. Jagd in Bayern, 27, März 2009

*KÖNIG, C.; KAISER, H. Der Sperlingskauz (Glaucidium passerinum) im Schwarzwald. Journal of Ornithology **126**, 443, 1985*

MÜLLER, F. Wildbiologische Informationen für den Jäger: Jagd + Hege Ausbildungs-buch IX, Jagdbuch-Verlags AG, Balzers, 1986

*RUDOLPH, B.-U.; LIEGL, A. Die Leitarten für den Waldnaturschutz ? LWF aktuell **30**, 15–20, 2001*

SCHÖNN, S.; SCHERZINGER, W. Der Sperlingskauz Glaucidium passerinum passerinum, Westarp Wissenschaften, Magdeburg 1995

Kolkrabe
(Corvus corax)

Steckbrief

Länge	60 bis 65 cm, Flügelspannweite 120 bis 150 cm
Gewicht	Ein bis 1,5 kg
Gelege	Drei bis sechs Eier
Brutzeit	März/April
Rechtlicher Status	Unterliegt dem Jagdrecht, ganzjährig geschont

Gewinner dank Schutz

Wer sich längere Zeit intensiv mit Kolkraben beschäftigt, wird BRÜMMER (1984), HEINRICH (1994) oder LO & MÜLLER (1999) zustimmen, dass sie die „smartest birds in the world" sind. Sie können nicht nur bis 7 „zählen", sie sind auch in der Lage „um die Ecke herum zu denken". Ihre Lernfähigkeit und Gedächtnisleistungen sind erstaunlich, Individual- und Sozialverhalten deutlich komplexer als bei vielen anderen Vogel- und Säugerarten, und ihre Anpassungsfähigkeiten gehen erheblich über „festgelegte Verhaltensmuster" hinaus. Kolkraben sind vorsichtige Allesfresser, aber auch aktive Jäger, deren Brutpaardichten durch innerartliche Auseinandersetzungen einreguliert werden. Kolkraben sind territorial und verteidigen ihre Brutreviere gegen ihresgleichen und andere konkurrierende Arten. Greifvögel oder Rabenkrähen werden im Brutterritorium meist nicht geduldet. Deshalb können Kolkraben für andere Arten auch Schutzschildfunktion übernehmen.

Kolkraben beobachten und kontrollieren ihre Territorien, kennen die unterschiedlichen Aktivitäten des Menschen und nahrungversprechender Prädatoren (Wölfe, Bären u. a.) in den Landschaften sehr genau, erschließen sich dank ihrer Intelligenz sehr schnell unterschiedliche Nahrungsquellen. Sie wissen, dass ein Gewehrschuss meist Nahrung bedeutet, beobachten aber auch den Steinadler bei seinen Jagdflügen, weil sie auf Zusatznahrung hoffen.

Nach jahrzehntelanger Verfolgung ist der Kolkrabe heute fast flächendeckend in allen geeigneten Bruthabitaten von Bayern wieder präsent. In einigen westlichen Bundesländern (u. a. Nordrhein-Westfalen, Saarland) wurden seit Anfang der 90er Jahre Wiederansiedlungsprojekte durchgeführt, die überwiegend erfolgreich waren (vgl. u. a. MÜLLER 2008, MÜLLER & ELLE 2001).

Deutlich größer als die weit verbreitete Rabenkrähe, fällt beim Kolkraben insbesondere der keilförmige Schwanz als sicheres Erkennungsmerkmal während des Fluges auf. Brutpaare halten sowohl zum Partner als auch zum Brutterritorium Treue. Jungraben bilden in der Nachbrutzeit Junggesellenschwärme.

Die von akrobatischen Flugspielen begleitete Balz beginnt bereits im Januar, der Brutbeginn kann je nach Witterungsgeschehen bereits Ende Februar/Anfang März sein. Sofern durch den Menschen nicht verfolgt, ist die Art Kulturfolger, der im vergangenen Jahrhundert auch von Deponien profitierte.

FOTOS: PROF. DR. DR. PAUL MÜLLER

Kolkraben gehören zu den intelligentesten Vögeln der Welt. In Menschenobhut aufgezogene Raben zeigen meist zum Schrecken ihrer Ziehmütter oder- väter ihr erstaunliches Anpassungspotential. Auch durch telemetrische Untersuchungen (im rechten Bild) konnten bemerkenswerte Verhaltensweisen des Kolkraben entdeckt werden.

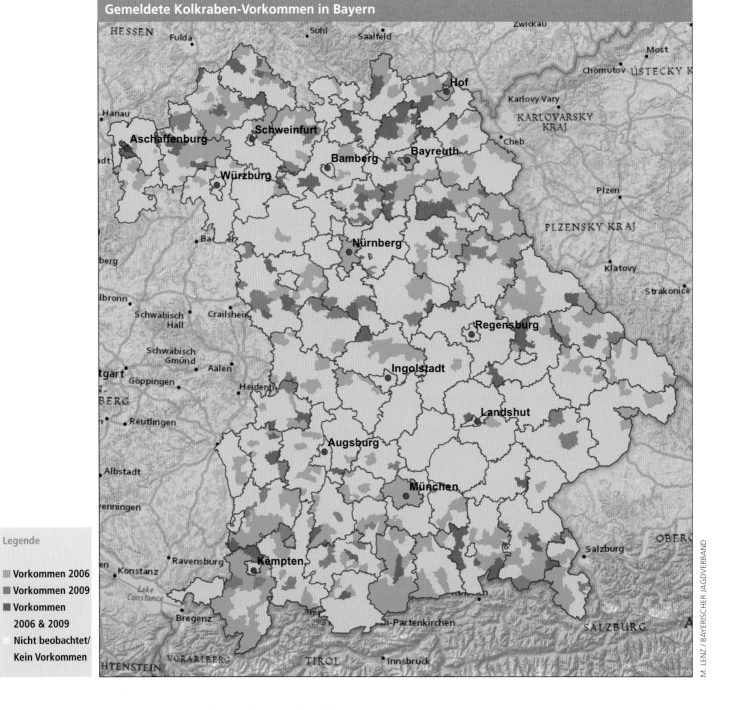

Gemeldete Kolkraben-Vorkommen in Bayern

Legende

■ Vorkommen 2006
■ Vorkommen 2009
■ Vorkommen
   2006 & 2009
□ Nicht beobachtet/
   Kein Vorkommen

M. LENZ / BAYERISCHER JAGDVERBAND

Zum Nach- und Weiterlesen

BEZZEL, E.; LECHNER, F. Die Vögel des Werdenfelser Landes. Kilda Verl., Greven, 1978

BÖNISCH, R. Beobachtungen des Kolkraben (Corvus corax) in der nördlichen Oberpfalz. J. OAG Ostbayern **19**, 187–188, 1992

BRÜMMER, F. Ravens: smartest birds in the world. Intern. Wildlife, 33–35, 1984

FEULNER, J. Der Kolkrabe Corvus corax brütet im Frankenwald. Ornith. Anzeiger **30**, 86–87, 1991

GEIERSBERGER, I. Kolkrabe. In: Brutvögel in Bayern, 282–283. Ulmer Verlag Stuttgart, 2005

HEINRICH, B. Die Seele des Raben. Fischer Verlag, 1994

KOEHLER, O. The ability of birds to "count". Bull. Animal. Behaviour **9**, 41–45, 1951

KOTRSCHAL, K.; BUGNYAR, T.; STÖWE, M. Kognition und Neophobie bei Raben. Charadrius **37**, 127–134, 2001

LO, L.-C.; MÜLLER, P. Kolkraben – „smartest birds in the world". Game Conservancy Nachrichten **9**, 6–17, 1999

MÜLLER, P. Rabenvögel und Niederwild. Beitr. Jagd- u. Wildforschung **27**, 263–277, 2002

MÜLLER, P. Falsche Schuldzuweisungen und die Rolle intelligenter Krähenvögel in unterschiedlichen Nahrungsnetzen unserer Kulturladschaften. OÖster. Jäger, 6–10, 1/2004

MÜLLER, P. Odins Aufklärer. Wild und Hund, 14–20, 13/2008

MÜLLER, P.; ELLE, O. Zur Wiedereinbürgerung des Kolkraben (Corvus corax) im Saarland. Charadrius 37, 112–115, 2001

Rabenkrähe
(Corvus corone corone)

FOTO: MICHAEL BREUER

Steckbrief	
Länge	47 cm
Gelege	Vier bis sechs Eier
Brutdauer	Rund 3 Wochen
Rechtlicher Status	Unterliegt dem Jagdrecht (Jagdzeit 16.7. – 14 .3.)

Intelligenter Profiteur der Urbanisierung

Rabenkrähen und ihre östlichen Verwandten, die Nebelkrähen, die in ihren Kontaktbereichen fertile Hybriden bilden (vgl. BARTHEL & HELBIG 2005, RISCH & ANDERSEN 1998), sind intelligente Nahrungsgeneralisten, die durch die Flächennutzungen in unseren Kulturlandschaften erheblich begünstigt werden und naturgemäß auf viele Verlierer des Kulturlandschaftswandels zusätzlichen Druck ausüben. Es geht nicht darum, die alleinige Schuld am Rückgang bestimmter Arten den Rabenkrähen zuzuschreiben. Vielmehr gilt es, zu erkennen, dass wir in naturnahen Landschaften keine Rabenkrähen-Diskussionen hätten, weil sie dort in geringeren Populationsdichten vorhanden wären. Aus wissenschaftlicher Sicht ist es wichtig, die ökologische Rolle dieser Gewinner des Kulturlandschaftswandels vorurteilsfrei unter wechselnden Randbedingungen in ihrer Wirkung auf unterschiedliche Populationen und Nahrungsnetze zu bestimmen. Dazu sind nachprüfbare Populationsdaten zwingend erforderlich.

Der „German Common Bird Census" (SCHWARZ & FLADE 2000; vgl. auch MITSCHKE et al. 2000, WITT 1997, WÜRFELS 1994) analysierte die Bestandsveränderungen häufiger Vogelarten seit 1989 und stellte fest, dass die Populationen der Rabenkrähe einen fast kontinuierlichen Anstieg zeigen. Natürlich sagen solche Zahlen nur wenig über die von Rabenkrähen ausgehenden „Wirkungen". Die einfachen Korrelationsrechnungen „Mehr Rabenkrähen = weniger Rotkehlchen, Bodenbrüter oder Junghasen" sind genauso falsch, wie die häufig zu hörenden Behauptungen, dass die Zunahme von Elstern- und Rabenkrähen-Populationen keinen Einfluss auf Singvogelpopulationen besäße. Prädation ist ein wichtiger Antrieb der Selektion. Zuviel Prädation ist jedoch für die Verlierer des Kulturlandschaftswandels tödlich.

Prädatoren-Reduktions- (vgl. u. a. TAPPER et al. 1996) und Nestprädations- Experimente (vgl. u. a. MORDASS 1994, SCHAUM 1997) zeigten, dass intelligente Corviden ein erhebliches Problem für eine Vielzahl von Bodenbrütern und Jungtieren von Niederwildarten darstellen können. Unbestritten ist aber auch, dass insbesondere die nächtliche Prädation durch Haarraubwild (u. a. Fuchs, Steinmarder, Hermelin, Iltis) und räuberische Kleinsäuger (u. a. Wanderratten, Igel, Mäusearten) von noch größerer Bedeutung sein kann.

Es ist unbestritten, dass in „massiv umgestalteten Landschaften Rabenvögel geschwächte Populationen anderer Arten weiter dezimieren" (vgl. MÄCK et al. 1999).

Nahrungsgeneralisten werden in ihrer Populationsdichte nicht von seltenen Beutetieren bestimmt; deshalb können sie in ausgeräumten Landschaften, wo sie sich von

FOTOS: PROF. DR. PAUL MÜLLER; PROF. DR. S. HERZOG

anderen Biota hauptsächlich ernähren, für seltene oder selten gewordene Beutetiere lokale Elimination und Extinktion bewirken.

So betrachtet stellt die Bejagung von Rabenkrähen und Elstern auch für Bodenbrüter und das Niederwild ein geringeres ökosystemares Risiko dar als ihre Nichtbejagung (MÜLLER 2009).

Verhaltensstudien in der Kontaktzone von Raben- und Nebelkrähe zeigen, dass beide Formen möglicherweise stärker voneinander isoliert sind, als dies bislang angenommen wurde.

Die Rabenkrähe ist flächendeckend in Bayern Brutvogel. Die territorialen Rabenkrähen, deren Dichte auch von innerartlicher Konkurrenz, insbesondere durch Nestprädation, mitgeregelt wird, bauen ihr Nest vorwiegend an Waldrändern und in Feldgehölzen. Neben den Brutpaaren besiedeln auch Nichtbrüter- und Junggesellenschwärme die freie Landschaft und erhöhen den Prädationsdruck. Die Brutzeit der vier bis sechs Eier dauert ca. drei Wochen. Anschließend werden die Jungvögel noch weitere drei Wochen gefüttert, bevor sie flügge werden.

Interessant ist bei der Aaskrähe (wie die übergeordnete Artbezeichnung von Raben- und Nebelkrähe lautet), dass beispielsweise entlang der Elbe, welche eine recht klare Verbreitungsgrenze beider Unterarten bildet, kaum sog. „Rakelkrähen", also offensichtliche Hybriden, erkennbar sind. Das Bild rechts zeigt beispielsweise typische Rabenkrähen ohne jeglichen grauen Farbeinschlag in Dresden östlich der Elbe.

Wir müssen daher davon ausgehen, dass beide Unterarten nicht alleine durch ihr unterschiedliches Verbreitungsgebiet voneinander separiert sind, sondern dass weitere (relative) Paarungsschranken existieren, die noch weitgehend unbekannt sind.

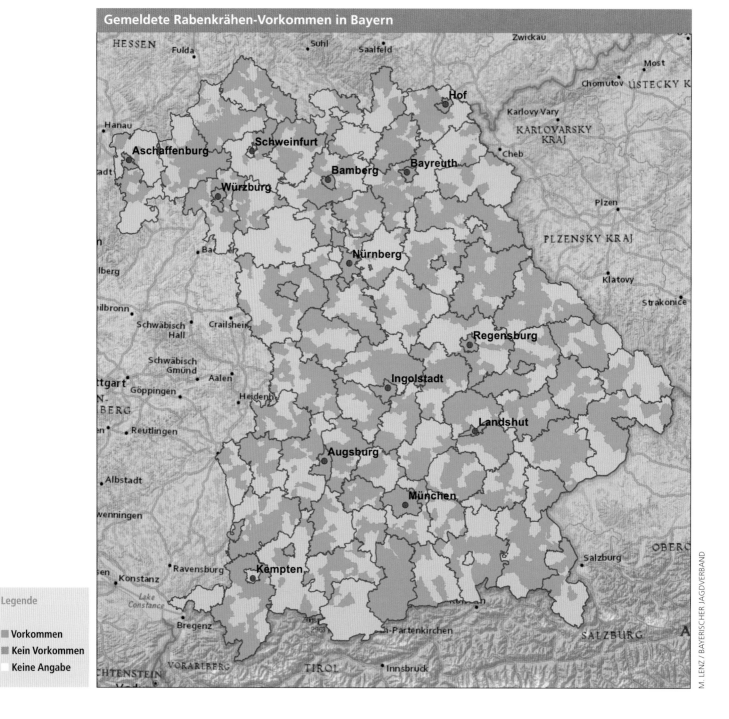

Gemeldete Rabenkrähen-Vorkommen in Bayern

Legende

- Vorkommen
- Kein Vorkommen
- Keine Angabe

Zum Nach- und Weiterlesen

BARTHEL, P.; HELBIG, A. Artenliste der Vögel Deutschlands. Limicola **19**, 2005

BAYNE, E.; HOBSON, K. Comparing the effects of landscape fragmentation by forestry and agriculture on predation of artifical nests. Conserv. Biol. **11**, 1418–1429, 1997

GOODWIN, D. Crows of the world. St. Edmundsbury Press, Suffolk, 1986

GÖRANSSON, G.; LOMAN, J. Does removal of preeding crows increase pheasant production – an experiment. 14.Congr. Game Biologists, Dublin, 1979

HOI, H.; WINKLER, H. Feinddruck auf Bodennester. Effekte der Habitatkomplexität. J. Ornith. **132**, 215–217, 1991

MÄCK, U.; JÜRGENS, U.; JÜRGENS, M.-E. Aaskrähe, Elster und Eichelhäher in Deutschland. BfN-Schriften, Landwirtschaftsverlag Münster, 1999

MÄCK, U.; JÜRGENS, M.-E.; BOYE, P.; HAUPT, H. Aaskrähe (Corvus corone), Elster (Pica pica) und Eichelhäher (Garrulus glandarius) in Deutschland. Betrachtungen zu ihrer Rolle im Naturhaushalt sowie zur Notwendigkeit eines Bestandsmanagements. Natur und Landschaft **74**, 485–493, 1999

MITSCHKE A.; GARTH, S.; MULSOW, R. Langfristige Bestandstrends von häufigen Vögeln in Hamburg. Vogelwelt **121**, 155–164, 2000

MORDASS, C. Experimentelle Untersuchung zum Bruterfolg von Bodenbrütern unter Einfluss von territorialen Corvus corone. Diplomarbeit, Institut für Biogeographie, Universität des Saarlandes, Saarbrücken, 1994

MÜLLER, P. Die Zukunft der Jagd & die Jäger der Zukunft. Neumann-Neudamm, Melsungen, 2009

RISCH, M.; ANDERSEN, L. Selektive Partnerwahl der Aaskrähe (Corvus corone) in der Hybridisierungszone von Rabenkrähe (C.c.corone) und Nebelkrähe (C.c.cornix). J. Ornithol. **139**, 173–177, 1998

SAVIDGE, J.; SEIBER, F. An infrared trigger and camera to identify predators at artificial nests. J. Wildl. Management **52**, 291–294, 1988

SCHAUM, S. Freilandbeobachtungen an Corviden im nördlichen Saarland. Diplomarbeit, Institut für Biogeographie, Universität des Saarlandes, Saarbrücken, 1997

SCHWARZ, J.; FLADE, M. Ergebnisse des DDA-Monitoringprogramms. Teil I: Bestandsänderungen von Vogelarten der Siedlungen seit 1989. Vogelwelt **121**, 87–106, 2000

TAPPER, S., POTTS, G.; BROCKLESS, M. The Salisbury Plain predation experiment: the conclusion. The Game Conservancy Review **22**, 87–91, 1991

TAPPER, S.; POTTS, G.; BROCKLESS, M. The effect on an experimental reduction in predation pressure on the breeding success and population density of the grey partridges Perdix perdix. J. Appl. Ecol. **33**, 965–978, 1996

WITT, K. On the abundance of magpie Pica pica during breeding and winter season in Berlin. Acta Ornithol. **32**, 1121–1126, 1997

WÜRFELS, M. Siedlungsdichte und Beziehungsgefüge von Elster, Rabenkrähe und Habicht 1992 im Stadtgebiet von Köln. Charadrius **30**, 94–103, 1994

Haarwild

Rotwild
(Cervus elaphus)

Anpassungsfähig und missverstanden

Steckbrief	
Widerrist-höhe	105 bis 140 cm
Gewicht	100 – 250 kg (männl.) 80 – 150 kg (weibl.)
Paarungs-zeit (Brunft)	September/Oktober
Setzzeit	Mai/Juni
Anzahl Jungtiere	Normalerweise ein Kalb
Rechtlicher Status	Unterliegt dem Jagd-recht, Jagdzeiten in Bayern: Kälber, Hirsche und Alttiere: 1.8. – 31.1., Schmalspießer und Schmaltiere: 1.6. – 31.1.

Das Rotwild ist hierzulande derzeit sicher eine der Wildarten, die am meisten im Focus der Öffentlichkeit stehen. Sie ist als eine der letzten großen freilebenden Säugetierarten unserer Heimat in der Bevölkerung äußerst positiv besetzt. Die Beobachtung von Rotwild in freier Wildbahn ist für viele Menschen ein unvergessliches Erlebnis.

Aber auch der Artenschutz hat das Rotwild seit einigen Jahren (wieder)entdeckt. Grund dafür ist das fragmentierte Vorkommen dieser Wildart, insbesondere in den südlichen Bundesländern Baden-Württemberg und Bayern.

Die Ursache für diese Situation müssen wir in der Geschichte suchen (vergl. HERZOG 2007). Nachdem die Bindung des Jagdrechts an Grund und Boden, eine der zentralen Forderungen im Rahmen der bürgerlichen Revolution 1848, ab Mitte des 19. Jahrhunderts zu einem massiven Rückgang und lokaler Ausrottung dieser Wildart geführt hatte, gab es seit Ende des 19. und Anfang des 20. Jahrhunderts zunehmend Bestrebungen zur Erhaltung der Art. Dabei waren es vornehmlich die großen Waldgebiete der Mittelgebirge, oft in landesherrlichem Besitz, welche dem Rotwild ein Refugium boten. In der Zeit nach dem ersten Weltkrieg wurden diese Gebiete meist zu landeseigenen Wäldern. So kommt es, dass wir bis heute die Rotwildvorkommen meist in den großen Waldgebieten finden, während die Agrarlandschaft, aber auch viele weitere Waldgebiete nicht oder kaum besiedelt werden.

Letzteres hat seinen Grund aber auch in der Jagdpolitik zahlreicher Bundesländer, welche mit dem Instrument der „rotwildfreien Gebiete" arbeitet, also insbesondere in den Agrarregionen, aber auch in vielen Wäldern diese Wildart nicht duldet. Dass dies im Gegensatz zu europäischem Artenschutzrecht (HECK 2003) steht, wird dabei gerne übersehen.

Vor dem Hintergrund zunehmender Sensibilität für ökologische Notwendigkeiten scheint sich derzeit eine Trendwende abzuzeichnen: eine Allianz aus Jagd und Naturschutz fordert zunehmend die Verbindung und Vernetzung der bestehenden Rotwildvorkommen. Die wissenschaftlichen Grundlagen dafür wurden bereits seit den 1970er und 1980er Jahren erarbeitet (vergl. z. B. BERGMANN 1976, HERZOG 1988), wurden aber jahrelang von Politik und Administration ignoriert. So wird das Rotwild erst seit einigen Jahren nicht nur zu einer Flaggschiffart im Naturschutz, sondern auch zur „umbrella species", also einer „Schirmart" für große wandernde Arten. Maßnahmen, die der Vernetzung der Bestände des Rotwildes dienen, kommen regelmäßig auch anderen Arten, etwa dem Luchs oder der Wildkatze, zugute.

Die Zurückdrängung des Rotwildes in die großen Waldgebiete ist aber auch die Grundlage für verschiedene Konflikte zwischen Grundeigentümern bzw. Landnutzern mit unterschiedlichen Partikularinteressen, früher auch (unzutreffend) als „Wald-Wild-Konflikt" bezeichnet. Rotwild ist von seiner Anatomie und Morphologie her keine typische Waldart, sondern eher an halboffene und offene Landschaften angepasst. Es zeigt von Natur aus ein vergleichseise unauffälliges, weil einzeln oder in kleinen Gruppen stattfindendes Wanderverhalten von den Sommer- in die Winterlebensräume und zurück. Die Winterlebensräume, etwa die Auwälder entlang der großen Flüsse, sind heute zerstört und zu Siedlungen bzw. Agrarflächen umgewandelt oder durch Infrastruktur (Straßen und Siedlungen) und legislative Maßnahmen (Festlegung von Rotwildgebieten) für das Wild unzugänglich.

Dennoch kann das Rotwild aufgrund seiner hohen Flexibilität gut das ganze Jahr im Wald leben. Dass dort durch diese große Pflanzenfresserart Fraßeinwirkungen an der Vegetation, und damit auch an den forstwirtschaftlich interessanten Baumarten, entstehen, ist unter diesen Umständen allerdings nicht verwunderlich.

In unserer Zivilisationslandschaft verhindern darüber hinaus permanente Störungen ein biologisch angemessenes Äsungsverhalten (vergl. z.B. HOFMANN 1979, ARNOLD et al. 2004). Die sich letztlich daraus ergebenden Schäden im Wald waren in den vergangenen Jahrzehnten wenn nicht die Ursache, so doch einer der Auslöser eines Konflikts zwischen unterschiedlichen Gruppen von Landnutzern. Das Rotwild und der Wald waren und sind die Leidtragenden dieser Situation (vergl. HERZOG 2010).

Links: Rotwild fühlt sich besonders in Landschaften mit Offenlandanteilen wohl, in den Wald wurde es durch den Menschen zurückgedrängt.

Dass Rotwild als eine der letzten großen Säugetierarten heute noch in freier Wildbahn vorkommt, verdanken wir dem Wirken der Jäger.

FOTOS: PROF. DR. S. HERZOG

Das Rotwild ist sicher nicht akut vom Aussterben bedroht; dort, wo es geduldet wird, finden sich stabile Bestände, welche intensiv bejagt werden müssen.

Die Jagdstrecke liegt derzeit in Deutschland bei rund 67.000 Stück jährlich, in Bayern bei 10.000, der Gesamtbestand wird dementsprechend auf 450.000 bzw. 27.000 Individuen geschätzt.

Andererseits finden wir erste Hinweise, dass kleine, isolierte Populationen genetischen Veränderungen unterliegen (vergl. z. B. STRÖHLEIN *et al.* 1995, HERZOG & GEHLE 2001). Diese Hinweise müssen ernst genommen werden, damit dem Rotwild nicht das Schicksal der großen Prädatoren zuteil wird. Auch diese sind bekanntlich nicht aufgrund des jagdlichen Interesses, sondern aufgrund stetiger Forderungen der Landnutzer nach Reduktion der Bestände ausgerottet worden.

Die Erhaltung dieser großen Schalenwildart bei gleichzeitiger Achtung der Interessen der Grundeigentümer ist eine der großen Herausforderungen der nahen Zukunft und eine Aufgabe, welche nur durch ein Miteinander, nicht durch ein Gegeneinander der einzelnen betroffenen Gruppen zu lösen ist.

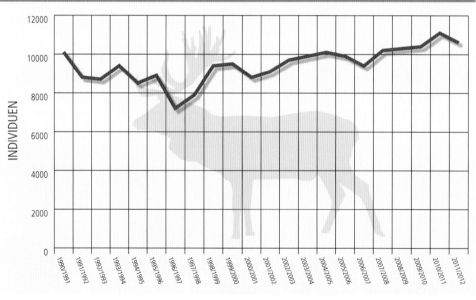

Rotwildstrecke in Bayern

GRAFIK: TAUSENDBLAUWERK

Rotwildverbreitungskarte Deutschlands

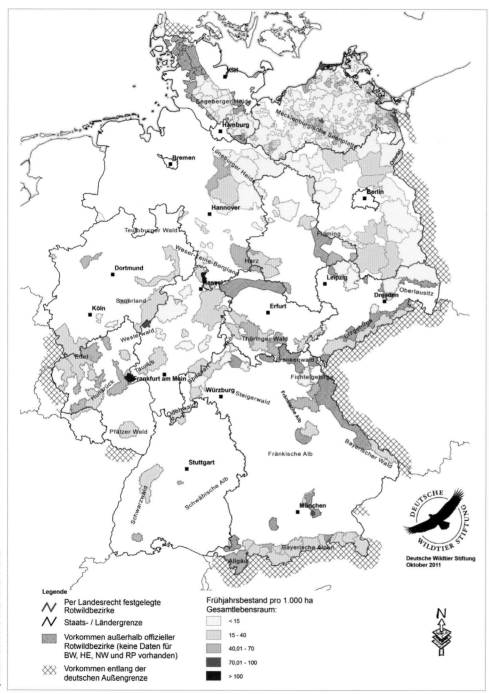

Legende

∿ Per Landesrecht festgelegte
  Rotwildbezirke

∿ Staats- / Ländergrenze

▨ Vorkommen außerhalb offizieller
  Rotwildbezirke (keine Daten für
  BW, HE, NW und RP vorhanden)

▨ Vorkommen entlang der
  deutschen Außengrenze

Frühjahrsbestand pro 1.000 ha
Gesamtlebensraum:

☐ < 15
☐ 15 - 40
☐ 40,01 - 70
☐ 70,01 - 100
☐ > 100

Deutsche Wildtier Stiftung
Oktober 2011

N

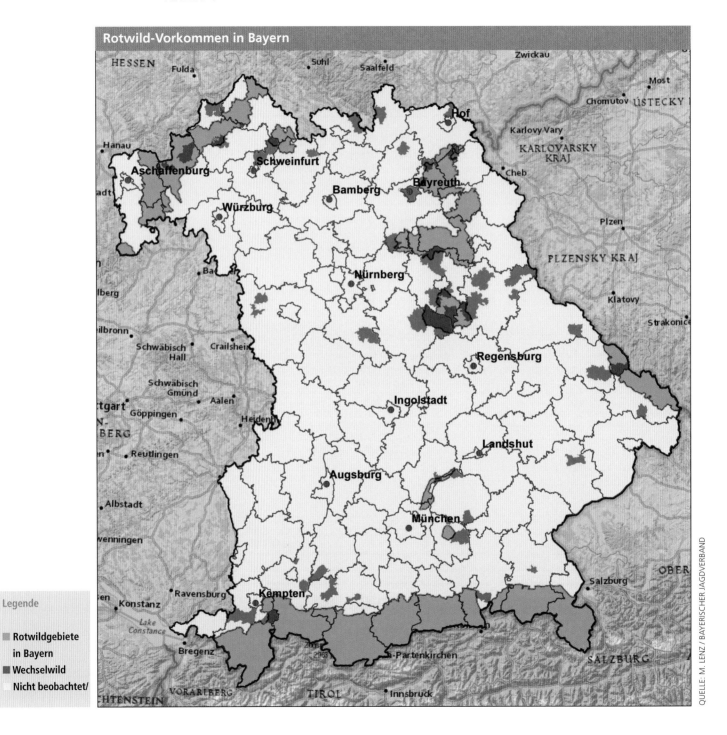

Zum Nach- und Weiterlesen

ABERNETHY, K. The establisment of a hybrid zone between red and sika deer (genus Cervus). Molecular Ecology **3**, 551–562, 1994

ARNOLD, W.; RUF, T.; REIMOSER, S.; TATARUCH, F.; ONDERSCHEKA, K.; SCHOBER, F. Nocturnal hypometabolism as an overwintering strategy of red deer (Cervus elaphus). Am. J. Physiol. Regul. Integr. Comp. Physiol. 286, R174–R181, 2004

BERGMANN, F. Beiträge zur Kenntnis der Infrastrukturen beim Rotwild. Teil II. Erste Versuche zur Klärung der genetischen Struktur von Rotwildpopulationen an Hand von Serumprotein-Polymorphismen. Zeitschrift für Jagdwissenschaft **22**, 28–35, 1976

CLUTTON-BROOK, T.H.; GUINESS, F.E.; ALBON, S.D. Red Deer. Edinburgh, 1982

GEHLE, T.; HERZOG, S. Genetic inventories of European deer populations (Cervus sp.): Consequences for wildlife management and land use. Gibier Faune Sauvage – Game and Wildlife **15**, 445–450, 1998

GEHLE, T.; HERZOG, S. Genetische Variation und Differenzierung von drei geographisch isolierten Rotwildpopulationen (Cervus elaphus L.) in Niedersachsen. European Journal of Wildlife Research **40**, 156–174, 1994

HECK, A. Zur Vereinbarkeit jagdrechtlicher und naturschutzrelevanter Vorschriften in Deutschland mit dem Übereinkommen über die biologische Vielfalt (Biodiversitätskonvention) – Eine Analyse am Beispiel des Rotwildes (Cervus elaphus Linné, 1758). Zeitschrift für Jagdwissenschaft **49**, 288–302, 2003

HERZOG, A. Zur genetischen Struktur isolierter Rotwildpopulationen. Schriftenreihe des Landesjagdverbandes Bayern e.V. **1**, 13–29, 1995

HERZOG, S. Cytogenetische und biochemisch-genetische Untersuchungen an Hirschen der Gattung Cervus (Cervidae, Artiodactyla, Mammalia). Göttingen Research Notes in Forest Genetics – Göttinger Forstgenetische Berichte **10**, 1–139, 1988

HERZOG, S. Zur Bedeutung der Genetik für ein zeitgemäßes Rotwildmanagement. Schriftenreihe des Landesjagdverbandes Bayern **13**, 47–50, 2005

HERZOG, S. Rothirsch und Rotwildgebiete in Deutschland – Geschichte und politische Bedeutung. In: VON MÜNCHHAUSEN, H.; HERRMANN, M. (Herausgeber). Freiheit für den Rothirsch – Zur Zukunft der Rotwildgebiete in Deutschland. Deutsche Wildtier Stiftung, Hamburg, 43–62, 2007

HERZOG, S. Der Wald soll wachsen: Was müssen forstliche Gutachten leisten? Schriftenreihe des Landesjagdverbandes Bayern e.V. 19, 33–40, 2010

HERZOG, S. Der 40-jährige Konflikt: Was macht das Thema „Wald und Wild" zum Dauerbrenner? Allgemeine Forst Zeitschrift-Der Wald, 16–18, 6. Juni 2011

HERZOG, S.; GEHLE, T. Genetic structures and clinal variation of European red deer Cervus elaphus populations for two polymorphic gene loci. Wildlife Biology **7**, 55–59, 2001

HERZOG, S.; HARRINGTON, R. The role of hybridization in karyotype evolution of deer (Cervidae; Artiodactyla; Mammalia). Theoretical and Applied Genetics **82**, 425–429, 1991

HERZOG, S.; KRABEL, D. Heamoglobin variants within the genus Cervus. Small Ruminant Research **11**, 187–192, 1993

HERZOG, S.; HUNGER, M.; KRÜGER, T. Optimierung der Situation des Rotwildes (Cervus elaphus) durch einen landesweiten partizipativen Prozess: Eckpunkte für ein Rotwildkonzept im Freistaat Sachsen. Eberswalder Forstliche Schriftenreihe **45**, 107–112, 2010

HERZOG, S.; MUSHÖVEL, C.; HATTEMER, H.H.; HERZOG, A. Transferrin polymorphism and genetic differentiation in Cervus elaphus L. (European red deer) populations. Heredity **67**, 231–239, 1991

HOFMANN, R. R. Das Rotwild – an-passungsfähig und missverstanden. In: HOFMANN, R. R.; HABERMEHL, K.-H.; GEIGER, G.; MÜLLER, F.; BRÖMEL, J.; STECK, F.; HERZOG, A.; WANDELER, A.; HASENKAMP, J.G.; MAGGIO, G.; JAHN, J.; MEUNIER, K. (Herausgeber). Jagd+Hege Ausbildungsbuch II: Wildbiologische Informationen für den Jäger, 89–113, 1979

KUWAYAMA, R.; T. OZAWA, T. Phylogenetic relationships among European red deer, wapiti, and sika deer inferred from mitochondrial DNA sequences. Molecular Phylogy and Evolution *15*, 115–123, 2000

MAHMUT, H.; MASUDA, R.; ONUMA, M.; OHTAISHI, N. Molecular phylogeography of the red deer (Cervus elaphus) populations in Xinjiang of China: Comparison with other Asian, European, and North American Populations. Zool. Science *19*, 485–495, 2000

MEIßNER, M.; REINECKE. H.; HERZOG, S. Vom Wald ins Offenland: Der Rothirsch auf dem Truppenübungsplatz Grafenwöhr. 2012, im Druck.

MOOG, M. Das Schalenwild aus der Kostenperspektive – können wir uns den Rothirsch leisten? Schriftenreihe des Landesjagdverbandes Bayern e. V. *19*, 27–32, 2010

NEUMANN, M.; TOTTEWITZ, F.; SPARING, H.; GLEICH, E. Lebensraumgrössen von Rotwild im Thuringer Wald und im nordostdeutschen Tiefland – Ergebnisse von Satellitentelemetriestudien. Artenschutzreport *21*, 71–77, 2007

ONDERSCHEKA, K. Rotwildfütterung: eine biologische Entgleisung oder ein Beitrag zur Gesunderhaltung dieses Wildes und zur Minderung der durch das Rotwild verursachten Schäden am Lebensraum. Schriftenreihe des Landesjagdverbandes Bayern e. V. *1*, 1–12, 1995

STRÖHLEIN, H.; HERZOG, S.; HECHT, W.; HERZOG, A. Biochemical genetic description of German and Swiss populations of red deer (Cervus elaphus). Acta Theriologica *38*, 153–161, 1993

STRÖHLEIN, H.; HERZOG, S.; HERZOG, A. Genetische Studien an Rotwild (Cervus elaphus L.) aus Hessen, Niedersachsen und Sachsen-Anhalt. Teil I: Populationsgenetische Parameter der Isoenzymgenetik. European Journal of Wildlife Research *40*, 1–11, 1994

STRÖHLEIN, H.; JÄGER, F.; HECHT, W.; HERZOG, A.; HERZOG, S. Genetische Studien an Rotwild (Cervus elaphus, L.) aus Hessen, Niedersachsen und Sachsen-Anhalt. Teil II: Diskussion der ermittelten Parameter der Isoenzymgenetik unter Beachtung mitochondrialer DNS-Haplotypverteilung. European Journal of Wildlife Research *40*, 74–83, 1994

STRÖHLEIN, H.; HERZOG, S.; HERZOG, A. Veränderungen der Isoenzymgenetik bei Rotwildpopulationen (Cervus elaphus L.) aus Niedersachsen und Sachsen-Anhalt im Zusammenhang mit der Aufhebung der innerdeutschen Grenze. European Journal of Wildlife Research *41*, 65–68, 1995

WAGENKNECHT, E. Rotwild. Berlin, 1981

WÖLFEL, H. Zur Jugendentwicklung, Mutter-Kind-Bindung und Feindvermeidung beim Rothirsch (Cervus elaptlus) (III). Zeitschrift für Jagdwissenschaft *30*, 3–14, 1984

FOTO: MICHAEL BREUER

Rehwild
(Capreolus capreolus)

Ökosystemgerechte Bejagung eines Anpassungskünstlers

Bereits vor 500.000 Jahren lebten Rehe gemeinsam mit *Homo erectus* in Deutschland. Rehe haben die Zerstörungen der Wälder im Mittelalter, alle Revolutionen und Kriege aber auch alle Hege- und Bejagungsrichtlinien überlebt. Die Zeiten, wo das „Schießen und Fangen von Rehgeißen und Rehkitzen zu keiner Zeit gestattet war" (vgl. Bayerische Verordnung vom 5.10.1863; Regierungsblatt p. 1657), sind längst vorbei; vorbei auch die Zeiten, wo man glaubte, Rehe im Wald zählen zu können oder zumindest so tat, als ob man es könnte; vorbei auch die Zeiten, wo Rehe zumindest auf dem Papier keine Populationsschwankungen zeigten, da das bei der Festlegung der Abschussplanzahlen unnötigen Streit mit dem Reviernachbarn heraufbeschwor; leider noch nicht vorbei die Zeit, wo dem Reh die alleinige Verantwortung für waldbauliche Fehler zugeschrieben wurde. Auf dem Rücken der Rehe werden heute jagdliche und forstliche Fehler der Vergangenheit ausgetragen. Jährlich werden in Deutschland über eine Million Rehe erlegt, über 300.000 davon in Bayern. Als Kulturfolger mit hoher Anpassungsfähigkeit erreichen Rehe heute in Mitteleuropa Populationsdichten, die von keinem anderen Cerviden erreicht werden. Möglich wird das auch durch biotopangepasste soziale Organisationsmodelle, durch große individuelle Unterschiede und variable Anpassungsstrategien. Das früher übliche „Zählen" des Frühjahrsbestandes von Rehen ist heute, nachdem die Fragwürdigkeit längst erkannt wurde, unterschiedlichen sekundären Indikatoren gewichen. Während die Mehrheit der Bundesländer dabei auf Forstexperten vor Ort setzt, die bei aller manchmal vorhandenen Subjektivität sicherlich erkennen sollten, warum ihre Naturverjüngungen nicht gelingen, verstecken sich andere hinter scheinbarer „Objektivität". Völlig unbestritten ist, dass Jäger Mitverantwortung tragen für das Erreichen waldbaulicher Ziele. Forstliche Gutachten können aber nur eine Empfehlung aussprechen. Das hat vor allem mit der Langfristigkeit forst-

Steckbrief	
Widerristhöhe	60–75 cm
Gewicht	18–30 kg
Paarungszeit (Blattzeit, Brunft)	Juli/August
Setzzeit	Mai/Juni
Anzahl Jungtiere	Ein bis drei, normalerweise zwei Kitze
Rechtlicher Status	Unterliegt dem Jagdrecht, Jagdzeiten in Bayern: Kitze/Geißen: 1.9. – 15.1., Schmalrehe: 1.5. – 15.1., Schmalspießer und Böcke: 1.5. – 15.10.

FOTO: PROF. DR. S. HERZOG

Naturverjüngung: Wie viele Jungpflanzen einer bestimmten Baumart müssen welches Alter erreichen, um einen bestimmten Zielbestand zu erreichen – erst wenn diese Frage geklärt ist, werden forstliche Gutachten für die Praxis wirklich interessant.

Jahresstrecken

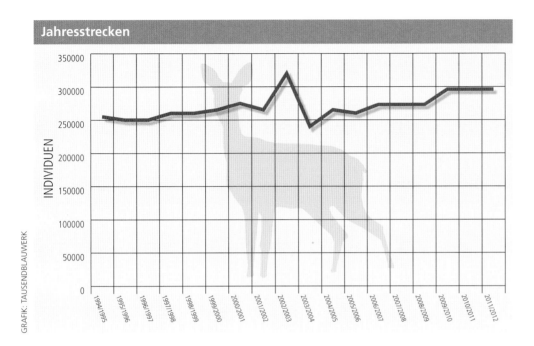

GRAFIK: TAUSENDBLAUWERK

lichen Wirtschaftens und mit den bis heute fehlenden Sollwerten für eine Waldverjüngung in einem mehr oder weniger naturnahen Mischwald zu tun (vergl. HERZOG 2010 a,b). Gleichzeitig bilden langfristige landesweite Datenerhebungen, wie wir sie in Bayern vorliegen haben, durchaus die Möglichkeit, daraus langfristige, waldbauliche, aber auch forstpolitische Entscheidungen herzuleiten (vergl. HUNGER & HERZOG 2011). Revierweise Aussagen, Herleitungen von Bejagungsplänen oder gar „Soll-Ist-Vergleiche" sind derzeit allerdings nicht möglich, weil der vorhandene Ansatz einerseits zu großräumig und zu fehleranfällig ist, und weil andererseits keine verlässlichen Sollwerte vorhanden sind.

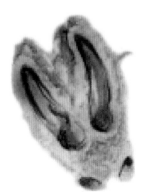

Die zwei linken Abbildungen zeigen den charakteristischen Abdruck einer Rehfährte (Vorderlauf und Hinterlauf).

Rechts: flüchtendes Tier.

Verbreitung in Europa

QUELLE: JAGDLEXIKON, BLV VERLAG; BILD: ARID OCEAN/FOTOLIA.COM

Zum Nach- und Weiterlesen

*HERZOG, S. Der Wald soll wachsen: Was müssen forstliche Gutachten leisten? Schriftenreihe des Landesjagdverbandes Bayern e.V. **19**, 33–40, 2010 a*

*HERZOG, S. Der Jäger, der Förster und das Wild: Gedanken zu einer Konfliktsituation. Forst und Holz **65**, 16–19, September 2010 b*

HERZOG, S. Der 40-jährige Konflikt: Was macht das Thema „Wald und Wild" zum Dauerbrenner? Allgemeine Forst Zeitschrift-Der Wald 16–18, 6. Juni 2011

HUNGER, M.; HERZOG, S. Auswertung der bayerischen Verbissgutachten von 1991 bis 2009: Was können Verbissgutachten leisten? Allgemeine Forst Zeitschrift-Der Wald, 23–25, 18. Juli 2011

KURT, F. Das Reh in der Kulturlandschaft. Hamburg 1991

MOOG, M. Bewertung von Wildschäden im Wald. Melsungen 2008

*MÜLLER, P. Ökosystemgerechtes Wildlife-management. Rundgespräche der Kommission für Ökologie **25**, 95–132, 2002*

MÜLLER, P. Verbiss-Gutachten: Objektiver Weiser oder Herrschaftsinstrument. GCD-Nachrichten 18 (1): 1–9, 2008

MÜLLER, P. (2009): Die Zukunft der Jagd & die Jäger der Zukunft. Melsungen 2009

*ONDERSCHEKA, K. Das Rehwild - seine Ernährung und Fütterung. Schriftenreihe des Landesjagdverbandes Bayern e.V. **7**, 37–60, 1999*

*OTTO, H.-J. Entwicklungen der forstlichen Produktion in den Niedersächsischen Landesforsten und ihre Wechselwirkungen mit dem Schalenwild. Der Forst- und Holzwirt **34**, 513–520, 1979*

*REIMOSER, F. Waldbau, Wildverbiß und Rehwild. Schriftenreihe des Landesjagd-verbandes Bayern e.V. **7**, 121–132, 1999*

*SCHWENK, S. Historische Aspekte zum Rehwild. Schriftenreihe des Landesjagd-verbandes Bayern e.V. **7**, 189–196, 1999*

Gamswild
(Rupicapra rupicapra)

Konflikte durch Anpassungsfähigkeit

Das Gamswild kommt in den meisten Hochgebirgen Europas in autochthonen Populationen vor. Die zunehmende Ausdehnung der Freizeitgesellschaft in alpine und hochalpine Regionen lässt heutzutage auch die Gams (regional unterschiedlich auch „der" oder „das" Gams genannt) zunehmend an den Problemen teilhaben, welchen die anderen großen einheimischen Huftierarten schon seit langem ausgesetzt sind.

Wenngleich eine typische alpine Art, so gibt es doch auch Gamsvorkommen ausserhalb des Hochgebirges. In den alpennahen Mittelgebirgen wurde in der Vergangenheit immer wieder über vermeintlich autochthone oder auch zugewanderte kleine Gams(sub)populationen berichtet. Zu den interessantesten Phänomenen gehört dabei sicher das Vorkommen im Schwarzwald. Noch im 14. Jahrhundert galt die Gams dort als Standwild, sodass man von einem autochthonen Bestand bis zu dieser Zeit ausgehen kann. Später scheint es regelmäßige Zuwanderungen aus den Alpen gegeben zu haben, in den 1930er Jahren wurden zusätzlich einzelne Tiere angesiedelt. Demgegenüber scheinen in der Population Nordböhmens und der sächsischen Schweiz Aussetzungen schon seit über 400 Jahren eine bedeutende Rolle gespielt zu haben (KNAUS & SCHRÖDER 1975).

Mit der geographischen Verbreitung der Art hängt derzeit auch die Diskussion um die „Waldgams" zusammen. Zu der Frage, warum sich Gamswild nicht alleine in den hochalpinen Regionen oberhalb der Waldgrenze aufhält, sondern große Teile des Jahres oder auch das ganze Jahr im Waldgürtel verbringt, können wir heute unterschiedliche Hypothesen formulieren. So ist es zunächst, wie bereits bemerkt, nicht außergewöhnlich, dass sich Gamswild auch in tieferen Lagen einstellt. Dies scheint die Konsequenz einer offenbar großen ökologsichen Amplitude im Sinne einer hohen genetischen oder physiologischen Anpassungsfähigkeit zu sein (vergl. auch REIMOSER 2002). Während SCHRÖDER (1982) bei dem Phänomen „Waldgams"von einer vergleichsweise jungen Entwicklung ausgeht, kommen BAUMANN & STRUCH (2002) zu dem Schluss, dass es Waldgams bereits in der Jungsteinzeit in der Urwaldlandschaft der Schweiz gegeben habe. Es spricht allerdings einiges dafür, dass es sich bei den Waldgams nicht um einen eigenen Ökotyp oder gar eine Subspecies handelt. Vielmehr scheint es eine „Durchlässigkeit" zwischen den unterschiedlichen Biotopen bzw. Teilpopulationen zu geben, wobei man diskutieren muss, ob diese Besiedlung von Waldlebensräumen die „Rückeroberung" ursprünglicher Habitate darstellt, in denen die Gams vor allem durch den

Steckbrief	
Widerristhöhe	65–75 cm (Geißen) 75–86 cm (Böcke)
Gewicht	40 kg Geißen, Böcke bis 50 kg
Paarungszeit (Brunft)	November/Dezember
Setzzeit	Mai/Juni
Anzahl Jungtiere	Normalerweise ein Kitz
Rechtlicher Status	Unterliegt dem Jagdrecht, Jagdzeit in Bayern 1.8. bis 15.12.

Gamswildstrecken des Jagdjahres 2010/2011					
Landkreis	**Böcke**	**Geißen**	**Jahrlinge**	**Kitze**	**Summe Gamswild 2010/11 Abschuss + Fallwild**
Landkreis Berchtesgadener Land	184	103	116	71	**474**
Bad Tölz-Wolfratshausen	212	127	120	113	**572**
Garmisch-Partenkirchen	347	220	239	198	**1.004**
Miesbach	158	114	114	122	**508**
Rosenheim	60	54	64	69	**247**
Traunstein	71	48	129	68	**316**
Weissenburg-Gunzenhausen	0	0	1	1	**2**
Ostallgäu	119	89	88	78	**374**
Oberallgäu	249	150	107	69	**575**

Menschen verdrängt wurde, oder ob es lediglich die Ausweichreaktion auf Störungen oberhalb der Waldgrenze ist, insbesondere durch Tourismus und Freizeitaktivitäten (vergl. INGOLD *et al.* 1994) oder ob es sich um die Besiedlung eines durch menschliche Eingriffe (Weiden, Wegebau, Kahlschläge, vergl. BAUMANN & STRUCH 2002) für die Art wieder attraktiver gewordenen Lebensraumes handelt.

Wie bei allen heimischen Schalenwildarten, zu deren Lebensraum auch der Wald gehört, wird das Gamswild von manchem heute als „Problem" gesehen. Auch hier ist es allerdings wie in den meisten Fällen vor allem der Mensch, und nicht die Wildart, welche die Probleme schafft.

So gibt es in der Tat, vor allem im Zusammenhang mit der Schutzwaldsanierung, Situationen, in denen es sinnvoll erscheint, gezielt und mit den richtigen jagdlichen Instrumenten in die Waldgamspopulation einzugreifen. Dort, wo dies konzentriert erfolgt, sind großflächige intensive Eingriffe meist überflüssig. Gelegentlich auftauchende Bestrebungen, die Gams im Wald völlig auszurotten, sind vor dem Hintergrund der bisherigen Erkenntnisse nicht mehr zeitgemäß und definitiv abzulehnen.

Interessant erscheint dabei auch der Zusammenhang zwischen Steinadler und Gams. Gamswild ist für den Steinadler eine wichtige Beuteart. Gerade in den thermisch begünstigten südost- bis südwestexponierten Bereichen finden sich typischerweise auch günstige Gamslebensräume (EBERHARDT *et al.* 2002). Hier müssen wir also neben der Waldsituation, der Situation der Gams und ggf. des Rotwildes auch noch den Steinadler im Rahmen eines fachgerechten, integrativen Wald- und Wildmanagement berücksichtigen.

Bekannte Erkrankungen, die immer wieder, teilweise seuchenhaft auftreten, sind Gamsblindheit und Gamsräude. Gerade letztere kann lokal den Bestand bedrohen. Aktuell wird von zunehmenden Fällen in Osttirol und in Kärnten berichtet. Wichtig

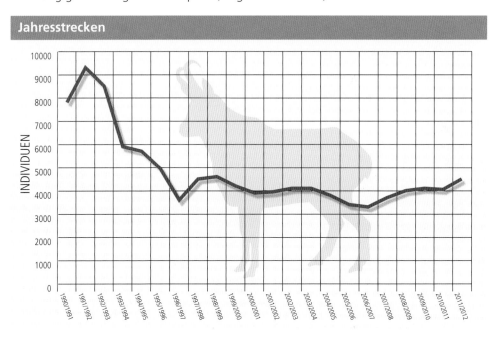

bei Auftreten der Gamsräude ist eine Anpassung der Gamsbestände an den Lebensraum, aber auch die Optimierung des Altersaufbaus einer Population. Gerade während
bzw. nach der Brunft, wenn vor allem die älteren männlichen Tiere durch körperliche
Belastung, Stress und mangelnde Nahrungsaufnahme geschwächt sind, treten Krank-
heitsfälle vermehrt auf. Bei der Bejagung muss eine zu große Beunruhigung des Wildes
vermieden werden, um nicht auch dadurch die Ausbreitung zu begünstigen. Schließlich
hilft ein effektives Informations- und Weiterbildungssystem für die Jägerschaft, die Er-
krankung großräumig zu bekämpfen (vergl. DEUTZ 2002).

Jahresstrecken

Zum Nach- und Weiterlesen

BAUMANN, M; STRUCH, M. Waldgemsen. Schriftenreihe des Landesjagdverbandes Bayern e.V. **9**, *21–33, 2002*

DEUTZ, A. Gamswildkrankheiten unter besonderer Berücksichtigung der Räude und der Gamsblindheit. Schriftenreihe des Landesjagdverbandes Bayern e.V. **9**, *81–93, 2002*

EBERHARDT, R.; LOTZ, A.; D'OLEIRE-OLTMANNS, W. Ökologisch orientierte Analyse der Wald-Wild-Problematik am beispiel von Gams und Steinadler in den Bayerischen Alpen. Schriftenreihe des Landesjagdverbandes Bayern e.V. **9**, *35–54, 2002*

INGOLD, P.; SCHNIDRIG-PETRIG, R.; MARBACHER, H.; PFISTER, U. Tourismus und Wild - Ein öko-ethologisches Projekt im Schweizerischen Alpenraum. Jagd+Hege 12(1), 6–11, 1994

KNAUS, W.; SCHRÖDER, W. Das Gamswild. Verlag Paul Parey, Hamburg und Berlin, 1975

MILLER, C. Die Gamsräude in den Alpen. Zeitschrift für Jagdwissenschaft **32**, *42–46, 1986*

MILLER, C.; CORLATTI, L. Das Gamsbuch. Neumann-Neudamm, 2011

NERL, W.; MESSNER, L.; SCHWAB, P. Das große Gamsbuch. Hubertus Verlag, Klosterneuburg 1995

REIMOSER, F. Das „Waldgamsproblem". Schriftenreihe des Landesjagdverbandes Bayern e.V. **9**, *15–20, 2002*

SCHRÖDER, W. Gams und Gebirgswald Vorschläge zur Jagd auf Gams in den Ammergauer Bergen. Forstwissenschaftliches Centralblatt **101**, *80–92, 1982*

Steinwild
(Capra ibex)

Steckbrief

Widerrist-höhe	70–78 cm (Geißen) 85–94 cm (Böcke)
Gewicht	70–140 kg
Paa-rungszeit (Brunft)	Dezember/Januar
Setzzeit	Juni
Anzahl Jungtiere	Normalerweise ein Kitz
Rechtlicher Status	Unterliegt dem Jagdrecht, ganzjährig geschont

Gerettet durch naturbegeisterte Jäger

Im 19. Jahrhundert fast ausgerottet, verdankt das alpine Steinwild sein Überleben der Naturliebe und Jagdleidenschaft des Königshauses von Savoyen und seiner Wildhüter im Gran Paradiso. Seine zunächst illegale Wiederansiedlung im alpinen Alpenraum wurde begünstigt durch Aostaner Bergbauern und Wilderer. Sie fingen Steinkitze, zogen sie mit der Flasche auf und schmuggelten sie über Alpenpässe zunächst ins Wallis (GIACOMETTI 2007). Ein Ziel des ersten Eidgenössischen Jagdgesetzes von 1875 war die Wiederansiedlung des Steinwildes in den Jagdbanngebieten der Schweiz. Aber erst die zielorientierten „Geschäfte" zwischen dem Wildpark Peter und Paul in St.Gallen und den Wilderern im Aostatal, offensichtlich stillschweigend geduldet vom Eidgenössischen Innenministerium, führten am 22. Juli 1906 zu ersten Erfolgen. Eine florierende Zucht konnte in St. Gallen aufgebaut werden, der 1915 eine weitere Zuchtstation im Alpenwildpark Harder bei Interlaken im Berner Oberland folgte. 1911 wurde die erste Freilandkolonie im Kanton St. Gallen gegründet; weitere folgten bis zu Beginn des II. Weltkrieges. Steinböcke aus den Schweizer Wildparks kamen bereits vor dem II. Weltkrieg u. a. auch über verschiedene zoologische Gärten nach Bayern und Österreich. Allerdings hatte bereits 1876 Fürst Pless versucht, Tiere auf seiner Jagd im Tennengebirge bei Salzburg anzusiedeln. Im Hagengebirge wurde im Blühnbachtal vom damaligen Jagdherrn, Krupp von Bohlen und Halbach, ab 1920 reinblütiges Steinwild eingesetzt und in den Jahren 1924 bis 1927 ausgewildert. 1944, am Ende des Zweiten Weltkrieges, ließ man 24 Tiere in Bayern frei, aus einem 1936 am Königssee errichteten Gatter (AUSSERER 1947). Diese Tiere wanderten in den ersten Jahren ins Bühntal ab; sie stammten zum Teil aus dem Berliner Zoo. HECK (1941) verdanken wir einen Bericht über die damals noch mühevollen Transporte des Steinwildes von Berlin nach dem Gatter bei Berchtesgaden: „Innerhalb von 24 Stunden war jedes Mal das seltene Wild in Berlin verfrachtet und in den Alpen ausgesetzt, und doch welche Mühe und Anstrengungen kostete es! Zwölf Stunden fuhr es nach Berchtesgaden mit dem fahrplanmäßigen Schnellzug, dann mit dem Auto bis zum Königssee. Anderthalb Stunden dauerte die Überfahrt im Motorboot über den 8 km langen See bis an sein jenseitiges Ende, wo eine kurze Landpartie im Schubkarren eingelegt wurde, bis der Obersee erreicht wurde. Wenn dieser mit dem Flachboot überwunden war, gab es eine Schlepperei von anderthalb Stunden taleinwärts bis zum Fuß der Röthwand. Hier wurde eine leichte, von Pionieren erbaute Drahtseilbahn benutzt, um die Kästen mit dem seltenen Wild über die fast senkrechte, mehrere hundert Meter hohe Röthwand hinaufzuschaffen, was uns drei Stunden Zeit kostete. Dann begann ein weiterer schwieriger Anstieg, bei dem die Träger Unglaubliches leisteten, und wenn auch diese letzte Kletterei nach zwei Stunden überwunden war, standen wir vor der Einlasstür des Gatters, und die Steinböcke wurden in die Freiheit entlassen. Doch alle diese Mühen und Beschwerden wurden gern ertragen, weil es dadurch gelungen ist, für die herrlichste Wildart der Hochalpen eine neue Freistätte zu schaffen, und hoffentlich kommt bald die Zeit, wo von dort aus der edle Steinbock auf dem ganzen schönen Gebirgsstock der Berchtesgadener Berge seine Einstände in Besitz nimmt" (HECK 1941, p. 284 bis 285). Seit 1953 entstanden durch meist weniger strapaziöse aber dennoch bemerkenswerte Umsiedlungsaktionen in rascher Folge zahlreiche neue Kolonien in der Schweiz, Österreich, Frankreich und Deutschland. Heute ist der Steinbock in weiten Gebieten des alpinen Lebensraumes wieder eine bejagdbare Art (in der Schweiz, Österreich, Lichtenstein). Etwa 14.000 Tiere, zwei Drittel der Gesamtpopulation, leben in der Schweiz und Italien, mehrere Tausend Tiere in Frankreich und Österreich. In Lichtenstein, Slowenien und Deutschland sind, bedingt durch deutlich geringere Habitatkapazitäten und Flächennutzungskonkurrenzen, deutlich kleinere Populationen vorhanden. In Bayern kommt Steinwild in vier voneinander getrennten Subpopulationen vor: Brünnstein (Landkreis Rosenheim), Nationalpark Berchtesgaden (landkreis Berchtesgadener Land), Benediktenwand (Landkreis Bad Tölz – Wolfratshausen) und Sonthofen (Landkreis Oberallgäu).

Als ein spezialisierter Felskletterer ist Steinwild auf die hochalpine Region beschränkt, doch zeigt es einen jahreszeitlichen Habitatwechsel. Während der hochwinterlichen Brunftzeit im Dezember und Januar lebt Steinwild in gemischten Rudeln, im Sommer dagegen meist in getrennten Böcken- und gemischten Geißen-Jungtieren-Rudeln. Steinböcke sind tagaktiv.

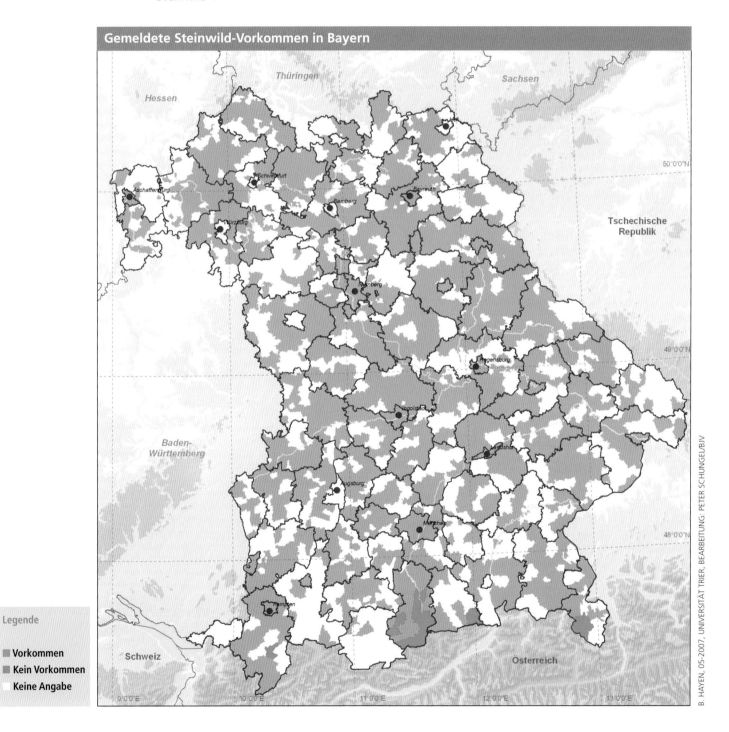

Gemeldete Steinwild-Vorkommen in Bayern

Legende

- ■ Vorkommen
- ■ Kein Vorkommen
- □ Keine Angabe

B. HAYEN, 05-2007, UNIVERSITÄT TRIER, BEARBEITUNG: PETER SCHUNGEL/BJV

Zum Nach- und Weiterlesen

AUSSERER, C. Der Alpensteinbock. Wien 1947

GIACOMETTI, M. Beitrag zur Ansiedlungs-dynamik und aktuellen Verbreitung des Alpensteinbocks (Capra ibex ibex L.) im Alpenraum. Zeitschrift für Jagdwissen-schaft **37**, 157–173, 1991

GIACOMETTI, M. Erstaunliches aus dem gelungenen Artenschutzprojekt – Wieder-ansiedlung des Alpensteinbocks (Capra ibex ibex). Artenschutzreport **21**, 32–37, 2007

GIACOMETTI, M.; ROGANTI, R.; DE TANN, D.; STAHLBERGER-SAITBEKOVA, N.; OBEXER-RUFF, G. Alpine ibex x dome-stic goat hybrids in a restricted area of southern Switzerland. Wildlife Biology **10**, 137–143, 2004

HECK, L. Auf Tiersuche in weiter Welt. Berlin 1941

KLANSEK, E.; VAVRA, I.; ONDERSCHEKA, K. Die Äsungszusammensetzung des Steinwildes (Capra ibex ibex L.) in Abhän-gigkeit von Jahreszeit, Alter und Äsung-sangebot in Graubünden. Zeitschrift für Jagdwissenschaft **41**, 171–181, 1995

NIEVERGELT, B. Der Alpensteinbock (Capra ibex L.) in seinem Lebensraum. Hamburg 1966

ZUBER, M.; BLOCHINGER, B.; LUPS, P. Bewirtschaftung des Steinwildes Capra i. ibex im Berner Oberland (Schweiz): Erfahrungen aus den ersten 20 Jahren (1980–1999). Beiträge zur Jagd- und Wildforschung **26**, 33–42, 2001

Schwarzwild
(Sus scrofa)

FOTO: HELMUT PIEPER

Steckbrief

Widerrist-höhe	55-110 cm
Gewicht	35-160 kg (Bachen), 50-190 kg (Keiler)
Paa-rungszeit (Rausch-zeit)	November-Januar, heute teilweise deutlich verlängert
Frischzeit	März-Mai, heute teilweise deutlich länger
Anzahl Jungtiere	Ein bis zwölf, meist vier bis acht Frischlinge
Rechtlicher Status	Unterliegt dem Jagdrecht, Jagdzeiten in Bayern: Bachen/Keiler 16.6. – 31.1., Frischlinge und Überläufer ganzjährig

Intelligenter Anpassungskünstler

Bereits ein Blick auf das gesamte Verbreitungsgebiet des Wildschweins zeigt, dass wir es mit einem Anpassungskünstler zu tun haben, dessen Populationsumfang nicht nur in allen deutschen Bundesländern sondern fast gleichzeitig in ganz Europa, Ostasien und selbst in Nordamerika, wo die Art angesiedelt wurde, seit den 1980er Jahren ansteigt. Das deutet bereits daraufhin, dass offensichtlich auch überregionale Faktoren an den Steigerungsraten ursächlich mitbeteiligt sind. Begünstigt durch mildere Winter, ganzjährig verfügbare, nach dem 2. Weltkrieg deutlich angestiegene Nahrungsressourcen in der Feldflur und dem Wald, und insbesondere aber die Häufung von Mastjahren (deren jahrhundertelange auch wirtschaftliche Bedeutung für die „Schweinemast" nicht nur in Bayern heute in Vergessenheit geraten ist), geht es dem Schwarzwild und der gesamten Waldbiozönose richtig gut (MÜLLER 2009). Insbesondere bei vielen Kleinsäugern (u. a. Rötelmäusen), Waldvögeln aber auch beim Schwarzwild führt das zu schnellerer Gewichtszunahme und verbesserter Konditionierung, sinkender Wintermortalität der Frischlinge und deutlich erhöhter und frühzeitiger Reproduktionsleistung. Untersuchungen an erlegten Frischlingsbachen (n = 834) zeigen, dass diese bereits bei Gewichten um 20 Kilogramm beschlagen werden und selbst wieder über vier Frischlinge werfen können. In milden Wintern besitzen diese trotz ihrer relativ unerfahrenen „Mütter" eine gute Überlebenschance. Natürlich hat sich auch unsere Einstellung zum Schwarzwild in den letzten Jahrzehnten grundlegend geändert. Insbesondere die aus unterschiedlichen Gründen meist nicht konsequente Abschöpfung des jährlichen Zuwachses (Frischlingsbejagung) ist hier vorrangig zu nennen (vgl. auch KRÜGER & HERZOG 1999). Wildschweine sind in Sozialverbänden lebende Tiere, was naturgemäß auch die Frischlingsmortalität reduziert. Die Rotte bildet einen Schutzschild, den der einzelne Frischling nicht besitzt. Allerdings bringt das Zusammenleben in der Rotte nicht nur Vorteile. So kann etwa die Ausbreitung von Krankheiten schneller verlaufen. Allerdings ist bei dieser Schalenwildart natürlich auch die rasche Entwicklung von Resistenzen möglich. Bestimmte Schweinepest-Virusstämme führen zwischenzeitlich bei gut konditionierten Wildschweinen keineswegs zum Tode; sie können in Wildschweinpopulationen persistieren. Da die Hauptvirusausscheider die Frischlinge sind, ist deren vorrangige Bejagung nicht nur zur Abbremsung der Zuwachsraten, sondern auch zur vorsorglichen Bekämpfung der Schweinepest zwingend geboten. Allerdings muss in diesem Zusammenhang darauf hingewiesen werden, dass die Klassische Schweinepest

Jahresstrecken

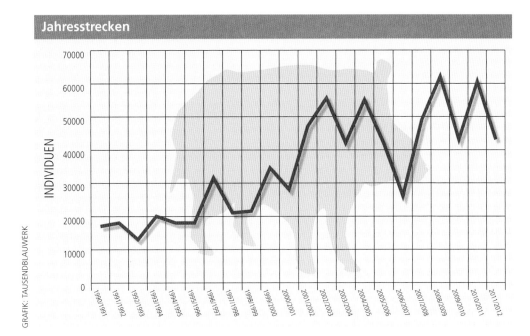

GRAFIK: TAUSENDBLAUWERK

INDIVIDUEN

(y-axis: 0, 10000, 20000, 30000, 40000, 50000, 60000, 70000)

(x-axis: 1990/1991, 1991/1992, 1992/1993, 1993/1994, 1994/1995, 1995/1996, 1996/1997, 1997/1998, 1998/1999, 1999/2000, 2000/2001, 2001/2002, 2002/2003, 2003/2004, 2004/2005, 2005/2006, 2006/2007, 2007/2008, 2008/2009, 2009/2010, 2010/2011, 2011/2012)

erstmals bei Hausschweinen auftrat. Es liegt die Vermutung nahe, dass dies auf illegale Futtertransporte zurückzuführen ist.

Unser Schwarzwild lebte schon vor dem modernen Menschen in jeder wärmeren Zwischeneiszeitperiode in Bayern, wurde bereits von Homo erectus und dem Neandertaler gejagt. Überlebt hat es Kriege und Vernichtungsfeldzüge, „Massenexekutionen" und die nicht nur für Schwarzwild besonders schwierigen Zeiten nach der Revolution von 1848. Das war nur möglich, weil es ein intelligenter Anpassungskünstler ist, ausgestattet mit einem exzellenten Geruchsvermögen aber auch einem guten Raum-Zeit-Gedächtnis. Das führt dazu, dass ältere Bachen und Keiler selbst unterschiedliche Jagdmethoden offensichtlich richtig einschätzen können, manche Jagdsignale verstehen und auch nicht bereit sind, sich aus einem sicheren Dornenverhau von jedem Hund herausdrücken zu lassen. Derzeit verstärken sich die Urbanisierungstendenzen des Schwarzwildes. Natürlich lernt es schnell, wo die Jagd ruht, und da viele Menschen eine Rotte mit Frischlingen durchaus als liebenswert empfinden, solange sie nicht ihren Garten umwühlt, das Wohnzimmer auf den Kopf stellt oder auf der Autobahn zu einer Katastrophe führt, solange werden Wildschweine immer „Freunde" haben, die sie füttern und sich der Konsequenzen ihres Tuns nicht bewusst sind. Wesentlich ist jedoch, dass bedingt durch ganzjährig verfügbare, seit den 1960er Jahren deutlich gestiegene Ernährungsgrundlagen in der Feldflur und im Wald die Wildschwein-Populationen besser konditioniert sind als zu den Zeiten unserer Großväter, dass Mast-Pulse jagdliche Eingriffe kompensieren und die Jäger der Populationsentwicklung „hinterher schießen".

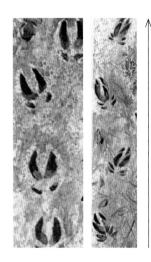

Schwarzwildfährten

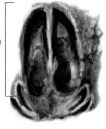

8 cm

Trittsiegel

In Mastjahren mit schlechter Nachtsicht und milden, verregneten Wintern sinkt fast immer die Jagdstrecke. In Mastfolgejahren und strengen Wintern mit geschlossener Schneedecke steigt sie wieder deutlich an. Dieser „Zickzackverlauf" der ansteigenden Strecken zeigt, dass trotz hoher Jagdmotivation der Jäger keineswegs zu wenig Sauen geschossen werden, aber offensichtlich die falschen. Dort wo die Zusammensetzung der Strecken, gegliedert nach Alter, Gewicht und Geschlecht, bekannt ist, wird fast immer sichtbar, dass nicht nur zu wenig Frischlinge geschossen werden, sondern auch zu wenig weibliche Zuwachsträger. Es sind nicht die meist überzogenen „Reduktionsvorschläge" von Verbänden, die wie die deutschen Schweinezüchter selbst im Glashaus sitzen, die auch durch ihr Verhalten oder ihre Produktionssysteme die Wildschweine mit konditionieren, oder die unterschiedlichen Gruppen von Gutmenschen, die die Jagd ganz, insbesondere aber auch auf Wildschweine verbieten möchten, es ist ebenso die unterschiedliche Betroffenheit von Feld- und Waldjägern, die einer Regulation der Schwarzwildbestände derzeit noch im Wege stehen. Das Reproduktionszentrum des Schwarzwildes liegt im Wald, wo es meist keine größeren Schäden verursacht. Deshalb neigen Waldjäger dazu, das Schwarzwild während der Vegetationszeit im Wald in Ruhe zu lassen. Strecke wird meist erst auf den herbstlichen Bewegungsjagden gemacht. Feldjäger sehen sich dagegen gezwungen, fast ganzjährig eine „Abwehrjagd" durchzuführen, um den kostenintensiven Schwarzwildschaden in Grenzen zu halten. Es gelingt ihnen immer weniger, weshalb viele aus ihren Jagdpachten aussteigen. Die Jagden sind nicht mehr verpachtbar. Durch funktionierende Hegegemeinschaften oder

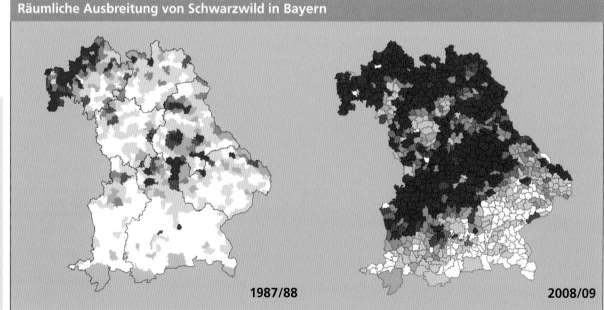

Räumliche Ausbreitung von Schwarzwild in Bayern

Legende

Gesamtstrecke
Schwarzwild je
Hegegemeinschaft

keine
1–10
11–20
21–30
31–40
41–50
>50

1987/88

2008/09

QUELLE: BAYERISCHES STAATSMINISTERIUM FÜR ERNÄHRUNG, LANDWIRTSCHAFT UND FORSTEN

Schwarzwildstrecken in Bayern, Mast-Pulse und strenge Winter				
Jahr	**Strecke**	**Winter**	**Eichen-Mast**	**Buchen-Mast**
1997		streng	••••	unter 10 %
1997/1998	21211			
1998		mild	••••	bei 10 %
1998/1999	21940			
1999		mild	••	bei 10 %
1999/2000	33643			
2000		mild	•••••	über 15 %
2000/2001	27643			
2001		mild	••	über 15 %
2001/2002	46162			
2002		normal	•••	über 25 %
2002/2003	55265			
2003		mild	•••••	über 20 %
2003/2004	41848			
2004		streng	••	ca. 5 %
2004/2005	54769			
2005		streng	••	unter 5 %
2005/2006	42085			
2006		mild	••••	über 20 %
2006/2007	26246			
2007		mild	••••	ca. 5 %
2007/2008	48637			
2008		streng	••	ca. 5 %
2008/2009	62195			
2009		streng	••••	über 20 %
2009/2010	42545			
2010		normal	••	ca. 5 %
2010/2011	60533			
2011		normal	•••	über 25 %
2011/2012	42312			

Schwarzwild-Arbeitskreise kann hier etwas geändert werden. Letztlich hilfreich ist jedoch nur die anteilsmäßige Übernahme der Wildschadenskosten durch die Wald- und Feldjäger und eine Flexibilisierung der Jagdmethoden. Dabei muss allen Beteiligten auch bewusst sein, dass eine wirkliche Populationskontrolle in der jetzigen Situation nur möglich ist, wenn wir vorurteilsfrei jede tierschutzakzeptable Jagdmethode revierbezogen und revierübergreifend einsetzen. Wer ausschließlich für revierübergreifende Bewegungsjagden plädiert, sollte erkennen, dass die Schwarzwildschäden in der Feldflur entstehen, meist nicht bei bestem Vollmond, sondern in der Dunkelheit der Nacht, bei Regenwetter und Nebellagen. Auch Einfälle von Rotten in Verdichtungsräume oder auf Friedhöfe, in Bodenbrüterschutz- und Naherholungsgebiete lassen sich mit Bewegungsjagden nicht verhindern. Bewegungsjagden dienen primär dazu, den Bestand abzusenken. Für die Reduktion von Feldschäden muss die Ansitzjagd effizienter durchgeführt werden. Schließlich stellt sich vor dem Hintergrund einer Agrarindustrie, welche immer großflächiger und naturferner arbeitet, auch die Frage, ob nicht mehr Verantwortung für Wildschäden in riesigen, praktisch unbejagbaren Schlägen vom Grundeigentümer (oder Jagdpächter) auf den Bewirtschafter verlagert werden soll. So diskutiert HERZOG (2012) beispielsweise die Möglichkeit, Einzelschläge von mehr als z.B. zehn oder 20 ha rechtlich wie eine Sonderkultur zu stellen.

Ohne intensive ganzjährige Bejagung der Frischlinge und nichtführenden Überläuferbachen können die durch milde Winter, optimale Mastbedingungen in den Wäldern und ganzjährig verfügbares Nahrungsangebot in der Feldflur begünstigten Schwarzwildpopulationen nicht reduziert werden.

FOTO: PROF. DR. DR. PAUL MÜLLER

Radiocäsium – ein unseliges Erbe

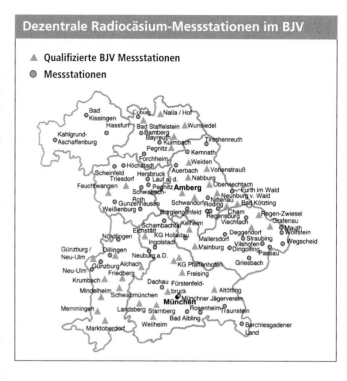

Dezentrale Radiocäsium-Messstationen im BJV

▲ Qualifizierte BJV Messstationen
● Messstationen

Das Wildbret unseres einheimischen Schwarzwildes ist leider auch heute noch in einigen Gebieten Bayerns – 26 Jahre nach dem Reaktorunfall im ukrainischen Atomkraftwerk Tschernobyl vom 26. April 1986 – mit dem radioaktiven Element 137-Cäsium kontaminiert. Damit jedoch nur einwandfreies Wildbret auf den Teller der Verbraucher kommt, hat der Bayerische Jagdverband (BJV) in den 90er Jahren damit begonnen, ein flächendeckendes Netz von Radiocäsium-Messstationen zu errichten, das mittlerweile weiter ausgebaut wurde. 17 Radiocäsium-Messstationen wurden jetzt zu den bereits 64 vorhandenen neu installiert, zusammen sind es damit 81 BJV-Anlagen bayernweit. Darüber hinaus besteht eine internationale Messstation im Bayerischen Wald mit der Beteiligung der tschechischen Jägerschaft.

Die radioaktiven 137-Cäsium Isotope, welche durch die Katastrophe in der Ukraine freigesetzt wurden, sind damals in einer riesigen radioaktiven Wolke teilweise hunderte oder gar tausende Kilometer weit getragen worden, bevor sie über Regen aus der Atmosphäre gewaschen wurden. Die 137-Cäsium Isotope lagerten sich vor allem in der Humusschicht (Streuschicht) von Böden in den Falloutgebieten ab. Die Anreicherung von Radiocäsium geschah daher besonders in Waldgebieten, da der Wald besonders in seiner Funktion als Schadstofffilter viele Partikel aufnimmt. Das radioaktive 137-Cäsium verblieb darüber hinaus im Ökosystem Wald besonders nachhaltig. Über das Kreislaufsystem von Blatt- und Nadelfall und -zersetzung gelangt das Radiocäsium wieder mit der Nährstoffaufnahme der Bäume über ihre Wurzeln in das Blatt- und Nadelwerk. Dieser Radiocäsiumkreislauf hat zwei Folgen: Erstens geht bei lebenden Pflanzen nur wenig Radiocäsium verloren. Zweitens gelangt das Radiocäsium über den Blatt- und Nadelwurf wieder in das große Kreislaufsystem Boden-Pflanze.

Dieser Kreislauf wirkt sich wiederum besonders auf das Schwarzwild aus. Aufgrund seines Fressverhaltens nimmt es Fraß aus der Streuschicht auf wie z.B. Pilze oder Pflanzenteile, die in besonderer Weise radioaktiv kontaminiert sind. Generell sind für die Höhe der Kontamination folgende Kriterien von Bedeutung: Die lokale Bodenbelastung (Höhe des Fallouts) und Bodenbeschaffenheit (Bodensäurewert), die Bioverfügbarkeit des Radiocäsiums, die Tierart, die Fressgewohnheiten der einzelnen Tiere (z.B. Trüffelspezialist), das Alter der Tiere (Jungtiere mehr als Alte), sowie die Jahreszeit der Erlegung (Winter mehr als Sommer), Nahrungsangebot im Revier, saisonale Besonderheiten (Mastjahre, Pilzwachstum).

Trotzdem überschreiten nach wie vor immer wieder die gemessenen Cäsiumaktivitätswerte im Muskelfleisch des Schwarzwildes den Grenzwert von 600 Bq/kg FM (siehe Verordnung (EWG) Nr. 737/1990 für Drittlandererzeugnisse), was ein Verwerfen der Stücke zur Folge

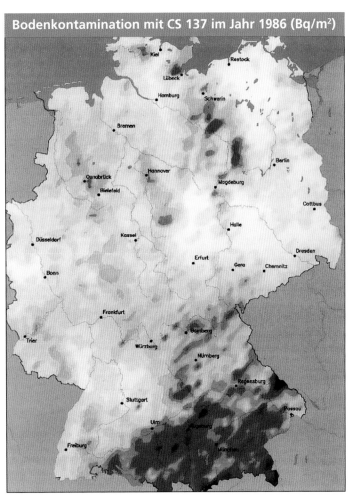

Bodenkontamination mit CS 137 im Jahr 1986 (Bq/m²)

Legende

- ⬜ 0–2.000
- 2.001–4.000
- 4.001–6.000
- 6.001–8.000
- 8.001–10.000
- 10.001–15.000
- 15.001–20.000
- 20.001–30.000
- 30.001–40.000
- 40.001–50.000
- 50.001–80.000
- 80.001–120.000

QUELLE: INSTITUT FÜR WASSER-, BODEN- UND LUFTHYGIENE

hat. Zudem wird die Kontamination mit radioaktivem Cäsium noch mehrere Generationen in Zukunft betreffen, da das radioaktive Isotop eine 30-jährige Halbwertszeit hat. Um den tatsächlichen Zustand der Werte zu verfolgen, werden die übermittelten Messungen der Kreisgruppen von der Geschäftsstelle des BJV gesammelt und ausgewertet. Hierzu hat der Bayerische Jagdverband eine Datenbank eingerichtet. Die Sammelergebnisse werden halbjährlich vom BJV an das Bayerische Staatsministerium für Umwelt und Gesundheit übermittelt. Die Reihe der Messdaten des Bayerischen Jagdverbandes aus allen Kontaminationsgebieten seit dem zweiten Halbjahr 2003 zeigt eine Überschreitung bei knapp 22% aller Proben. Dabei liegen die Grenzwertüberschreitungen beim Schwarzwild auf eine durchschnittliche Jahresstrecke von 45.000 Tieren gerechnet bei ca. 1,5%. Hat der einzelne Jäger das Pech ein kontaminiertes Stück Schwarzwild erlegt zu haben, so kann jedoch nach den gesetzlichen Regelungen eine Entschädigungsleistung in Anspruch genommen werden. Die Höhe des Ausgleichs beträgt 102,26 Euro für einen Frischling und 204,52 Euro für sonstiges Schwarzwild.

Wie aus der unten stehenden Karte ersichtlich ist, ist die Belastung mit Cäsium-137 in Bayern je nach geographischer Lage vollkommen unterschiedlich. Dies liegt in der damals vorherrschenden Wetterlage begründet. In der Zeit kurz nach dem Reaktorunfall Ende April / Anfang Mai 1986 befand sich Bayern in einer nordöstlichen Strömung mit zahlreichen Gewitterschauern. Die höchsten Werte der Bodenkontamination zeigten sich in denjenigen Regionen, wo diese Schauer auftraten. Besonders hoch belastet sind insbesondere Teile des Bayerischen Waldes, der gesamte Alpenrand und das mittlere und südliche Schwaben sowie manche Regionen in Nieder- und Oberbayern. Auch heute zeigen sich noch teilweise deutliche Grenzwertüberschreitungen in diesen Regionen. Dort ist es vorgeschrieben, dass Wildbret, das in den Verkehr gebracht wird, auf Radioaktivität untersucht werden muss. Außerhalb der Fallout-Regionen ist es nicht erforderlich, Wildfleisch auf mögliche Belastungen hin zu untersuchen. Es gibt auch keine behördliche Anordnung, die derartige Untersuchungen fordert.

Zum Nach- und Weiterlesen

BAUCH, T.; HERZOG, S. Lässt sich Schalenwild zählen? Unsere Jagd, 14–17, Dezember 2005

BAYERISCHES STAATSMINISTERIUM FÜR ERNÄHRUNG, LANDWIRTSCHAFT UND FORSTEN Entwicklung des Schwarzwildes in Bayern, Vorstellung durch Staatsminister Brunner anlässlich des Schwarzwildsymposiums des Bayerischen Bauernverbandes am 23.11.2009 im Haus der Bayerischen Landwirtschaft in Herrsching

BIEBER, C.; RUF, T. Population dynamics in wild boar Sus scrofa: ecology, elasticity of growth rate and implications for the management of pulsed resource consumers. J. Applied Ecol. **42**, 1203–1213, 2005

GETHOFFER, F.; SODEIKAT, G.; POHL-MEYER, K. Reproductive parameters of wild boar (Sus scrofa) in three different parts of Germany. European Journal of Wildlife Research **53**, 287–297, 2007

GORETZKI, J. Entwicklung der Schwarzwildstrecken in Deutschland und aktuelle Probleme der Bewirtschaftung. Beiträge zur Jagd- und Wildforschung **32**, 361–372, 2007

HERZOG, S. Der Anfang vom Ende. Unsere Jagd, 10–15, Juni 2012

HERZOG, S.; BAUCH, T. Spezifische Probleme des Schwarzwildmanagements in Großschutzgebieten. Schriftenreihe des Landesjagdverbandes Bayern **12**, 23–30, 2004

HERZOG, S.; BAUCH, T. Schalenwildmanagement in Großschutzgebieten. Revierkurier, 1–3, Dezember 2005

INSTITUT FÜR WASSER-, BODEN- UND LUFTHYGIENE Bodenkontamination mit Cs 137 in Deutschland infolge des Reaktorunfalls von Tschernobyl 1986

KADEN, V.; ZIEGLER, U.; LANGE, E.; DEDEK, J. Classical swine fever virus: clinical, virological, serological and haematological findings after infection of domestic pigs and wild boars with the field isolate „Spante" originating from wild boar. Tierärztliche Wochenschrift **113**, 412–416, 2000

KELLY, D.; KOENIG, W.; LIEBHOLD, A. A continental comparison of the dynamic behaviour of mastseeding. Ecology **50**, 329–342, 2008

KRÜGER, T.; HERZOG, S. Ökonomische Anreize als Lenkungsinstrument für die Schwarzwildbejagung, dargestellt am Beispiel der Verwaltungsjagd des Freistaates Sachsen. Zeitschrift für Jagdwissenschaft **45**, 196–207, 1999

MASSEI, G.; COWAN, D.; COATES, J.; GLADWELL, F.; LANE, J.; MILLER, L. Effect of the GuRH vaccine GonaCon on the fertility, physiology and behaviour of wild boar. Wildlife Research 35, 540–547, 2008

MATSCHKE, G. The influence of oak mast on European wild hog reproduction. Proc. An.Conf.Southeast Assoc. Game Fish Comm. **18**, 35–39, 1964

MÜLLER, P. Raum-Zeit-Verhalten telemetrierter Wildschweine unter Jagddruck. Schwarzwild-Symposium des Bayerischen Landesjagdverbandes, 25–58., Feldkirchen, 2000

MÜLLER, P. Ökosystemgerechtes Wildlifemanagement. Rundgespräche der Kommission für Ökologie der Bayerischen Akademie der Wissenschaften **25**, 95–132, 2002

MÜLLER, P. Die Zukunft der Jagd & die Jäger der Zukunft. Melsungen, 2009

MÜLLER, P. Schwarzwild: Anpassungskünstler gegen jagdliche Intelligenz. Melsungen 2009

STUBBE, W.; STUBBE, M. Vergleichende Beiträge zur Reproduktion und Geburtsbiologie von Wild- und Hausschwein Sus scrofa L. Jagd- u. Wild-Forschung **10**, 153–179, 1977

TOIGO, C.; SERVANTI, J.; GAILLARD, J.; BRANDT, S.; BAUBET, E. Disentangling natural from hunting mortality in intensively hunted wild boar population. J. Wildl. Manag. **72**, 1532–1539, 2008

Feldhase
(Lepus europaeus)

FOTO: HELMUT PIEPER

Profiteur und Opfer der Landwirtschaft?

Der Feldhase konnte – ursprünglich Steppentier des Nahen Ostens und Südost-europas – in unseren mitteleuropäischen Lebensräumen erst mit der Sesshaftigkeit des Menschen und einer zunehmenden kleinbäuerlichen Landwirtschaft Fuß fassen. So wurde die Art zum Symboltier der Agrarlandschaft und erreichte hier seine Maximaldichten. Diese Entwicklung hielt bis etwa Mitte des 20. Jahrhunderts an. Seitdem beobachten wir verschiedene Trends: Während die Hasenbesätze in Ostdeutschland trotz großer Offenlandschaften erstaunlich gering bleiben, findet der Feldhase vor allem in Nordwestdeutschland gute Lebensbedingungen vor. So variieren die Populationsdichten in Deutschland nach wie vor zwischen einem und über 100 Hasen pro 100 ha. Diese hohen Dichten werden auf intensiv genutztem Ackerland, seltener auf Grünland erreicht. Bis in den innerstädtischen Raum kommt der Feldhase überall vor. Über die Gründe regionaler Rückgänge wird bis heute intensiv diskutiert. Genannt werden Prädation, Witterungs- und Klimaeinflüsse wie nasskalte Frühjahre und feuchte Sommer, vor allem aber könnten Krankheiten eine wesentliche Rolle spielen. Denn kein anderes Wildtier vereinigt so viele Krankheiten auf sich wie der Feldhase.

Als weitere Einflussfaktoren auf die Besatzdichte gelten Prädation, Witterungs- und Klimaeinflüsse wie nasskalte Frühjahre und feuchte Sommer, aber auch Krankheiten. Denn kein anderes Wildtier vereinigt so viele Krankheiten auf sich wie der Feldhase. Darüber jedoch, wann welche Krankheiten in welchem Ausmaß den Hasen beeinflussen, weiß man bis heute wenig. Einmal ist es die Kokzidiose, ein anderes Mal EBHS (European Brown Hare Syndrome), mal ist es der Lungenwurm oder die Pasteurellose (vgl. von BRAUNSCHWEIG 1997, DEUTZ & HINTERDORFER 2000).

Ein Hase bewohnt etwa 40 ha Offenland und beschäftigt sich rund 260 Tage im Jahr mit Fortpflanzung (AVERIANOV *et al.* 2003, GEHLE 2003). Dabei werden Sozialkontakte optimiert. Sieht ein Hase einen anderen, steigt die Neigung, sich zu ihm zu gesellen. So entstehen kurzfristig Gruppen bei der Nahrungsaufnahme oder zur Paarung (PFISTER 1984). Im Frühjahr auch tagaktiv, werden Hasen ansonsten erst eine Stunde nach Sonnenuntergang mobil. Dann kann man sie mit Scheinwerfern zählen. Mithilfe der Schweinwerfer werden die Populationsdichten jährlich zwei Mal in über 600 ausgewählten Jagdbezirken, davon in Bayern rund 140, taxiert.

Steckbrief

Körperlänge	50-70 cm
Gewicht	2,5 bis 6,5 kg
Paarungszeit	Dezember bis September
Setzzeit	Februar bis Oktober
Anzahl Jungtiere	Drei bis vier Mal pro Jahr bis zu acht, meist zwei bis drei Junge
Rechtlicher Status	Unterliegt dem Jagdrecht, Jagdzeit in Bayern 16.10. – 31.12.

Jahresstrecken

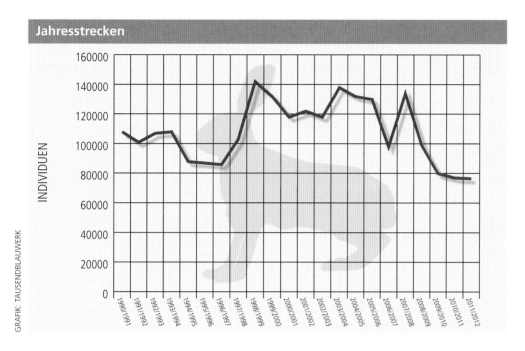

GRAFIK: TAUSENDBLAUWERK

INDIVIDUEN

Seit langem vermutet, aber erst kürzlich bestätigt: Eine Häsin kann bereits während der letzten Tage ihrer Trächtigkeit wieder trächtig werden (Superkonzeption). Dann verkürzt sich die Zeit zwischen zwei Würfen von 42 auf 38 Tage (RÖLLIG *et al.* 2010). Häsinnen können bis zu drei Mal im Jahr bis zu sechs Junge bekommen. Junghasen wachsen schnell. Als typische Nestflüchter sind sie sogar in der Lage, Umgebungskälte mit erhöhter Wärmeproduktion auszugleichen (HACKLÄNDER 2001). Sie sind damit an das deckungsfreie Offenland angepasst.

Bei diesem hohen Vermehrungspotential ist der Bestand ständig wechselnden Sterblichkeitsfaktoren ausgesetzt. Als sicher gilt bis heute, dass diese Faktoren vor allem auf die Junghasen wirken, nicht aber auf die Fruchtbarkeit der Althasen (GEHLE 2003). So sterben jedes Jahr bis zum kommenden Frühjahr 60 bis 90 Prozent aller Junghasen (MARBOUTIN & PEROUX 1995). Pro Häsin überleben im Mittel nur 2,3 Junghasen (OLESEN & ASFERG 2006). Aber selbst unter einer solch hohen Sterblichkeit kann der Besatz zunehmen. Inwieweit die Technisierung der Landwirtschaft zum allgemeinen Rückgang in Mitteleuropa beigetragen hat, ist bis heute umstritten (SMITH *et al.* 2005). Doch scheint die Hasendichte auf Ackerland sehr eng von Offenlandstrukturen wie der Feldgröße oder Grenzlinien abzuhängen. Auf Grünland ist das nicht der Fall. Hier fühlt sich der Hase auf Wiesen besonders

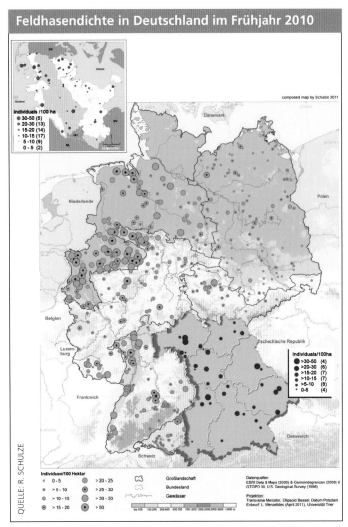

Feldhasendichte in Deutschland im Frühjahr 2010

QUELLE: R. SCHULZE

wohl, weniger auf Weiden, und zwar unabhängig von ihrer Größe (GEHLE 2010). So gilt es, die Ackerlandlebensräume zu verbessern. Bewährt hat sich die Anlage von begrünten Streifen, deren Bewuchs in Höhe und Dichte wechselt, neben der Anlage von Schwarzbrachestreifen, auf denen sich der Hase trocken laufen und seine Sinne zur Feindvermeidung und Flucht einsetzen kann.

Inwieweit es in Zukunft erfolgreich sein kann, durch politisch geforderte Programme (z.B. die bekannten Blühstreifen oder Stilllegungsflächen) die Situation grundlegend zu verbessern, erscheint derzeit unklar. Die Kurzlebigkeit derartiger Programme, die nicht nur politischen Opportunitäten unterliegen, sondern auch den Kräften des Agrarmarktes unterworfen sind, erscheint dabei als das größte Problem. Aktuell scheint sich mit dem intensiven Anbau von „Energiepflanzen", insbesondere Mais, ein neues Problem für die Niederwildarten des Offenlandes abzuzeichnen, für das noch keine Lösung in Sicht ist.

Auch wenn der Hase im Wald in geringerer Dichte regelmäßig vorkommt, wird dieser Lebensraum sicher nie die Bedeutung erlangen wird, wie dies eine kleinteilige Agrarlandschaft in Mitteleuropa bis zur Jahrtausendwende hatte, so könnte hier sicherlich eine kleine Teilpopulation überdauern, bis wir praktische Lösungsansätze für die Agrarlandschaft entwickelt haben.

Verbreitungsschwerpunkte des Feldhasen in Deutschland.

Gemeldete Feldhasen-Vorkommen in Bayern

Legende

Vorkommen 2006

Vorkommen 2009

Vorkommen 2006 & 2009

Nicht beobachtet/ Kein Vorkommen

QUELLE: M. LENZ / BAYERISCHER JAGDVERBAND

Zum Nach- und Weiterlesen

AVERIANOV, A.; NIETHAMMER, J.; PEGEL, M. Lepus europaeus Pallas, 1778 – Feldhase. In: KRAPP, F. [Hrsg.]. Handbuch der Säugetiere Mitteleuropas. Hasentiere. Aula Verlag Wiesbaden. 35–104, 2003

VON BRAUNSCHWEIG, A. Rahmenbedingungen beachten - Armer kranker Hase. Wild und Hund Exklusiv 6: 70–75, 1997

DEUTZ, A.; HINTERDORFER, F. Krankheiten des Feldhasen (Lepus europaeus PALLAS) - Sektionsbefunde, Erregerspektrum und zoonotische Aspekte. Tierärztliche Umschau 55, 628–635, 2000

GEHLE, T. Zur Biologie und Ökologie des Feldhasen. Literaturübersicht über die Biologie und Ökologie des Feldhasen (Lepus europaeus). Deutsche Wildtier Stiftung. 100 S., 2003. http://www.deutschewild tierstiftung.de/uploads/media/wissen_feld hase_biologie.pdf. 03.11.2011

GEHLE, T. Variation der Feldhasendichte (Lepus europaeus) auf Acker- und Grünland. In: LANG, J.; GODT, J.; ROSENTHAL. [Hrsg.]. Fachtagung Feldhase. Ergebnisse der Fachtagung Feldhase. Der Aktuelle Stand der Hasenforschung. 19.-20. März 2010. Kassel. Lutra Verlags- und Vertriebsgesellschaft. Tauer. 31–40, 2010

HACKLÄNDER, K. Energiehaushalt, Thermoregulation und Reproduktion beim Europäischen Feldhasen (Lepus europaeus). Diss. thesis. Fakultät für Formal- und Naturwissenschaften der Universität Wien. Wien. 76 S., 2001

MARBOUTIN, E.; PEROUX, R. Survival pattern of European hare in a decreasing population. Journal of Applied Ecology 32, 809–816, 1995

OLESEN, C.R.; ASFERG, T. Assessing potential causes for the population decline of European brown hare in the agricultural landscape of Europe - a review of the current knowledge. National Environmental Research Institute, NERI Technical report No. 600, Kopenhagen. 32 S., 2006

PFISTER, H. P. Raum-zeitliche Verteilungsmuster des Feldhasen (Lepus europaeus PALLAS) in einem Ackerbaugebiet des Schweizerischen Mittellandes. Diss. thesis. Philosophische Fakultät II der Universität Zürich: 105 S., 1984

RÖLLIG, K.; GÖRITZ, F.; HERMES, R.; FICKEL, J.; HOFER, H.; HILDEBRANDT, T. B. Superfetation (Superkonzeption) beim Europäischen Feldhasen. In: LANG, J.; GODT, J.; ROSENTHAL. [Hrsg.]. Fachtagung Feldhase. Ergebnisse der Fachtagung Feldhase. Der Aktuelle Stand der Hasenforschung. 19.-20. März 2010. Kassel. Lutra Verlags- und Vertriebsgesellschaft. Tauer. 153–160, 2010

SCHULZE R. Karte zur Feldhasenverbreitung in Deutschland, 2011

SMITH, R. K.; JENNINGS, N. V.; HARRIS, S. A quantitaive analysis of the abundance and demography of European hares Lepus europaeus in relation to habitat type, intensity of agriculture and climate. Mammal Rev. 35, 1–24, 2005

Schneehase
(Lepus timidus)

Porträt

Länge	Bis 60 cm
Gewicht	Zwei bis vier kg
Anzahl Jungtiere	Zwei bis vier pro Satz
Tragzeit	Ungefähr 50 Tage
Rechtlicher Status	Unterliegt dem Jagdrecht (ganzjährige Schonzeit)

Lebensweise

Ähnlich wie das Alpenschneehuhn besitzt der Schneehase ein arktoalpines Areal. In Deutschland ist er auf das alpine Hochland oberhalb der Waldgrenze beschränkt (Subspezies *Lepus timidus varronis*, Alpenschneehase). Während der Vegetationszeit ist er auf diesen Lebensraum begrenzt; doch sind von Einzeltieren auch Fernwanderungen und vertikale Jahreszeiten-Verschiebungen der Habitate bekannt (vgl. u. a. HAUSSER 1995). Im Würmglazial besiedelte der Schneehase weite Gebiete des mitteleuropäischen Tieflandes, die heute vom Feldhasen besetzt werden.

Die Populationsdichten zeigen innerhalb des gesamten europäischen Areals z. T. erhebliche Schwankungen. Bis zu 250 Tiere pro Quadratkilometer wurden bereits in günstigen Gebieten von Schottland gezählt, während sie im alpinen Lebensraum meist unter zehn liegen. Populationszyklen sind von den meisten Schneehasen-Populationen bekannt. Im alpinen Lebensraum besitzt er im Sommer Aktionsräume zwischen 30 bis 50 Hektar.

Bei langanhaltenden Schneelagen lässt er sich einschneien, gräbt sich auch im lockeren Schnee Gänge und Höhlen. In strengen Wintern zieht sich der Schneehase in den Bereich der oberen Waldgrenze zurück.

In Bayern genießt der Alpenschneehase ganzjährige Schonzeit. Er besitzt einen markanten Jahreszeiten-Dimorphismus. Im Winter ist er reinweiß mit schwarzen Löffelspitzen, sein Sommerkleid ist graubraun mit weißer Unterseite. Außerdem ermöglicht ihm die im Winter besonders starke Behaarung seiner Pfoten eine bessere Beweglichkeit auf Schnee und Eis.

Im Unterschied zum Feldhasen wirkt der Schneehase etwas kleiner, zudem sind seine Löffel kürzer. Seine Nahrung ähnelt der des Feldhasen, jedoch mit einem höheren Anteil an holziger Substanz.

Der Schneehase hat zahlreiche Feinde. Dazu gehören neben Fuchs, Marder, Hermelin, Uhu, Habicht, und Rabenkrähen (Junghasen) vor allem der Steinadler und der Kolkrabe.

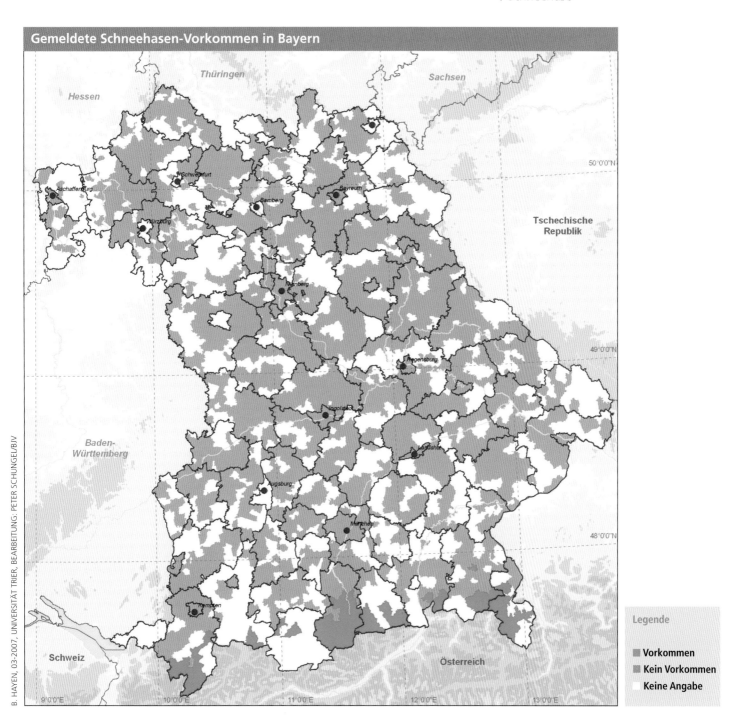

Gemeldete Schneehasen-Vorkommen in Bayern

Legende

- Vorkommen
- Kein Vorkommen
- Keine Angabe

B. HAYEN, 03-2007, UNIVERSITÄT TRIER, BEARBEITUNG: PETER SCHUNGEL/BJV

Zum Nach- und Weiterlesen

HAUSSER, J. Säugetiere der Schweiz. Birkhauser Verl., Basel, 1995.

MARCSTROM, V.; KEITH, L.; ENGREN, E.; CARY, E. Demographic responses of arctic hares (Lepus timidus) to experimental reductions of red fox (Vulpes vulpes) and martens (Martes martes). Can. J. Zool. 67, 658–668, 1989

MCCLURE, M.F.; BISSONETTE, J.; CONOVER, M. Distinct seasonal habitat selection by annually sedentary mountain hares (Lepus timidus) in the boreal forest of Sweden. Eur. J. Wildl. Res. 51, 163–169, 2005

MÜLLER, F. Der Schneehase (Lepus timudus L.). Jagd und Hege 10, 6–7, 1991

Wildkaninchen
(Oryctolagus cuniculus)

FOTO: HEINZ HESS

Steckbrief	
Körperlänge	32 bis 50 cm
Gewicht	Ein bis zwei kg
Paarungszeit	Februar bis September
Setzzeit	März bis Oktober
Anzahl Jungtiere	Drei bis sieben Mal pro Jahr ein bis 14 (meist fünf bis sechs) Jungtiere
Rechtlicher Status	Unterliegt dem Jagdrecht, Jagdzeit in Bayern: ganzjährig

Ein Spanier in Bayern

Heimatland des Kaninchens ist Spanien. Die erste Ansiedlung für Deutschland wird im Jahr 1231 am Kloster Corvey bei Höxter in Westfalen erwähnt. Wenngleich es mittlerweile in vielen Landesteilen ausgestorben ist, erreicht es die höchsten Dichten in den Großstädten mit Grüngürteln und Industriebrachen.

Kaninchen leben in kleinen Gruppen (Sippen), die vom führenden Rammler verteidigt werden. Innerhalb der Gruppen bestehen Rangordnungen. Ranghohe Kaninchen leben nicht nur länger und haben mehr Nachkommen, sie zeigen auch eine bessere Immunabwehr als rangniedrige. Über 90 Prozent aller gesetzten Jungen können innerhalb eines Jahres wieder sterben. Auf diese Weise regulieren sich die Kaninchen selbst (vgl. v. HOLST et al. 2002).

Überprägt wird die Selbstregulation der Kolonien durch die zwei Viruserkrankungen Myxomatose und RHD (Rabbit Haemorrhagic Disease, Chinaseuche). Sie führen immer wieder zu Massensterben und sind deswegen mit dem Kaninchen untrennbar verbunden. Deswegen wurde die im Projekt WILD aktivierte Jägerschaft zu Vorkommen und Krankheitsgeschehen befragt.

In stabilen Kolonien liegt der durchschnittliche Anteil von Jungkaninchen (Lebensalter bis neun Monate) bei 50 %, in instabilen (Überalterung) deutlich darüber (bis zu 70 % im August). Von März bis September ist mit trächtigen Häsinnen zu rechnen. Die Jungen verlassen mit 20 Lebenstagen ihren Bau und werden dann auch außerhalb der Baue gesäugt. Das Absetzen der Jungen erfolgt drei bis fünf Tage vor dem neuen Wurf, jedoch spätestens mit einem Alter von 30 Tagen (KAETZKE et al. 2003).

Gefürchtet ist das Kaninchen wegen seines Schadpotentials, vor allem in der Landwirtschaft. Aufgrund seiner Sozialstruktur und seiner Bindung an Baue entstehen zuerst in Baunähe typische Randschäden an Getreide-, Raps- oder Gemüseflächen, aber auch an Sträuchern und Bäumen. Wenngleich Kaninchen größere Flächen völlig kahlfressen können, nutzt ein Einzeltier selbst unter schlechten Ernährungsbedingungen kaum mehr als vier Hektar Aktionsraum (KAETZKE et al. 2003).

Man unterscheidet Wohn- und Setzbaue. Wohnbaue können beim Zusammenwachsen von Kolonien flächige Ausmaße von bis zu 20 Meter erreichen. Die Baue bestehen aus mehreren gewinkelten und geraden Röhren, die sich je nach ihrer Entstehungsgeschichte, der Kaninchendichte oder der Sozialstruktur in mehrfach verzweigte Gangsysteme ausdehnen können. Im Mittel sind diese Systeme 14 bis 20 Meter lang auf Flächen bis zu 10 m² und mit bis zu 150 Eingängen. Sie entfernen sich jedoch meist nicht

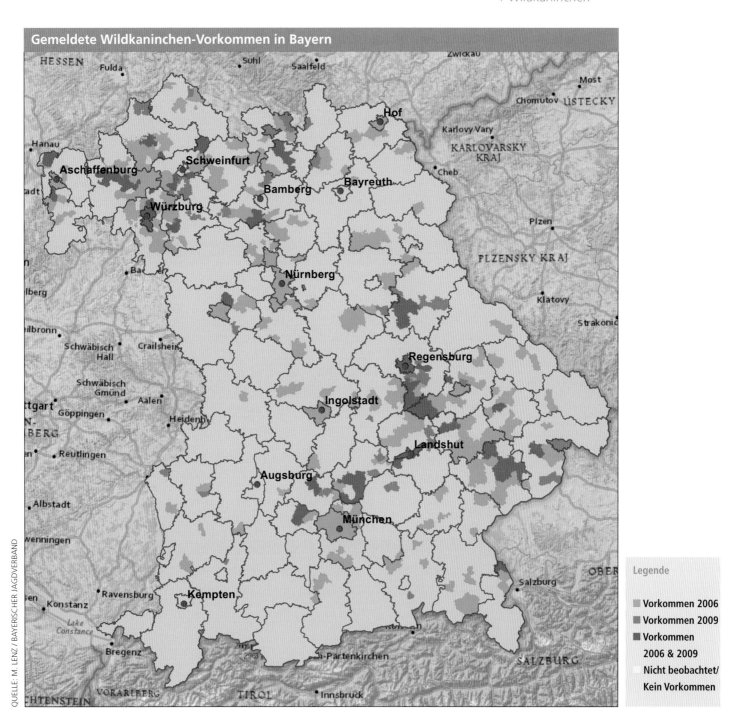

Gemeldete Wildkaninchen-Vorkommen in Bayern

QUELLE: M. LENZ / BAYERISCHER JAGDVERBAND

Legende

■ Vorkommen 2006
■ Vorkommen 2009
■ Vorkommen
2006 & 2009
☐ Nicht beobachtet/
Kein Vorkommen

weiter als 200 Meter davon (THOMPSON & KING 1994). Dagegen werden Satzbaue zum Gebären und Säugen der Jungen von Häsinnen gegraben und sind einfache, flachgründige Röhren von ein bis zwei Meter Länge (Anlage innerhalb eine Nacht möglich). Je nach Bodenart (Sand, Schluff oder Ton) erreichen die Baue eine Tiefe von 50 bis 70 cm, können aber in Aufschüttungen bis zu drei Meter tief hinabreichen. In schluff- und tonhaltigen Böden sind die Bausysteme in der Regel komplexerer Natur als in Sandböden. Hier graben die Kaninchen eher langgezogene Röhren mit wenig Abzweigungen (KOLB 1985).

Dass Kaninchen auf solche Erdbaue teilweise verzichten, wenn der Lebensraum großflächig mit Bodendeckern ausgestattet ist, läßt sich in Parks, auf Sportanlagen und Friedhöfen beobachten. Sie leben hier, vielfach tagaktiv, bevorzugt auf gemähten Rasenflächen (GEHLE 2009) und verstecken sich unter Büschen.

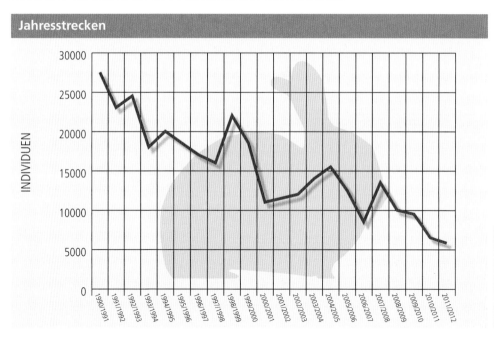

Jahresstrecken

GRAFIK: TAUSENDBLAUWERK

Zum Nach- und Weiterlesen

GEHLE, T. Kaninchen und ihre Umwelt.
Rheinisch-Westfälischer Jäger 63, 11: 7–9,
2009.

VON HOLST, D.; HUTZELMEYER, H.;
KAETZKE, P.; KHASCHEI, M.; RÖDEL, H.,
G.; SCHRUTKA, H. Social rank, fecundity
and lifetime reproductive success in wild
Europaen rabbits (Oryctolagus cuniculus).
Behav. Ecol. Sociobiol. 51, 245–254,
2002.

KAETZKE, P.; NIEDERMEIER, J.; MAS-
SETI, M. Oryctolagus cuniculus (Linné
1785). Europäisches Wildkaninchen. S.
187-289. In: NIETHAMMER, J., KRAPP, F.
[Hrsg.] (2003). Hasentiere. Lagomorpha.
Handbuch der Säugetiere Mitteleuropas.
Band 3. Aula-Verlag. Wiebelsheim. 303
S., 2003.

KOLB, H. H. The burrow structure of the
European rabbit (Oryctolagus cuniculus). J.
Zool. 206, 253–262, 1985.

THOMPSON, H.V., KING, C. M. [Hrsg.] The
European Rabbit. The History and Biology
of a Successful Colonizer. Oxford Science
Publications. Oxford. New York. 245 S.,
1994.v

Alpenmurmeltier
(Marmota marmota)

Das halbe Jahr verschlafen

Alpenmurmeltiere gehören zur Gattung Marmota, die mit 14 Arten Gebirge und Steppen Eurasiens und Nordamerikas bewohnen (BIBIKOW 1996). Die östlichen Vorkommen in Deutschland und Österreich gehen mit ganz wenigen Ausnahmen auf Aussetzungen zurück (HAUSSER 1995). Aussetzungen erfolgten auch außerhalb der Alpen im Schwarzwald, der Schwäbischen Alb und in den Pyrenäen.

Bevorzugter Lebensraum des Murmeltieres in den Alpen sind baumlose oder baumarme Weiden und Rasen der alpinen und subalpinen Stufe, oberhalb der Waldgrenze.

Am Nordrand der Alpen und in den Hauptalpen gehen Murmeltiere bis 1.200 m Höhe herunter. Deckungsmöglichkeiten und Schutz vor Feinden bieten selbstgegrabene Bau- und Höhlensysteme, in denen auch die notwendigen Nahrungsdepots für die Winterruhephase eingelagert werden. Das Alpenmurmeltier ist in der Natur reiner Vegetarier (pro Tag ein bis 1,5 Kilogramm), der allerdings auch von Alpen-Touristen „Ergänzungsfutter-Rationen" erhält. Murmeltiere überwintern meist im Familienverband, wodurch insbesondere die Wintermortalität der Jungtiere reduziert wird. Die Winterschlafperiode dauert üblicherweise von Ende September bis Mitte April. Die Paarung erfolgt unmittelbar nach Beendigung der Winterruhe. Die Wohngebiete einzelner Familien bestehen aus einem territorialen Männchen, dem Bär, einem Weibchen (Katze) und Jungtieren (Affen) verschiedener Jahrgänge. Erst im dritten Lebensjahr wandern Jungtiere ab. Murmeltiere erreichen ein Alter von über zwölf Jahren.

Natürliche Feinde sind neben dem Steinadler und Fuchs auch der Habicht, der Uhu, Marder und Hermelin. Bei Gefahr stoßen Murmeltiere einen schrillen Warnpfiff aus, woraufhin alle Koloniebewohner den Bau aufsuchen und sich später nur sehr zögerlich wieder herauswagen.

Murmeltiere sind überwiegend tagaktiv und leben polygam. In Deutschland unterliegt diese Nagetierart dem Jagdrecht, genießt jedoch ganzjährig Schonzeit. In den übrigen Alpenländern werden Murmeltiere bejagt.

Steckbrief	
Körperlänge	50 bis 73 cm
Gewicht	4,5 bis acht kg im Herbst
Paarungszeit	April/Mai
Wurfzeit	Mai/Juni
Anzahl Jungtiere	Ein bis sieben „Affen"
Rechtlicher Status	Unterliegt dem Jagdrecht, ganzjährig geschont

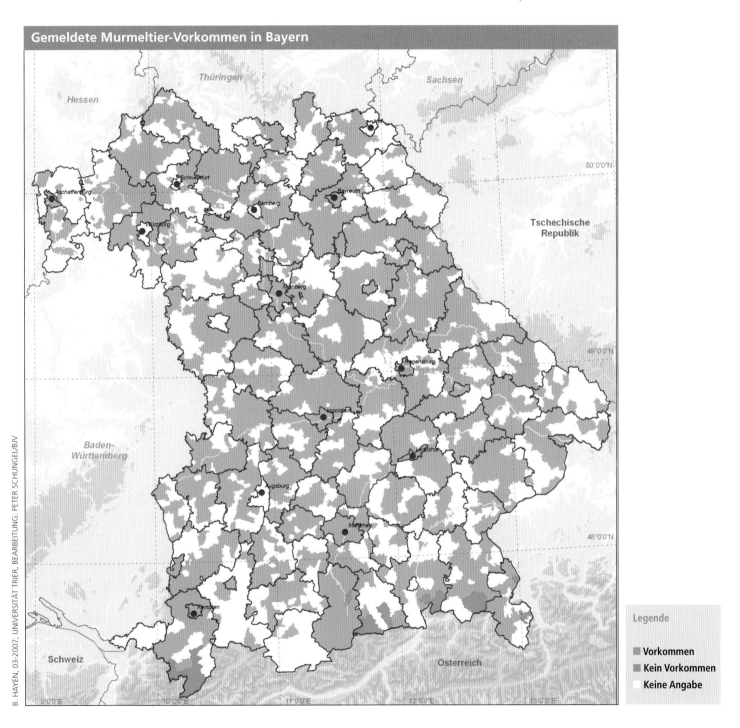

Gemeldete Murmeltier-Vorkommen in Bayern

Legende

- Vorkommen
- Kein Vorkommen
- Keine Angabe

B. HAYEN, 03-2007, UNIVERSITÄT TRIER, BEARBEITUNG: PETER SCHUNGEL/BJV

Zum Nach- und Weiterlesen

ARNOLD, W. Social thermoregulation during hibernation in alpine marmots (Marmota marmota). Journal of Comparative Physiology **B 158**, 151–156, 1988

BIBIKOW, D. I. Die Murmeltiere der Welt. Die Neue Brehm-Bucherei 388, Magdeburg, 1996

COUTURIER, M.A. La Marmotte des Alpes. In: Le Gibier des montagnes francaises, 137–165, Arthaud, 1964

FORTER, D. Zur Ökologie und Verbreitungsgeschichte des Alpenmurmeltieres im Berner Oberland. Dissertation Universität Bern, 1975

HAUSSER, J. Säugetiere der Schweiz. Birkhauser Verl., Basel, 1995

MÜLLER, J. P. Das Murmeltier. Desertina Verl., Disentis, 1986

NAEF-DAENZER,B. (1984): Sozialverhalten und räumliche Organisation von Alpenmurmeltieren. Dissertation Univ. Bern, 1984

SOLARI, C. Versuch einer Kausalanalyse der Verbreitung und Dichte des Alpenmurmeltieres (Marmota m. marmota) im Kanton Tessin. Schweiz. Z. Jagdwiss. **34**, 77–85, 1988

ZIMINA, R. Marmots. Biocoenotic and practical significance. Nauka, Moskau, 1980

ZIMINA, R.; GERASIMOV, I. The periglacial expansion of marmots (Marmota) in middle Europe during late Pleistocene. J. Mamm. **54**, 327–340, 1973

Wildkatze
(Felis silvestris)

FOTO: ALFRED LIMBRUNNER

Sie verdient unsere volle Unterstützung

Die Wildkatze (*Felis silvestris*) ist Mitglied eines Superspezies-Komplexes oder Rassenkreises, der sich in die *silvestris*-Gruppe (Europäische Wildkatze), die *lybica*-Gruppe (Afrikanische Wildkatze = Stammform unserer meisten Hauskatzen; vgl. DRISCOLL et al. 2007) und die *ornata*-Gruppe (Indische oder Asiatische Wildkatze) untergliedern lässt.

Neben einigen wichtigen Erhaltungsgebieten ursprünglicher Wildkatzen in Mitteleuropa (u. a. Hunsrück, Eifel, nördliches Saarland, Harz, Hainich), wurde die Wildkatze nach dem II. Weltkrieg in vielen anderen Gebieten ihres ursprünglichen Verbreitungsgebietes, so auch den Waldgebieten Bayerns, wieder angesiedelt. (Es heißt übrigens „Wiederansiedlung" und nicht „Wiedereinbürgerung"!).

Aus Telemetriestudien wissen wir, dass die Aktionsräume von Kudern in Abhängigkeit von der Jahreszeit zwischen etwa 700 und über 2.500 Hektar variieren können, dass sie ganzjährig sogar Flächen über 3.400 Hektar nutzen können. Kuder legen während der Ranz teilweise über 13 km pro Nacht zurück. Mit über 80 % liegt ihre höchste Waldnutzung in den Wintermonaten, einzelne Individuen nutzen ganzjährig unterschiedliche Vegetationsformen und auch offene Landschaften um Ortsrandbereich (HARTMANN 1996, WITTMER 1998, MÜLLER 2000).

Kuder mitteleuropäischer Wildkatzen wiegen im Allgemeinen um 5,0 kg, Kätzinnen um 3,5 kg (HEMMER 1993). Natürlich können einzelne Individuen auch schwerer werden, aber sie sind nicht der Normalfall. Morphologisch lassen sich mitteleuropäische Wildkatzen in der Regel durch ihren dickbuschigen-stumpfendigen Schwanz, den schmalen, schwärzlichen Aalstrich und ihre fleischfarbene Nase meist sicher von getigerten Hauskatzen unterscheiden. Allerdings gibt es offensichtlich auch viele „Zwischenformen", die eine Zuordnung erschweren (vgl. u. a. STEFEN 2007).

Ob und welche Freilandpopulationen überhaupt mit Hauskatzen hybridisieren, war und ist höchst umstritten. Laborexperimente und Freilandbefunde zeigen, dass fertile Kreuzungen zwischen Hauskatzen und Vertretern der *lybica*-Gruppe offensichtlich häufiger vorkommen. Kreuzungen zwischen Wild- und Hauskatzen scheinen in Mitteleuropa jedoch die Ausnahme zu sein, obwohl mehrere Publikationen über sog. „Blendlinge" erschienen sind.

Aufgrund der Möglichkeit der Hybridisierung ist auch eine eindeutige Zuordnung mit genetischen Methoden sehr schwierig, vielleicht sogar unmöglich. So müsste zunächst eine repräsentative Grundgesamtheit an morphologisch eindeutigen Wildkatzen un-

Steckbrief

Körperlänge	52 bis 65 cm (ohne Rute)
Gewicht	2,3 bis 4,9 kg (Katze), drei bis 6,5 kg (Kuder)
Paarungszeit (Ranz)	Januar bis März
Wurfzeit	April/Mai
Anzahl Jungtiere	Zwei bis sechs Jungtiere
Rechtlicher Status	Unterliegt dem Jagdrecht, ganzjährig geschont

FOTOS: PROF. DR. DR. PAUL MÜLLER

Die bayerischen Wildkatzenpopulationen gehen hauptsächlich auf Wiedereinbürgerungen zurück. Im Freiland lassen sich Wildkatzen von verwilderten Hauskatzen meist bereits durch ihr vorsichtiges landschaftsangepasstes Verhalten unterscheiden.

Durch mehrere Telemetriestudien wissen wir, dass je nach Landschaftstyp Wildkatzen-Kuder Aktionsräume zwischen 800 bis 2.600 Hektar besitzen.

tersucht werden, um eine quantitative Abgrenzung zu ermöglichen. Eine qualitative Abgrenzung mittels spezifischer Allele ist im Falle von bekannter Hybrisdisierung meist nicht möglich (vgl. GEHLE und HERZOG, im Druck).

Wildkatzen bewohnen bevorzugt strukturreiche sommergrüne Wälder und deren Randbereiche, dringen allerdings von dort aus, bevorzugt entlang von Fließgewässern, bis in die Randlagen von Ortschaften und in Agrarlandschaften vor.

Im Nahrungsspektrum der Wildkatze spielen Kleinsäuger (insbesondere *Microtus*-, *Clethrionomys*- und *Apodemus*-Arten), lokal auch Bodenbrüter und Hasenartige eine dominierende Rolle. Die Hauptranzzeit der Wildkatze erstreckt sich von Januar bis März, eine Nachranzzeit von Ende Mai bis Juni. Nach einer Tragzeit zwischen 63 bis 69 Tagen werden drei bis fünf Junge geboren. Strenge schneereiche Winter haben Populationseinbrüche zur Folge.

Wildkatzen unterliegen dem Jagdrecht, sind jedoch ganzjährig geschont. Infolge dieser Schutzmaßnahmen befindet sich der Wildkatzenbestand in Deutschland wieder im Aufwärtstrend.

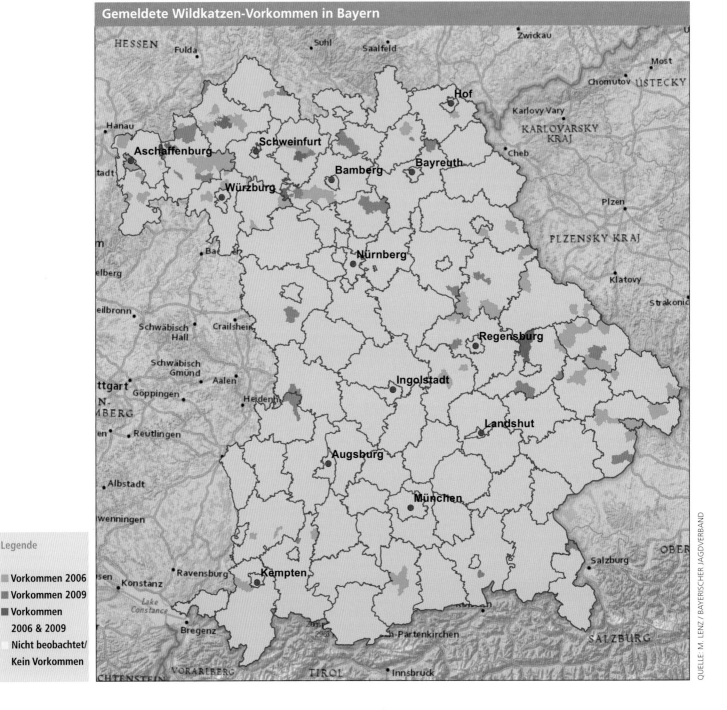

Gemeldete Wildkatzen-Vorkommen in Bayern

Legende

- Vorkommen 2006
- Vorkommen 2009
- Vorkommen 2006 & 2009
- Nicht beobachtet/ Kein Vorkommen

Wildkatze

QUELLE: M. LENZ / BAYERISCHER JAGDVERBAND

Zum Nach- und Weiterlesen

DRISCOLL, C.A.; MENOTTI-RAYMOND, M.; ROCA, A.; HUPE, K.; JOHGNSON, W.; GEFFEN, E.; HARLEY, E.; DELIBES,M.; PONTIER, D.; KITCHENER, A.; YAMAGUCHI, N.; O'BRIEN, S.; MACDONALD, D. The near eastern origin of cat domestication. Science **317**, 519–523, 2007

GÖTZ, M.; ROTH, M. Verbreitung der Wildkatze (Felis s. silvestris) in Sachsen-Anhalt und ihre Aktionsraume im Südharz. Beiträge zur Jagd- u. Wildforschung **32**, 437–447, 2007

GEHLE, T.; HERZOG S. Sinn und Unsinn der Unterscheidung zwischen Wild- und Hauskatze mit Hilfe genetischer Marker. Säugetierkundliche Informationen, im Druck

HARTMANN, D. Das Raum-Zeitverhalten europaischer Wildkatzen (Felis silvestris silvestris) im nördlichen Saarland. Diplomarbeit Inst. Biogeographie, Universität des Saarlandes, Saarbrücken, 1996

HEMMER, H. Felis silvestris Schreber, 1777 – Wildkatze. In: Handbuch der Säugetiere Europas, 1076–1118. Aula Verl., Wiesbaden, 1993

KITCHENER, A. The Natural History of wild cats. Helm Verl., London, 1991

MEINIG, H. Erste Ergebnisse von Mageninhaltsanalysen bei Wildkatzen (Felis silvestris) aus Westdeutschland mit Hinweisen zur Artbestimmung. Säuget. Inf. 5 (26), 2002

MÜLLER, P. Höhere Wildkatzendichten im Nordsaarland und in Rheinland-Pfalz als bisher vermutet. Game Conservancy Nachrichten 10 (1): 7–8, 2000

PIECHOCKI, R. Die Wildkatze. Die neue Brehm-Bucherei; Lutherstadt Wittenberg, 1990

POTOCNIK, H.; KLJUN, F.; RACNIK, J.; SKRBINSEK, T.; ADAMIC, M.; KOS, I. Results and experiences obtained from box trapping and radio collaring of wildcats in Slovenia. Acta Theriologica **47**, 211–219, 2002

STEFEN, C. Eine Wildkatze (Felis silvestris) im thüringisch-sächsischen Vogtland? – Mit einer Diskussion der Unterscheidbarkeit von Europäischen Wild- und Hauskatzen. Saugetierk. Inf. **6**, 105–120, 2007

WITTMER H. Radiotelemetrie und GIS-Analysen zum Aktivitätsmuster von Felis silvestris im nördlichen Saarland. Diplomarbeit, Universität des Saarlandes, 1998

WITTMER, H.U. Home range size, movements and habitat utilization of three male European wildcats (Felis silvestris silvestris Schreber 1777) in Saarland Rheinland-Pfalz (Germany). Mammalian Biol. **66**, 365–370, 2001

Luchs
(Lynx lynx)

Indikator für Akzeptanz

Luchse leben als territoriale Einzelgänger. Sie sind vorwiegend dämmerungs- und nachtaktiv. Das Revier eines Kuders umfasst ein Gebiet zwischen 15.000 und 40.000 ha. Im Revier eines Kuders liegen die Reviere von zwei bis drei Luchsinnen. Die Ranzzeit liegt im Februar. Im Mai, nach einer Tragzeit von 73 Tagen, bringt die Luchsin in einem sicheren Versteck bis zu vier Jungtiere auf die Welt. Die Jungen sind in den ersten zweieinhalb Wochen nichtsehend und werden von der Mutter mindestens noch zwei Monate lang gesäugt. Zur Ranzzeit im folgenden Jahr müssen die Jungtiere das Revier der Mutter verlassen und sich ein eigenes Revier suchen. Luchskuder beteiligen sich nicht an der Aufzucht der Jungen. Der scheue Räuber kann bis zu 25 Jahre alt werden.

Der Luchs erbeutet als Pirsch- und Lauerjäger vorwiegend mittelgroße Beutetiere – bevorzugt Rehe, gelegentlich auch Rotwildkälber und im Alpenraum Gamswild. Zum Beutespektrum gehören auch Hase und Fuchs. In der Regel kehren Luchse mehrmals zu einem großen Riss zurück. Fallwild (Aas) wird nicht gerne genommen. Als Faustregel kann gelten, dass ein erwachsener Luchs pro Woche ein Reh benötigt.

Schäden entstehen durch das gelegentliche Reißen von Haustieren, in Bayern im wesentlichen Gehegewild.

Neben der Wildkatze ist der Luchs einziger Vertreter der katzenartigen Beutegreifer in Europa. Der Luchs bewohnt bevorzugt große Waldgebiete.

In Deutschland wurde der Luchs im 19. Jahrhundert ausgerottet. Heute kann der Luchs wieder in einigen Regionen in Deutschland nachgewiesen werden, beispielsweise im Bayerischen Wald, im Harz und im Pfälzer Wald. In vielen weiteren Gebieten gibt es Einzelbeobachtungen. Der Luchs findet seinen bevorzugten Lebensraum in Höhenlagen zwischen 800 und 1.200 Metern.

Steckbrief

Körperlänge	80 bis 120 cm
Gewicht	Zwölf bis 38 kg
Paarungszeit (Ranz)	März/April
Wurfzeit	Mai/Juni
Anzahl Jungtiere	Ein bis fünf, meist zwei bis drei Jungtiere
Rechtlicher Status	Unterliegt dem Jagdrecht, ganzjährig geschont

Alle mitteleuropäischen Luchsvorkommen haben ihren Ursprung in Wiederansiedlungsprojekten.

Nach einem Auswilderungsprojekt im damaligen Forstamt Zwiesel Mitte der 70er Jahre des 20. Jahrhunderts und Zuwanderung aus Tschechien seit Ende der 80er Jahre wird der Luchs im Bayerischen Wald regelmäßig nachgewiesen.

Der Managementplan „Luchse in Bayern" wurde im Frühjahr 2008 durch das Bayerische Umweltministerium veröffentlicht und bildet den Rahmen für den Umgang mit dem Luchs in Bayern. Bei der Erarbeitung des Managementplans wirkten zahlreiche Institutionen, Verbände und Behörden mit. In der so genannten Arbeitsgruppe „Wildtiermanagement/Große Beutegreifer" wurde der Plan interessensübergreifend diskutiert und abgestimmt, sodass ihm breite Unterstützung gewiss ist. Er steckt die wichtigsten Arbeitsfelder ab und skizziert die Maßnahmen, die zukünftig im Rahmen des Projekts zur Umsetzung des Luchs-Managementplans bearbeitet werden sollen.

Projekt zur Umsetzung des Luchs-Managementplans

Aus dem Luchs-Managementplan leiten sich folgende Kernaufgaben ab, die seit 2010 angegangen und weiterentwickelt werden:
- Gewährleistung eines aussagekräftigen Monitorings in Bayern
- Betreuung des Netzwerks Große Beutegreifer
- Koordination des Ausgleichsfonds Große Beutegreifer
- Begleitende Öffentlichkeitsarbeit und Umweltbildung
- Bereitstellung eines bayernweiten Ansprechpartners zum Thema Luchs

Das Luchsprojekt wird in einer Trägergemeinschaft bestehend aus Wildland-Stiftung Bayern, Landesbund für Vogelschutz in Bayern und Bund Naturschutz in Bayern umgesetzt.

Unser Dank geht an die Gothaer-Versicherung, die den Bayerischen Jagdverband bei der Abwicklung der Ausgleichszahlungen für Luchsrisse seit vielen Jahren unterstützt.

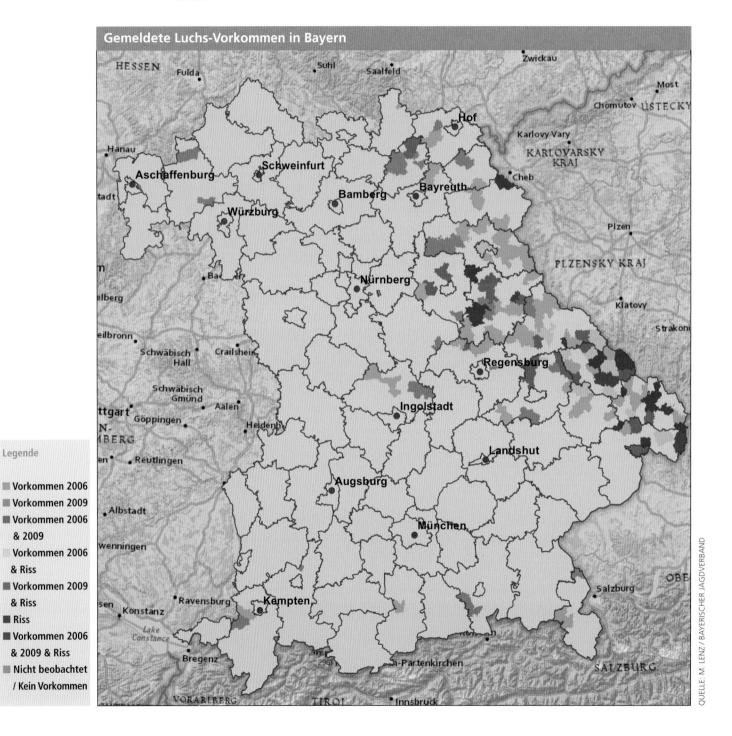

Gemeldete Luchs-Vorkommen in Bayern

Legende

- Vorkommen 2006
- Vorkommen 2009
- Vorkommen 2006 & 2009
- Vorkommen 2006 & Riss
- Vorkommen 2009 & Riss
- Riss
- Vorkommen 2006 & 2009 & Riss
- Nicht beobachtet / Kein Vorkommen

QUELLE: M. LENZ / BAYERISCHER JAGDVERBAND

Zum Nach- und Weiterlesen

Bayerisches Staatsministerium für Umwelt und Gesundheit Managementplan „Luchse in Bayern", 16 Seiten, 2008

BREITENMOSER U.; BREITENMOSER-WÜRSTEN C. Der Luchs. Ein Großraubtier in der Kulturlandschaft, 2008

*HERZOG, S. Für und Wider von Wiederansiedlungsprojekten, dargestellt am Beispiel des Luchses (Lynx lynx) und des Auerhuhnes (Tetrao urogallus) im Harz. Artenschutzreport **26**, 55–57, 2010*

Landesjagdverband Bayern e.V. Der Luchs in Mitteleuropa, Schriftenreihe des Landesjagdverbandes Bayern e.V. Band 5, 92 Seiten, 1998

Regierung von Niederbayern Luchsmanagement in Mitteleuropa, Zusammenfassung der Vorträge und Diskussionen der Fachtagung vom November 2003 in Zwiesel, durchgeführt vom Naturpark Bayerischer Wald e.V. und der Regierung von Niederbayern, 2004

Wildland-S tiftung Bayern (Herausgeber) Wer war es? – Spuren und Risse von großen Beutegreifern erkennen und dokumentieren, Autoren: Petra Kaczensky, Thomas Huber, Ilka Reinhardt und Gesa Kluth, 2011

Wolf
(Canis lupus)

FOTO: HELMUT PIEPER

Steckbrief

Körperlänge	100 bis 160 cm (ohne Rute)
Gewicht	30 bis 80 kg
Paarungszeit (Ranz)	Januar bis März
Wurfzeit	April bis Juni
Anzahl Jungtiere	Zwei bis acht, max. 13 Welpen
Rechtlicher Status	Unterliegt dem Naturschutzrecht

Von Wölfen und Menschen

Während sich in Sachsen und Brandenburg der Wolf nach Zuwanderung und regelmäßiger Reproduktion in mehreren Rudeln lokal bereits gut etabliert hat, sind es in Bayern immer noch einzelne Exemplare, welche mehr oder minder regelmäßig zuwandern.

Solche Zuwanderungen sind grundsätzlich sowohl aus Sachsen oder aus Böhmen über Vogtland, Fichtelgebirge, Oberpfälzer und Bayerischen Wald oder aber aus Slowenien oder Italien über die Alpen möglich. Letztere spielen derzeit offenbar die bedeutendere Rolle. Es handelt sich typischerweise um jüngere Individuen, welche sich neue Lebensräume erschließen, ein für diese Art völlig normales Verhalten.

Die derzeit in Bayern und einigen anderen Bundesländern existierenden Managementpläne geben nur in sehr begrenzten Umfang Antworten auf die mit dem Auftreten großer Prädatoren in der Zivilisationslandschaft zusammenhängenden Fragen.

Klar ist, dass der Wolf als eine ebenso charismatische wie umstrittene Art zahlreiche Konflikte zwischen unterschiedlichen Interessengruppen auslöst, welche die lokal Verantwortlichen häufig überfordern.

Um derartige Konflikte zu lösen bzw. um sie möglichst von vorneherein zu vermeiden, muss sowohl die biologisch-ökologische (also die Art selbst einschließlich Lebensraum und Beutearten) als auch die sozio-kulturelle und sozio-ökonomische Seite (all das, was sich an der Schnittstelle zwischen Wolf und Mensch abspielt) in angemessener Weise Berücksichtigung finden.

Ein weiteres Problem im Umgang mit dem Wolf stellt die Verfügbarkeit objektiver Informationen für die Kulturlandschaft dar. So ist etwa die mögliche Rolle des Wolfes in Zusammenhang mit Tollwuterkrankungen in Zivilisationsraum derzeit noch wenig bearbeitet und wird bislang auch kaum diskutiert. Dieses Thema „auszublenden" erscheint insofern leichtsinnig, als wir wissen, dass der Wolf vor seiner Ausrottung in freier Wildbahn einer der Hauptüberträger der sog. sylvatischen Tollwut war. Diese wurde, im Gegensatz zur urbanen Tollwut, primär innerhalb der Wildpopulationen übertragen. Daher wäre es angebracht, beim Wiederauftreten des Wolfes in freier Wildbahn diesen, ebenso wie die lokale Fuchspopulation, durch Schluckimpfung systematisch zu immunisieren. Beim Wolf ist das allerdings aus verschiedenen Gründen schwieriger zu bewerkstelligen.

Eine andere wichtige Frage im Zusammenhang mit dem Auftreten des Wolfes ist sein Beutespektrum bzw. sein Einfluss auf Haus- und vor allem Wildtierbestände.

Während ersterer relativ gut bekannt ist, herrscht über die Auswirkungen des Wolfes auf Schalenwildbestände in Mitteleuropa noch weitestgehend Unklarheit. So haben wir zwar aus Riss- und Losungsanalysen Kenntnis über die hauptsächlich erbeuteten Arten (ANSORGE *et al.* 2006), wir können allerdings keinerlei fundierte Aussage zu der Frage treffen, welchen Einfluss der Wolf auf seine Beutepopulationen hat.

Generell ist der Wolf ein Beutegeneralist, d.h. er sucht seine Beute dort, wo sie leicht und möglichst gefahrlos erreichbar ist. Das Spektrum reicht von Zivilisationsabfällen (wie etwa aus südosteuropäischen Städten immer wieder berichtet) bis hin zu großen Wild- aber auch Haustieren. Die Annäherung an den Menschen vermeidet die Art aufgrund einer teils angeborenen, teils erlernten Scheu derzeit noch weitgehend, doch kann diese Scheu langfristig dort, wo der Wolf unter strengem Schutz steht, durch Lernprozesse auch überwunden werden. Dann könnten Zivilisationsabfälle, kleine landwirtschaftliche Nutztiere oder auch andere Haustiere zunehmend im Beute- bzw. Nahrungsspektrum auftauchen.

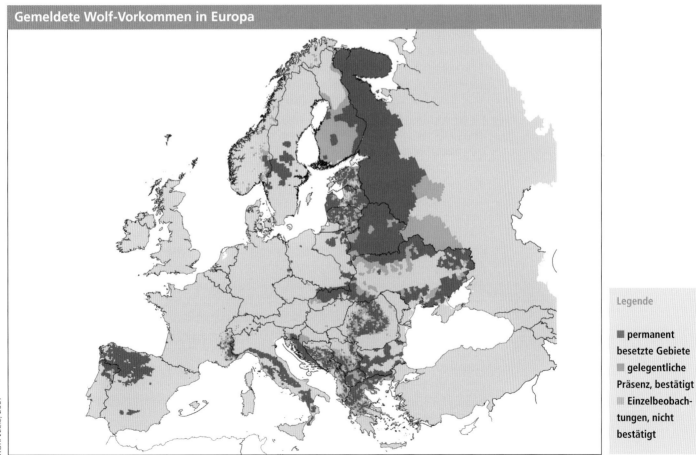

Gemeldete Wolf-Vorkommen in Europa

Legende

■ permanent besetzte Gebiete
■ gelegentliche Präsenz, bestätigt
■ Einzelbeobachtungen, nicht bestätigt

KORA/LCIE, 2007

Derzeit besteht die Beute vor allem aus Wildtieren; in der sächsisch-brandenburgischen Teilpopulation spielen Schalenwildarten die Hauptrolle. Unter diesen Arten wird wiederum das Reh am häufigsten erbeutet, gefolgt von Schwarzwild und Rotwild.

Wenn sich die Populationsdichten oder das Verhalten der Beutearten mit der Zeit ändern, ist zu vermuten, dass auch beim Wolf langfristig eine Verschiebung des Beutespektrums erfolgt. Entsprechende systematische Untersuchungen zum Rotwildverhalten in Regionen mit Wolfsvorkommen gibt es bislang z.B. für naturnahe Landschaften wie den Yellowstone Park in den U.S.A. (vergl. z.B. MAO *et al.* 2005), nicht jedoch für Zivilisationsräume wie wir sie in Mitteleuropa vorfinden. Hier können wir lediglich auf Einzelbeobachtungen zurückgreifen. Diese Berichte sind widersprüchlich und reichen von einer kaum nachweisbaren Beeinflussung einzelner Stücke in der Nähe jagender Wölfe bis hin zu tiefgreifenden Verhaltensänderungen im Sinne einer Bildung von Großrudeln oder einer vermehrten Nutzung offener Agrarflächen durch das Rotwild. Alle diese Beobachtungen haben derzeit allerdings anekdotischen Charakter und sind nicht geeignet, verlässliche Prognosen abzugeben.

Einen weiteren Hinweis auf die möglichen quantitativen Einflüsse des Wolfes auf seine Beutetierpopulationen liefert sein quantitativer Nahrungsbedarf.

Pro erwachsenem Individuum kann man dabei ganz orientierend von einem Bedarf von etwa einem Stück Schalenwild pro Woche ausgehen.

So findet sich für die Wolfspopulation der Slowakei eine Schätzung von etwa 10.000 erbeuteten Stück Schalenwild jährlich bei einem Bestand von 250 Wölfen (HELL *et al.* 2007). Diese Werte stellen aber, wie gesagt, sehr grobe Schätzungen dar, da natürlich die unterschiedlichen Schalenwildarten eine unterschiedliche Biomasse pro Individuum aufweisen. Andere Autoren (JĘDRZEJEWSKA & JĘDRZEJEWSKI 1998) gehen für Białowieża von deutlich geringeren Werten aus.

Andererseits wird nicht jeder Riss komplett genutzt, sodass in speziellen Situationen, etwa in strengen Wintern oder bei generell leichter Erreichbarkeit von Beutetieren durchaus mehr Individuen erbeutet werden können, als für die Deckung des Energiebedarfes der vorhandenen Wölfe rechnerisch benötigt werden.

Interessant ist dabei die Frage, wie sich die Situation in dem Fall entwickeln wird, dass die derzeit bevorzugt erbeuteten Schalenwildarten in ihrer Dichte so weit reduziert sind, dass andere Beute in den Vordergrund rückt.

Aufgrund der Populationsdynamik des Schwarzwildes im sächsischen Wolfsgebiet ist es denkbar, dass diese Art in Zukunft eine bedeutendere Rolle spielen wird. Allerdings wissen wir noch nicht, inwieweit die nicht territorial lebenden Arten Rotwild und Schwarzwild in Zukunft auch durch Verlagerung ihrer Streifgebiete auf den Wolf als Prädator reagieren bzw. inwieweit der Wolf wiederum solchen räumlichen Verlagerungen folgt oder ob er stattdessen andere, lokal verfügbare Arten, beispielsweise Muffelwild, vermehrt nutzt.

Letzteres Szenario ist insofern von Interesse, als sich hier möglicherweise ein größeres Risiko für Haustiere jenseits der kleinen Huftiere entwickelt, d.h. sowohl die größeren

Huftiere wie Rind oder Pferd, aber auch Heimtiere wie Hund oder Katze müssen hier in Betracht gezogen werden.

Auch in Bayern haben wir derzeit eine Situation, welche durch ein relativ hohes Konfliktpotential gekennzeichnet ist. Im Alpenraum stellt beispielsweise die Überwinterung des Rotwildes in Wintergattern in diesem Zusammenhang ein großes Problem dar.

Das macht die Entscheidungsfindung, wie in Zukunft mit zuwandernden Wölfen in dieser Region aktuell und langfristig umzugehen ist, nicht leichter.

So war bereits vereinzelt der Begriff „Problemwolf" zu hören. Dabei sollten wir aber bedenken, dass eine vermehrte Erbeutung von Haustieren grundsätzlich eine völlig natürliche Reaktion auf die aus welchen Gründen auch immer erschwerte Erbeutung von Wildtieren darstellt und damit durchaus im Rahmen des normalen Verhaltensrepertoires zu sehen ist.

Es ist dringend erforderlich, für die Zukunft ein Konzept zu erarbeiten, welches über die aktuellen und nicht immer hilfreichen Empfehlungen der existierenden Managementpläne hinaus reicht. Entscheidend für ein zukünftiges Miteinander von Mensch und Wolf auch in Bayern ist aber der undogmatische Umgang mit dem Thema, die Einbindung aller relevanten Interessengruppen und die Unterstützung durch eine unabhängige wissenschaftliche Expertise (HERZOG 2004, 2011).

Zum Nach- und Weiterlesen

ALLEN, D.L. The Wolves of Monong. Their Vital Role in a Wild Community, Boston 1979

ANSORGE, H.; KLUTH, G.; HAHNE, S. Feeding ecology of wolves Canis lupus returning to Germany. Acta Theriologica **51**, 99–106, 2006

HELL, P. Der Wolf in den Ostkarpaten. Zeitschrift für Jagdwissenschaft **36**, 160–168, 1990

HELL, P.; VODŇAŃSKY, M.; SLAMEČKA, J.; RAJSKY, M. Probleme im Zusammenleben des Menschen mit dem Großraubwild in den Westkarpaten. Beiträge zur Jagd- und Wildforschung **32**, 257–268, 2007

HERZOG, S. Drei Dinge braucht der Wolf. Deutsche Jagd Zeitung, 24–27, August 2004

HERZOG, S. Wölfe unter uns. Revierkurier, 4–5, März 2011

JĘDRZEJEWSKA, B; JĘDRZEJEWSKI, W. Predation in Vertebrate Communities. The Białowieża Primeval Forest as a case Study. Berlin, Heidelberg, 1998

Koordinierte Forschungsprojekte zur Erhaltung und zum Management der Raubtiere in der Schweiz (KORA), Karte zum Wolfvorkommen in Europa, 2007

LINNELL, J.D.C.; AANES, R.; ANDERSEN, R. Who killed Bambi? The role of predation on the neonatal mortality of temperate ungulates. Wildlife Biology **1**, 209–223, 1995

MAO, J.S., BOYCE, M.S.; SMITH, D.W., SINGER, F.J.; VALES, D.J.; VORE, J.M.; MERRILL, E.H. Habitat selection by elk before and after wolf reintroduction in Yellowstone National Park. Journal of Wildlife Management **69**, 1691–1707, 2005

OKARMA, H. Status and management of the wolf in Poland. Biological Conservation **66**, 153–158, 1993

OKARMA, H. Der Wolf. Ökologie, Verhalten, Schutz. Berlin, 1997

SMITH, D.W.; DRUMMER, T.D.; MURPHY, K.M.; GUERNSEY, D.S.; EVANS, S.B. Winter prey selection and estimation of wolf kill rates in Yellowstone National Park 1995–2000. Journal of Wildlife Management **68**, 153–166, 2004

STUBBE, C. Der Wolf in Russland – historische Entwicklung und Probleme. Beiträge zur Jagd- und Wildforschung **33**, 325–364, 2008

ZIMEN, E. On the regulatiuon of pack size in wolves. Zeitschrift für Tierpsychologie **40**, 300–341, 1976

ZIMEN, E. Der Wolf: Verhalten, Ökologie und Mythos. München 1990

Braunbär
(Ursus arctos)

Blinder Aktionismus schadet

1835 wurde der letzte freilebende Bär bei Ruhpolding erlegt. Rund 170 Jahre später machte in Deutschland ein Bär Schlagzeilen, der am 17. Mai 2006 im Grenzgebiet zu Tirol deutschen Boden „betrat". „Bruno" war bereits seit längerem, ebenso wie seine Mutter „Jurka", wegen der fehlenden Scheu vor dem Menschen und dessen Kulturlandschaft aufgefallen.

Inwiefern es sich dabei letztlich um eine im Rahmen des normalen Bärenverhaltens liegende Variante handelt oder nicht, sei einmal dahingestellt. Tatsache ist, dass sich sogenannte „Problemtiere" immer vor dem Hintergrund menschlichen Nutzungs- oder Sicherheitsansprüche definieren.

Der Bär wurde am 26. Juni 2006 geschossen, bevor er näher mit einer Zivilisation in Berührung kommen konnte, die Bären fast nur als sympathische Werbeträger aus dem Fernsehen kennt, ansonsten aber durch eine schon beängstigende Entfremdung von der Natur und ihren eigenen natürlichen Lebensgrundlagen gekennzeichnet ist. Es ist zu diskutieren, ob diese Entscheidung richtig war oder nicht. Das eigentliche Problem stellt aber nicht die Erlegung des Bären dar, sondern der wenig professionelle Umgang mit der Situation. Wenn man behördlicherseits der Ansicht war, dass ein Bär mit den genannten Verhaltensweisen in unserer Kulturlandschaft nicht akzeptabel ist, so wäre die Entscheidung, das Tier zu töten, früher zu treffen gewesen. Falls man sich seiner Sache jedoch nicht sicher war, wäre es die einzig richtige Lösung gewesen, den Rat fachlich ausgewiesener und erfahrener wildbiologischer Experten zu suchen.

So bleibt ein unangenehmer Beigeschmack, und auch die aktuellen Managementpläne werden in Zukunft nur wenig hilfreich sein, falls es erneut zu einer Zuwanderung kommt. Eine solche Zuwanderung ist durchaus wahrscheinlich.

Die nächsten Braunbärenpopulationen befinden sich im Trentino und in Slowenien. Auch in der Schweiz gibt es Einwanderung von Bären aus dem Trentino. Im Frühjahr 2008 wurde ein Bruder von „Bruno" wegen fehlender Scheu vor menschlichen Siedlungen und nach erfolglosen Vergrämungsversuchen getötet.

Im Winter 2008/2009 überwinterte ein Braunbär im Oberen Stubaital. Die österreichische Bärenpopulation in den nördlichen Kalkalpen scheint nach anfänglich guter Etablierung bis auf zwei männliche Tiere erloschen zu sein. Derzeit wird eine Bestandsstützung diskutiert. Der Bestand in Kärnten korrespondiert mit der slowenischen Population.

Steckbrief	
Körperlänge	150 bis 200 cm (ohne Rute)
Gewicht	75 bis 340 kg
Paarungszeit	Mai bis Juli
Wurfzeit	Dezember bis Februar in der Winterhöhle
Anzahl Jungtiere	Zwei bis drei Jungtiere
Rechtlicher Status	Unterliegt dem Naturschutzrecht

QUELLE: EUROPÄISCHES WILD FÜR DEN JÄGER UND HEGER, DR. M. BOUCHNER, ARTIA-VERLAG 1987

Europäische Braunbären erreichen Gewichte von 75 bis 350 kg. Bären sind trotz ihres plump erscheinenden Körpers gute Läufer, ebenso schwimmen und klettern sie gut. Besonders ausgeprägt sind der Geruchs- und Hörsinn. Bären sind intelligent und sehr lernfähig.

Bären sind Einzelgänger, leben aber nicht territorial wie z. B. der Luchs. Ihre Streifgebiete überlappen teilweise erheblich. Je nach Nahrungsangebot haben diese bei männlichen Bären eine Größe von 130 km² (Kroatien) bis 1.600 km² (Schweden), die Streifgebiete der Weibchen schwanken zwischen 60 km² und 225 km².

Die Paarungszeit fällt in die Monate Mai bis Juli. Normalerweise halten Bären Winterruhe und reduzieren dabei ihren Stoffwechsel deutlich. In milden Wintern können sie aber auch durchgehend aktiv bleiben.

Die zwei bis drei Jungen werden im Januar/Februar als „Nesthocker" mit nur 0,5 kg Gewicht geboren. Jungbären bleiben 1,5 bis 2,5 Jahre bei der Mutter, sodass bestenfalls alle zwei Jahre Junge geboren werden. Bei der Abwanderung siedeln sich junge Weibchen meist nahe am mütterlichen Streifgebiet an, junge Männchen legen eher größere Distanzen zurück.

Braunbären können bis zu 25 Jahre alt werden, sie ernähren sich in natürlichen Lebensräumen hauptsächlich von pflanzlicher Nahrung. Dabei variieren die einzelnen Nahrungskomponenten je nach Saison beträchtlich. Im Frühjahr stehen Wurzeln, Gräser, Kräuter und oftmals auch Aas (Fallwild) zur Verfügung. Im Sommer und Herbst werden dann Insekten, (Feld-)Früchte und Beeren bevorzugt. Übergriffe auf Nutztiere kommen vor, Wild wird gelegentlich erbeutet (oft auch Zufallsbeute, wie z. B. Rehkitze oder Rothirschkälber) oder anderen Beutegreifern abgejagt.

Sind Ressourcen reichlich vorhanden, kommt es durchaus zu Ansammlungen von mehreren Tieren (z. B. Lachszug, Mastjahre von Bäumen).

Der Braunbär ist in Deutschland nach § 10 Abs. 2 Nr. 11 Bundesnaturschutzgesetz streng geschützt. Er ist in Anhang A der Verordnung (EG) Nr. 338 / 97 und in den Anhängen II (prioritäre Art) und IV der Richtlinie 92/43 EWG aufgeführt.

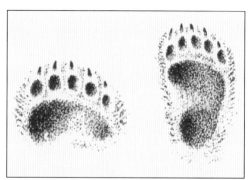

Spuren von Vordertatze (links) und Hintertatze (rechts) eines Braunbären

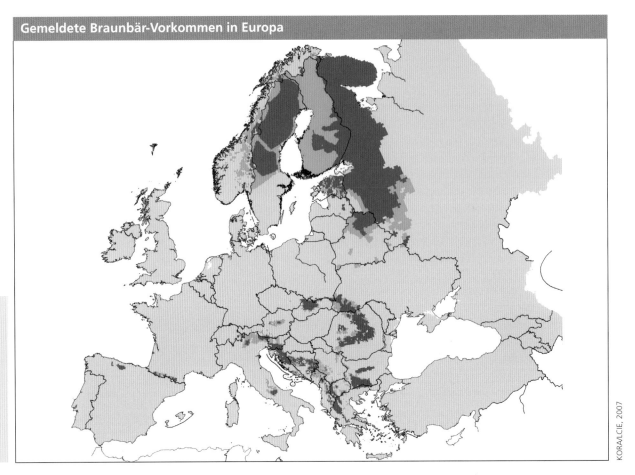

Gemeldete Braunbär-Vorkommen in Europa

Legende

■ permanent
besetzte Gebiete

■ gelegentliche
Präsenz, bestätigt

■ Einzelbeobach-
tungen, nicht
bestätigt

KORA/LCIE, 2007

Zum Nach- und Weiterlesen

BREITENMOSER, U. Large predators in the Alps: the fall and rise of man's competitors. Biological Conservation **83**, 279–289, 1998

BUTZECK, S.; STUBBE, M.; PIECHOCKI R. Der Braunbär Ursus arctos – Beiträge zur Geschichte der Säugetierfauna der DDR. Leipzig. Hercynia N. F. **25**, 27–59, 1988

HELL, P.; VODANANSKY, M.; SLAMECKA, J.; RAJSKY, M. Probleme im Zusammenleben des Menschen mit dem Großraubwild in den Westkarpaten. Beiträge zur Jagd- und Wildforschung **32**, 257–268, 2007

KACZENSKY, P.; KNAUER, F. Wiederkehr des Braunbären in die Alpen – Erfahrungen mit einem anspruchsvollen Großräuber. Beiträge zur Jagd- und Wildforschung **26**, 67–75, 2001

KNAUER, F. Ausbreitungsmuster von Braunbären in den Ostalpen. Dissertation, Technische Universität München, 2000

VON KOBELL, F. Wildanger – Skizzen aus dem Gebiet der Jagd und ihrer Geschichte mit besonderer Rücksicht auf Bayern. J.G. Cotta'scher Verlag, 1859

Koordinierte Forschungsprojekte zur Erhaltung und zum Management der Raubtiere in der Schweiz (KORA), Karte zum Braunbärvorkommen in Europa, 2007

LINNELL J. D.C.; STEUER, D.; ODDEN, J.; KACZENSKY, P.; SVENSON, J.European Brown Bear Compendium. Safari Club International Foundation – Wildlife Conservation Issues; Technical Series Numbers 004, 125 Seiten, 2002

MICU, I.; NAHLIK, A.; ULOTH, W. Die Situation des Großraubwildes in Rumänien. Beiträge zur Jagd- und Wildforschung **30**, 175–180, 2005

RAUER G.; GUTLEB B. Der Braunbär. In: Österreich. Monographien **88**, Umweltbundesamt, Wien. 64 Seiten, 1997

RAUER G.; LAASS, J.; STRIEBEL B. Der Braunbär in Österreich III. Aktueller Status, Lebensraum und Strategien für die Zukunft. Report REP-0014, Umweltbundesamt Wien. 65 Seiten, 2005

ROSLER, R. Zum Habitat des Braunbären (Ursus a. arctos L.) in den Rumänischen Karpaten unter besonderer Berücksichtigung des Nosnerlandes in Siebenbürgen. Nahrungs-, Raum- und Schutzanforderungen. Beiträge zur Jagd- und Wildforschung **30**, 181–202, 2005

ROSLER, R. Gedanken zum Braunbären „Bruno". Beiträge zur Jagd- und Wildforschung **31**, 55–111, 2006

SERVHEEN, C.; HERRERO, S.; PEYTON, B. Conservation action plan for the world bears. IUCN, Gland, Schweiz, 1998

SIMONIC, A. (1994): The legal protection of the brown bear in Slovene territory – past and present, and some suggestions for the future. In: Braunbär in den Ländern der Alpen, 43–75, Ljubljana, 1994

TABERLET, P.; SWENSON, J.; SANDEGREN, F.; BJARVALL, A. Localization of a contact zone between two highly divergent mitochondrial DNA lineages of the brown bear Ursus arctos in Scandinavia. Conservation Biology **9**, 1255–1261, 1995

WITTING, O. Das Bärwild Siebenburgens im 19. und 20. Jahrhundert. Z. Jagdk. 4: 46–63, 1944

Steinmarder
(Martes foina)

Porträt	
Gesamt-länge	Um 78 cm
Anzahl Junge	Drei bis fünf
Ranzzeit	Juli und August
Setzzeit	April
Rechtlicher Status	Unterliegt dem Jagdrecht (Jagdzeit 16.10. – 28.2.)

Überlebenskünstler im Asphaltdschungel

Geht es um die Überlebens- und Anpassungsfähigkeit von Raubsäugern in unseren dicht besiedelten Landschaften, besitzen Fuchs und Steinmarder einen Spitzenplatz. Ob in großen Waldungen, wo man eigentlich seinen Vetter, den Baummarder, erwartet, offener Feldflur, in Fabrikhallen, Scheunen, Gartenhäuschen oder im Schloss Nymphenburg, überall ist „Weißkehlchen" schon seit Jahrzehnten präsent.

Das bestätigen auch die Erhebungen durch die bayerischen Jäger für das Jahr 2009. Steinmarder sind faszinierende Räuber, die – sofern es die Abmessungen ihres Schädels erlauben – sich durch jeden Drahtzaun oder eine Kaninchenbox hindurchzwängen können, die mitten im Häusermeer Münchens oder Nürnbergs Haustauben und Amseln jagen, Kirschen fressen, den Wellensittich aus einem ungesicherten Käfig von einer Veranda holen, zwischen Plastiksäcken erfolgreich auf Rattenjagd gehen oder Speisereste suchen und ihren Spieltrieb bekanntlich auch an den Bremsschläuchen eines Autos auslassen. Spätestens hier hört dann der Spaß für die „tierliebenden Städter" auf, und sie rufen nach einem Jäger, dem allerdings nur allzu oft die Hände gebunden sind, weil die Jagd in befriedeten Bezirken ruht.

Vieles über seine Lebensgewohnheiten wissen wir durch Gehege- und telemetrische Freilandstudien, nicht zuletzt aber auch durch Fangjagdpraktiker. Wo immer sich Menschen mit Tieren beschäftigen, bilden sich natürlich auch Vorurteile, vom „blutrünstigen Räuber", der in Hühnerställen und Taubenschlägen wütet, bis zum liebenswerten Indikator „ökologischer Gleichgewichte"; und gewöhnlich versuchen wir unsere Auffassungen und Theorien so abzuändern, dass sie zu unseren Beobachtungen passen. Das gilt fast immer bei der Interpretation und Bewertung der Rolle von Organismen in Ökosystemen, besonders aber dann, wenn wir uns durch emotionale Beziehungen mit ihnen verbunden fühlen.

Siedlungen hat der Steinmarder in Mitteleuropa schon längst erobert. Er profitiert hier vom Ruhen der Jagd und nutzt bei geringem Energieaufwand die häufig mundgerecht dargebotenen Nahrungsressourcen; er gehört zum nächtlichen Dorf- und Stadtleben in Bayern.

Der Steinmarder (*Martes foina*) ist mit weiteren sieben Arten ein Vertreter der Gattung *Martes*, die bereits im Miozän in Europa Jagd auf Kleinsäuger und Vögel machte.

Wie beim Rehwild wird auch beim Steinmarder Ranz und Tragzeit fotoperiodisch gesteuert. Nach der Hauptranz Ende Juni bis Mitte August folgt eine mehrmonatige

Jahresstrecken

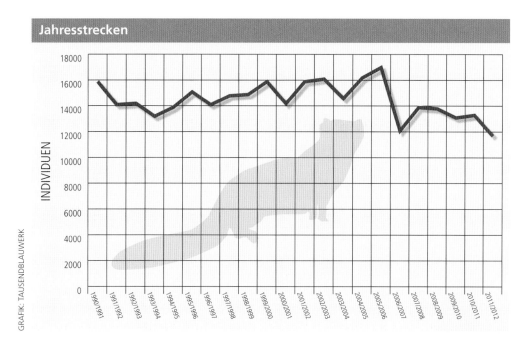

GRAFIK: TAUSENDBLAUWERK

Keimruhe; nach 249 bis 289 Tagen der Wurf von meist drei Welpen. Ende Oktober lösen sich die Familienverbände auf und die Jungmarder versuchen, unbesetzte Reviere zu finden. In dieser Zeit ist es häufig möglich, dass nach Entnahme eines Territoriumbesitzers seine Nachbarn oder hinzu wandernde Jungtiere das freie Territorium zu besetzen. Die Streckenzahlen spiegeln nicht den wirklichen Populationsstatus dieser Art wieder, da durch den vielerorts feststellbaren Rückgang der Fangjagd (insbesondere in den Waldrevieren) sicherlich nur ein kleiner Teil der jährlichen Zuwächse abgefangen wird.

Haupttodesursachen beim Steinmarder sind Staupeinfektionen (GEISEL 1992) und der Straßenverkehr. Ob und in welchem Umfang hier der Fuchs in Zukunft eine Rolle spielen wird, der ebenfalls zunehmend die Städte besiedelt, bleibt abzuwarten.

Im Gegensatz zum stärker an Wälder gebundenen Baummarder besiedelt der Steinmarder auch Zentral- und Südspanien sowie Ibiza. Er lebt in Griechenland, Kleinasien und auf zahlreichen Inseln der Ägäis und des östlichen Mittelmeeres, fehlt allerdings auf Korsika, Sardinien, Sizilien, den Britischen Inseln und nördlich des 60. Breitengrades.

FOTO: PROF. DR. DR. PAUL MÜLLER

Junge Steinmarder kommen meist Mitte April bis Ende Mai zur Welt.

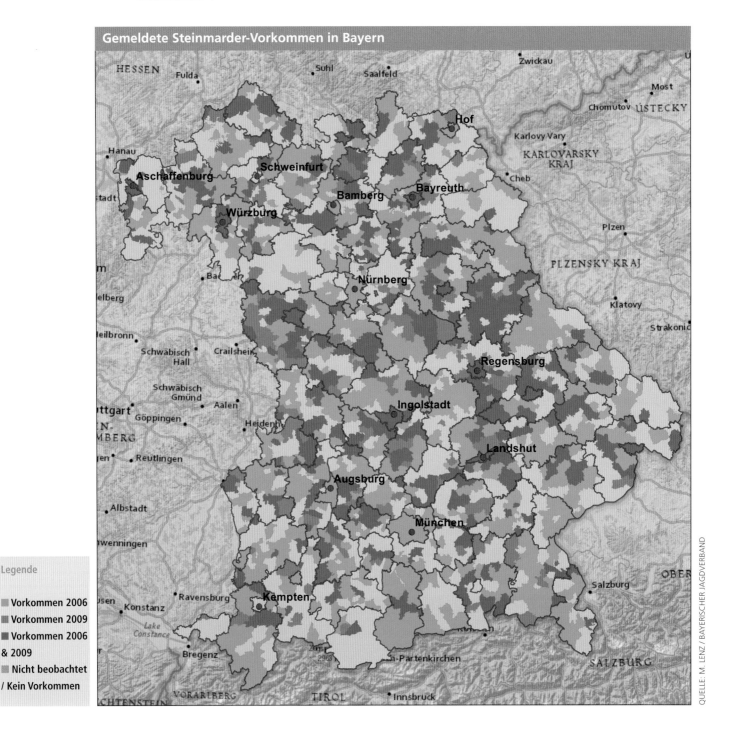

Gemeldete Steinmarder-Vorkommen in Bayern

Legende

■ Vorkommen 2006
■ Vorkommen 2009
■ Vorkommen 2006
& 2009
■ Nicht beobachtet
/ Kein Vorkommen

QUELLE: M. LENZ / BAYERISCHER JAGDVERBAND

Zum Nach- und Weiterlesen

ANDERSON, E. Quaternary evolution of the Genus Martes (Carnivora, Mustelidae): Acta Zool. Fennica **130**, 1–133, 1970

ANDERSON, E. Evolution, Prehistoric distribution and systematics of Martes. In: Martens, sables, and fishers – biology and conservation, 13–25. Cornell Univ. Press, Ithaka, 1994

BALHARRY, D. Social organization in martens: an inflexible system? In: Mammals as predators, 321–345. Proc. Symp. Zool. Soc. London, Oxford, 1993

BEN-DAVID, M.; FLYNN, R.; SCHELL, D. Annual and seasonal changes in diets of martens: evidence from stable isotopes analysis. Oecologia **111**, 280–291, 1997

DELIBES, M. Interspecific competition and the habitat of the Stone Marten Martes foina (ERXLEBEN 1777) in Europe. Acta Zool. Fennica **174**, 229–231, 1983

FOHRENBACH, H. Untersuchungen zur Ökologie des Steinmarders (Martes foina) im Alpen- und Nationalpark. Dissertation, Universitat Heidelberg, 1987

GEISEL, D. Die Krankheiten von Steinmarder (Martes foina) und Baummarder (Martes martes). Parey Verl., Hamburg, 1992

KUGELSCHAFTER K.; DEEG S.; KÜMMERLE W.; REHM H. Steinmarderschäden (Martes foina (Erxleben, 1777)) an Kraftfahrzeugen: Schadensanalyse und verhaltensbiologische Untersuchungsmethodik. Säugetierkundliche Mitteilungen **32**, 35–48, 1984

MÜLLER, P. Der Artenschutz kommt nicht ohne Fangjagd aus. Niedersächsischer Jäger **12**, 632–636, 1992

MÜLLER, P. Überlebenskünstler Steinmarder. In: Raubwild 42–49. Parey Verl. Hamburg, 1998

SCHINZEL, B. Radiotelemetrie und GIS-Analysen zum Raum-Zeit-Verhalten von Baum- (Martes martes) und Steinmarder (Martes foina) im Untersuchungsgebiet Wahlen. Diplomarbeit Institut für Biogeographie, Universität des Saarlandes, Saarbrücken, 1998

STUBBE, M. Zur Populationsbiologie der Martes-Arten. Beitr. Jagd- und Wildforschung **6**, 195–203, 1968

TEICHERT, M. Ur- und frühgeschichtliche Mustelidennachweise vom Territorium der DDR. In: Populationsökologie marderartiger Säugetiere, 347–359, Univ. Halle, 1989

THENIUS, E. Grundzüge der Verbreitungsgeschichte der Saugetiere. Fischer Verl., Stuttgart, 1972

Baummarder
(Martes martes)

FOTO: MICHAEL MIGOS

Viel häufiger als gedacht

In seinem großen europäischen Areal, das sich von Nordspanien, Großbritannien, den Balearen, Korsika bis zum nördlichen Skandinavien, den Wäldern am Kaspischen Meer und dem Ural erstreckt, besiedelt der Baummarder keineswegs nur geschlossene Waldgebiete. Wie der Steinmarder ist auch der Baummarder ein Allesfresser. Wald-, Gelbhals- und Rötelmäuse, seltener Eichhörnchen, die nach wilden Verfolgungsjagden erbeutet werden, dominieren im Nahrungsspektrum. Daneben spielen Insekten eine wichtige Rolle. Jahreszeitenabhängig, insbesondere im Herbst, kommen Früchte von Ebereschen, Kirschen, Heckenrosen, Him- und Brombeeren sowie Obst hinzu. Auf der Suche nach der Nahrung verlassen Baummarder regelmäßig ihre Waldhabitate, dringen in Hausgärten und Heckenlandschaften vor. Im Winter wird häufig Aas aufgenommen. Als vorzüglicher Kletterer jagt er nachts Bilche und Vögel sowohl auf Bäumen als auch am Boden. Die dichte Behaarung zwischen den Ballen verhindert dabei, dass im Spurenbild im Gegensatz zum Steinmarder scharfrandige Abdrücke entstehen.

Baummarder lassen sich durch eine schmälere Kopfform, im Winter häufig noch stärker behaarte Sohlen, die Form des dritten Praemolaren (P3 ist beim Baummarder nach außen eingebuchtet) und dem meist gelben, allerdings in Form und Farbe sehr variablen Halsfleck sicher vom Steinmarder unterscheiden. Ähnlich wie beim Steinmarder zeichnen sich auch beim Baummarder die Rüden durch höheres Gewicht gegenüber den Fähen aus. Die Ranz liegt wie beim Reh in den Sommermonaten. Die in der Regel zwei bis vier Jungtiere (selten fünf), die im darauf folgenden April nach einer verlängerten Tragzeit zur Welt kommen (Eiruhe), haben während der ersten fünf Wochen noch geschlossene Augen.

Freilandbeobachtungen zeigen, dass der Baummarder flächendeckend in Bayern vorhanden ist. Seine Ansprüche an den Lebensraum sind breit gefächert und reichen von dichten, dunklen Nadelwäldern über Eichen-Hainbuchen- bis zu Eichen-Buchenwäldern.

Bevorzugt werden Altholzbestände, die sich durch Höhlenreichtum auszeichnen, stark strukturiert sind und ein reiches Kleinsäugerleben im Bodenbereich besitzen. HEPTNER & NAUMOV (1974) wiesen bereits vor Jahrzehnten darauf hin, dass man die Anpassungsfähigkeit dieser Art nicht aus einer regionalen Habitatbevorzugung einfach ableiten kann. Sie zeigten, dass der Baummarder in lichten Föhrenwäldern ebenso wie in mediterranen Eichenwäldern und europäischen Buchenwäldern vorkommt, jedoch offensichtlich immer seltener ist als der Steinmarder, was vermutlich mit seinem be-

Steckbrief	
Körperlänge	45 bis 58 cm (ohne Rute)
Gewicht	0,8-2,1 kg
Paarungszeit (Ranz)	Juli/August
Wurfzeit	April
Anzahl Jungtiere	Zwei bis fünf Welpen
Rechtlicher Status	Unterliegt dem Jagdrecht, Jagdzeit in Bayern 16.10. – 28.2.

Jahresstrecken

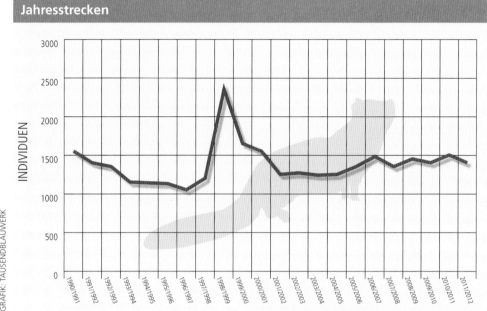

GRAFIK: TAUSENDBLAUWERK

INDIVIDUEN

**Jahresstrecken des Baummarders in Bayern
1990 – 2011**

vorzugten Waldbiotop und den deutlich größeren Territorien und Aktionsräumen zusammenhängt.

Die Streckenlisten geben keinen Anhaltspunkt für den Populationsstatus, da die Fangjagd im Hauptlebensraum des Baummarders in den letzten Jahrzehnten deutlich zurückgegangen ist.

Auch die Einstellung zu den Fellen hat sich grundlegend geändert. Im 16. Jahrhundert gab es noch den Marderzins, wonach der Grundzins in Marderfellen bezahlt wurde. Vor dem 2. Weltkrieg waren Marderfelle hochbegehrt und erzielten Spitzenpreise auf den jährlichen „Rauchwarenmessen".

FOTO: PROF. DR. DR. PAUL MÜLLER

Der meist goldgelbe Kehlfleck des Baummarders kann erheblich variieren. Der Baummarder lebt zwar bevorzugt in größeren Waldgebieten, seine Aktionsräume gehen jedoch z. T. auch erheblich darüber hinaus.

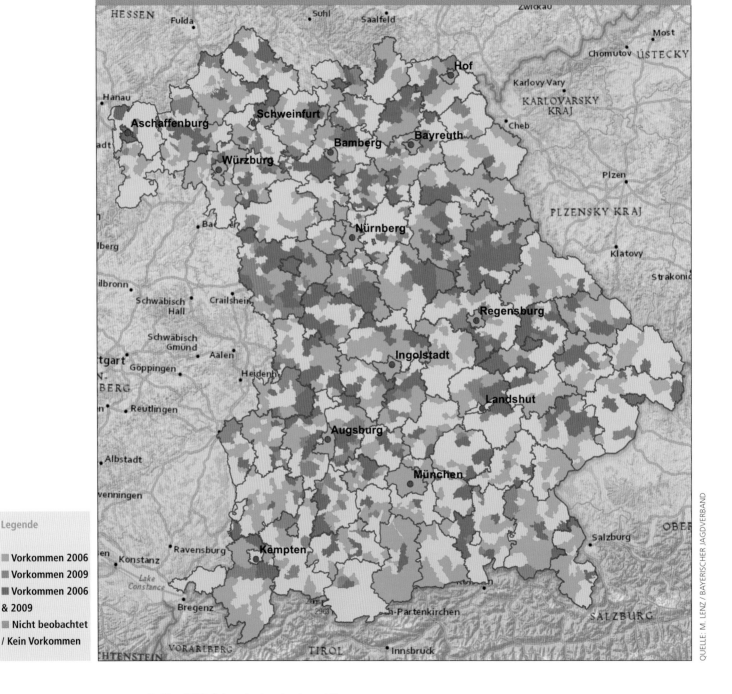

Gemeldete Baummarder-Vorkommen in Bayern

Legende

◼ Vorkommen 2006
◼ Vorkommen 2009
◼ Vorkommen 2006
& 2009
◼ Nicht beobachtet
/ Kein Vorkommen

QUELLE: M. LENZ / BAYERISCHER JAGDVERBAND

Zum Nach- und Weiterlesen

BUTZECK, S. Bemerkungen zur historischen Entwicklung der Populationstrends von Baum- und Steinmardern (Martes martes, Martes foina). In: Populationsokologie marderartiger Saugetiere, 371–386. Universitat Halle, 1989

CLEVENGER, A. Feeding ecology of Eurasian Pine Martens and Stone Martens in Europe. In: BUSKIRK, S.: Martens, sables, and fishers – biology and conservation, 326–340. Cornell Univ. Press, Ithaca, New York, 1994

HEPTNER, V.; NAUKOV, N. Die Säugetiere der Sowjetunion. Jena, 1974

KÖNIG, R.; MÜLLER, F. Morphometrische Untersuchungen an mitteleuropäischen Baummardern (Martes martes) und Steinmardern (Martes foina). Jagd und Hege *4*, 31–33 & *5*, 17–19, 1986

KROTT, P. Die Fortpflanzung des Edelmarders (Martes martes L.) in freier Wildbahn. Zeitschrift für Jagdwissenschaft *19*, 113–117, 1973

KRÜGER, H.-H. Zur Populationsstruktur und Morphologie des Baummarders (Martes martes) und Steinmarders (Martes foina). Dissertation, Georg-August-Universität Gottingen 1995

LUDWIG, B. Der Baummarder – ein heimlicher Waldbewohner. In: Raubwild. 32–41. Wild u. Hund Exklusiv, Parey Verl., Hamburg, 1998

MARCHESI, P. Ecologie et comportement de la martre (Martes martes L.) dans le Jura suisse. Dissertation, Universitat Neuchatel, 1989

PULLIAINEN, E. Use of the home range by pine martens (Martes martes L.). Acta Zool. Fennica *171*, 271–274, 1984

REIG, S. Geographic variations in pine marten (Martes martes) and beech marten (Martes foina) in Europe. J. Mammal. *73*, 744–769, 1992

STIER, N. Aktionsraumgröße, Tagesversteck und Habitatnutzung des Baummarders Martes martes in kleinflächigen Waldgebieten Mecklenburgs. Zeitschrift für Säugetierkunde *62*, 48–49, 1997

STUBBE, M. Martes martes (Linne 1758). In: Handbuch der Saugetiere Europas, 374–426. Aula Verl., Wiesbaden, 1993

YASAN, Y.P. Is the marten responsible for a diminishing in squirrel populations? Zool. Z. *41*, 633–635, 1962

Iltis
(Mustela putorius)

FOTO: ERICH MAREK

Rattenjäger am Wasser

Der Europäische Iltis oder Waldiltis (*Mustela putorius*) bewohnt das gesamte westliche Europa von Südspanien bis nach Skandinavien, Russland, der Türkei und der Ukraine. In den Alpen existieren Populationen in 1.600 m Höhe (WEBER 1987). Er und ein naher Verwandter, der Steppeniltis (*Mustela eversmanni*), entwickelten sich vor etwa 700.000 Jahren aus ihrer Stammform, dem pleistozänen Mustela stromeri. Auch beim Iltis, wie bei anderen Marderartigen, sind die Rüden schwerer als die Fähen. Neuere Untersuchungen zeigen, dass der Iltis wesentlich anpassungsfähiger ist und Schwankungen von Umweltfaktoren toleriert, als in der Vergangenheit häufig beschrieben. Er ist besonders in Waldrandzonen zu Hause, in gebüschreichen Uferzonen stehender und fließender Gewässer, aber auch, zumindest im Winter, in der Nähe von Siedlungen. Seine Hauptnahrung bilden Amphibien und Kleinsäuger, häufig Ratten, Insekten und deren Larven, Früchte, Jungtiere von Bodenbrütern, Junghasen und Kaninchen, sowie Aas. Der Iltis legt Nahrungsvorräte an. Man sagt ihm nach, dass er etwa Amphibien durch einen Biss in Nervenbahnen lähmt.

Die dämmerungs- und nachtaktiven Iltisse besitzen Aktionsräume von durchschnittlich etwa einem Quadratkilometer. Die „verkehrte Färbung" mit hellerer Ober- und dunklerer Unterseite ist ein morphologischer Hinweis auf die Nachtaktivität. Das bekannte Frettchen, aus dem Europäischen Iltis hervorgegangen, wurde bereits vor 2.000 Jahren zur Kaninchen- und Rattenjagd vermutlich im Mittelmeerraum domestiziert.

In den letzten Jahrzehnten war immer wieder von rückläufigen Populationsumfängen des Iltis die Rede. Weder die Tatsache selbst, noch die eventuellen Ursachen dafür wurden allerdings bislang eindeutig geklärt. Der rapide Verlust an Feuchtbiotopen in den 1960er und 1970er Jahren, etwa durch Flurbereinigung und Gewässerbegradigungen bzw. -verrohrungen wäre eine denkbare Ursache. Wenngleich heute deutlich mehr Sensibilität für die Bedeutung von Feuchtgebieten in der Landschaft herrscht, so finden wir doch nach wie vor drastische Beispiele für den Verlust aquatischer und semiaquatischer Lebensräume in unserer Kulturlandschaft. Ein besonders drastisches Beispiel dafür ist der technische Ausbau zahlreicher kleinerer Bäche und Flüsse nach den Flutereignissen 2002, welcher vermutlich eine deutliche Verarmung der Fauna in und an solchen Gewässern zur Folge hatte. Hierzu existieren allerdings bis heute kaum wissenschaftliche Untersuchungen.

Steckbrief

Körperlänge	30 bis 40 cm
Gewicht	0,5 bis 1,5 kg
Paarungszeit (Ranz)	März bis Mai
Wurfzeit	Mai bis Juli
Anzahl Jungtiere	Ein bis zwölf, meist vier bis acht Welpen
Rechtlicher Status	Unterliegt dem Jagdrecht, Jagdzeit in Bayern 1.8. – 28.2.

Eine weitere Hypothese, welche einen Rückgang des Iltis in seinen angestammten Lebensräumen begründen könnte, ist diejenige der Konkurrenz durch Neozoenarten wie etwa den Mink (*Mustela vison*, vergl. z.B. SCHRÖPFER & PALIOCHA 1989, SCHRÖPFER *et al.* 2001), den Marderhund (*Nyctereutes procyonoides*) oder den Waschbär (*Procyon lotor*), allesamt konkurrenzstarke Arten, welche ebenfalls eine Affinität zu Feuchtgebieten haben. Endgültige Resultate stehen aber auch zu dieser Frage noch aus.

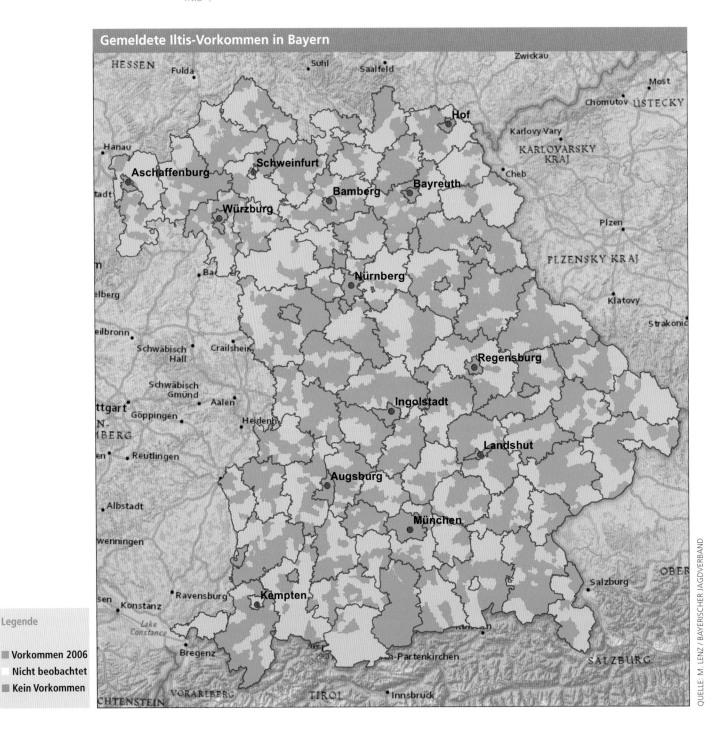

Gemeldete Iltis-Vorkommen in Bayern

Legende

- Vorkommen 2006
- Nicht beobachtet
- Kein Vorkommen

QUELLE: M. LENZ / BAYERISCHER JAGDVERBAND

Zum Nach- und Weiterlesen

BAGHLI, A.; ENGEL, E.; VERHAGEN, R. Feeding habits and trophic niche overlap of two sympatric Mustelidae, the polecat Mustela putorius and the beech marten Martes foina. Zeitschrift für Jagdwissenschaft **48**, 217–225, 2002

BLANDFORD, P. Biology of the polecat Mustela putorius: a literature review. Mammal Rev. **17**, 155–198, 1987

JEDRZEJEWSKI, W.; JEDRZEJEWSKI, B.; BRZEZINSKI, M. Winter habitat selection and feeding habits of polecats (Mustela putorius) in the Bialowieza National Park, Poland. Zeitschrift für Säugetierkunde **58**, 65–71, 1993

LABHARDT, F. Zur Fütterungstätigkeit und über einige Verhaltensweisen einer freilebenden Iltisfähe, Mustela putorius Linné, 1758. Säuget. Mitt. **28**, 247–251, 1980

LODE, T. Diet composition and habitat use of sympatric polecat and American mink in western France. Acta Theriol. **38**, 161–166, 1993

LODE, T. Trophic status and feeding habits of the European polecat Mustela putorius L. 1758. Mammal Rev. **27**, 177–184, 1997

LODE, T. Sexual dimorphism and trophic constraints: prey selection in the European polecat (Mustela putorius). Ecoscience **10**, 17–23, 2003

SCHLIETER, M. Nahrungsökologische Untersuchungen beim Iltis (Mustela putorius L.) im Gebiet der Hessischen Rhön, mit Vergleichen zum Iltis in anderen deutschen Untersuchungsgebieten und dem Waschbären (Procyon lotor L.) in Nordhessen, Diplomarbeit, Wildökologie, Technische Universität Dresden, 2005

SCHRÖPFER, R.; BODENSTEIN, C.; SEEBASS, C.; BECKER, K.; JORDAN, M. Niche analysis of the Mustela species lutreola, putorius and vison by craniometry and behavioural observations. Saugetierk. Inf. **25**, 121–132, 2001

STUBBE, M. Der Iltis Mustela putorius L. In: Buch der Hege **1**, 344–357, Berlin, 1981

VIERHAUS, H. Iltis – Mustela putorius Linnaeus, 1758. In: Die Säugetiere Westfalens. Abhdl. Westf. Mus. Naturk. **46**, 306–312, 1984

WALTON, K. The reproductive cycle in the male polecat Putorius putorius in Britain. J. Zool. **180**, 498–503, 1976

WEBER, D. Zur Biologie des Iltisses (Mustela putorius L.) und den Ursachen seines Rückganges in der Schweiz. Dissertation Universität Basel, 1987

WEBER, D. The ecological significance of resting sites and the seasonal habitat change in polecats (Mustela putorius). J. Zool. London **217**, 629–638, 1989

ZABALA, J.; ZUBEROGOITA, I.; MARTINEZ-CLIMENT, J.A. Site and landscape features ruling the habitat use and occupancy of the polecat (Mustela putorius) in a low density area: a multiscale approach. Eur. J. Wildl. Res. **51**, 157–162, 2005

Hermelin
(Mustela erminea)

Effizienter Jäger in der Agrarlandschaft

Das Hermelin, auch Großes Wiesel genannt, bewohnt, wie das Mauswiesel, unterschiedliche Ökosysteme der gesamten nördlichen Halbkugel. In schneereichen Gebieten, wie in Bayern, fällt das ansonsten eher unscheinbare Tier durch einen auffallenden weißen Winterbalg auf. Im Westen und Südwesten Europas fehlt meist die typisch weiße Winterfärbung. Über den ökologischen Sinn dieser weißen Winterfärbung, die ja auch zahlreiche andere Arten des borealen und alpinen Verbreitungsgebietes zeigen, gibt es unterschiedliche Hypothesen. Neben der Tarnung gegen Fressfeinde bei Schnee ist es möglicherweise der Schutz vor Wärmeverlust durch Reflektion der (langwelligen) Körperstrahlung nach innen.

Im Sommerbalg ist das Hermelin auf der Oberseite des Körpers braun und auf der Unterseite weiß. Die Rutenspitze ist schwarz. Im Winterbalg ist es vollständig weiß, mit Ausnahme der weiterhin schwarzen Rutenspitze.

Sein bevorzugter Lebensraum sind strukturreiche Landschaften und wassernahe Biotope, wobei geschlossene Wälder meist gemieden werden. Im freien Feld findet man das Große Wiesel in Feldrainen, Hecken, Feldgehölzen und in der Nähe von Steinwällen.

Seine Hauptnahrung bilden Kleinsäuger bis zur Größe von Kaninchen, Vögel und deren Eier, Lurche, Fische und Insekten. Bei der Jagd überwältigt es auch Beutetiere, die sein eigenes Gewicht deutlich übersteigen. Dort wo es durch den Menschen eingeführt wurde, wie etwa in Neuseeland, gefährdet es die einheimische Fauna, besonders die Bodenbrüter. Deshalb werden dort große Anstrengungen unternommen, den effizienten Räuber wieder loszuwerden.

Männliche Hermeline leben bis auf die Ranzzeit territorial und sind Einzelgänger. Die Weibchen bringen in einer Erdhöhle drei bis zehn blinde Junge zur Welt. Mit fünf bis sechs Wochen öffnen sich die Augen. Zu dieser Zeit beginnen sie auch, ihre Aktivitäten nach draußen zu verlegen. Im Herbst löst sich dann die Familie auf.

Hermeline zeichnen sich durch einen starken Geschlechtsdimorphismus aus. Die Rüden sind um 40 bis 60 % schwerer als die Weibchen. Deshalb jagen sie auch meist größere Beutetiere (Kaninchen u. a.), während die Fähen hochspezialisierte Mäuse- und Bodenbrüter-Jäger sind. Da die Reifung der Spermien von der geographischen Breite abhängig ist (KING 1977, KOPEIN 1975), kann die Ranzzeit im Zeitraum von April bis Juli liegen. Nach Freilandbeobachtungen und Untersuchungen in Gefangenschaft werden in vielen Fällen die noch blinden weiblichen Jungtiere vom territorialen, meist ist es der Vaterrüde, Rüden gedeckt (MÜLLER 1970).

Steckbrief

Körperlänge	17 bis 29 cm (ohne Rute)
Gewicht:	140 bis 350 g
Paarungszeit (Ranz)	Februar/März und Juli/August (Sommerranz, mit Keimruhe)
Wurfzeit	April bis Juni
Anzahl Jungtiere	Drei bis 18, meist vier bis neun Welpen
Rechtlicher Status	Unterliegt dem Jagdrecht, Jagdzeit in Bayern 1.8. – 28.2.

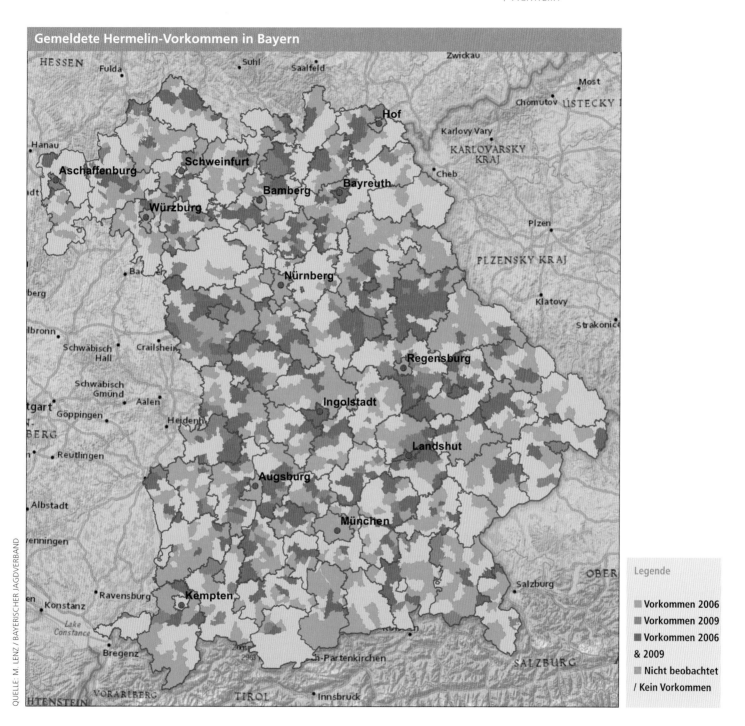

Gemeldete Hermelin-Vorkommen in Bayern

QUELLE: M. LENZ / BAYERISCHER JAGDVERBAND

Legende

Vorkommen 2006

Vorkommen 2009

Vorkommen 2006 & 2009

Nicht beobachtet / Kein Vorkommen

Zum Nach- und Weiterlesen

AUNAPUU, M.; OKSANEN, T. Habitat selection of coexisting competitors: a study of small mustelids in northern Norway. Evolutionary Ecology **17**, *371–392, 2003*

BASSE, B.; MCLENNAN, J.; WAKE, G. Analysis of the impact of stoats, Mustela erminea, *on northern brown kiwi,* Apteryx mantelli, *in New Zealand. Wildlife Research* **26**, *227–237, 1999*

*CUTHBERT, R.; SUMMER, E. Home range, territorial behaviour and habitat use of stoats (*Mustela erminea*) in a colony of Hutton's shearwater (*Puffinus huttoni*), New Zealand. New Zealand J. Zool.* **29**, *149–160, 2002*

*DEBROT, S. Fluctuations de population chez l'hermine (*Mustela herminea *L.). Mammalia* **47**, *323–332, 1983*

ERLINGE, S. Adaptive significance of sexual dimorphism in weasels. Oikos **33**, *233–245, 1979*

ERLINGE, S. Food preference, optimal diet and reproductive output in stoats Mustela erminea *in Sweden. Oikos* **36**, *303–315, 1981*

ERLINGE, S.; SANDELL, M. Seasonal changes in the social organization of male stoats, Mustela erminea: *an effect of shifts between two decisive resources. Oikos* **47**, *57–62, 1986*

HARNISCH, J. Spezialisten mit schwindendem Lebensraum. In: Raubwild, 50–59, Parey Verl., Hamburg, 1998

KING, C. M. Stoat Mustela erminea; *Weasel* Mustela nivalis. *In: The Handbook of British Mammals 331–345, Oxford, London, 1977*

KOPEIN, K.I. Analysis of the age structure of ermine populations. In: Biology of mustelids. Boston Spa. Brit. Library Lending Division, 158–169, London, 1975

MÜLLER, H. Beitrage zur Biologie des Hermelins, Mustela erminea *Linne, 1758. Säuget. Mitt.* **18**, *293–380, 1970*

*SAMIETZ, R. Hermelin (*Mustela erminea*) beim Fischfang beobachtet. Säuget. Inf.* **2**, *264, 1985*

SANDELL, M. Movement pattern of male stoats Mustela erminea *during the mating season: differences in relation to social status. Oikos 47: 63–70, 1986*

Mauswiesel
(Mustela nivalis)

FOTO: WWW.FOTONATUR.DE

Populationsdichte unterschätzt

Das auf der gesamten Nordhalbkugel vorkommende, Mauswiesel ist das kleinste Raubtier der Erde. Es bewohnt fast ganz Europa vom nördlichen Skandinavien bis zu den Mittelmeerländern und Nordafrika, fehlt allerdings in Irland und Island (REICHSTEIN 1993). In vielen Gebieten des holarktischen Areals kommt das Mauswiesel neben dem Hermelin vor. Beide Arten traten bereits im frühen Pliozän auf, was auf die Überlebensfähigkeit der kleinen Räuber ein bezeichnendes Licht wirft. Entscheidend für das Vorkommen des Mauswiesels sind zunächst seine Hauptbeutetiere, die Wühlmäuse. Viele Studien zur Populationsdynamik des Mauswiesels zeigen, dass sie eng mit den Mäusezyklen verbunden ist.

Bei allen Fallenfängen werden deutlich mehr Rüden als Fähen erbeutet, was auch mit den größeren Aktionsräumen der Rüden zusammenhängt (SCHMITT 2006). Telemetriestudien zeigen, dass ortsansässige Rüden habitatabhängig Streifgebiete von etwa 5,6 bis 41 Hektar Größe besitzen. Von einzelnen Tieren ist bekannt, dass sie sehr standorttreu sind, doch liegen auch Befunde über regionale Wanderungen vor. Die Populationsdichten sind einerseits abhängig von Mäusedichten, variieren jedoch auch durch Abwanderungen und Prädation jahreszeitlich. Sie sinken zum Winter hin üblicherweise ab. Auch die Habitatstruktur wirkt nachdrücklich auf die Populationsdichten, die in der Kulturlandschaft im offenen Gelände am höchsten sind. Lineare Landschaftsstrukturen fördern offensichtlich die Präsenz der Mauswiesel.

Mauswiesel leben so heimlich und sind so leicht zu übersehen, dass flächendeckende systematische Sichtbeobachtungen immer problematisch und vom Zufall beeinflusst sind. Der Fallenfang, wie er nur in wenigen Bundesländern möglich ist (darunter Bayern), stellt unter allen Verfahren die einzige praktikable Nachweismethode dar.

Sicherlich ist das Mauswiesel in Bayern nicht gefährdet, auch werden seine Populationsdichten werden immer noch unterschätzt. In Zukunft sollten die Streckenlisten von Mauswiesel, Hermelin und Iltis voneinander getrennt werden, damit Populationstrends genauer verfolgt werden können.

Steckbrief

Körperlänge	Zwölf bis 25 cm (ohne Rute)
Gewicht	30 bis 120 g
Paarungszeit (Ranz)	Schwerpunkt Februar/März, aber auch im Sommer und Herbst (mit Keimruhe), sehr variabel
Wurfzeit	April bis Juni, sehr variabel
Anzahl Jungtiere	Drei bis zehn, meist vier bis sieben Welpen
Rechtlicher Status	Unterliegt dem Jagdrecht, Jagdzeit in Bayern 1.8. – 28.2.

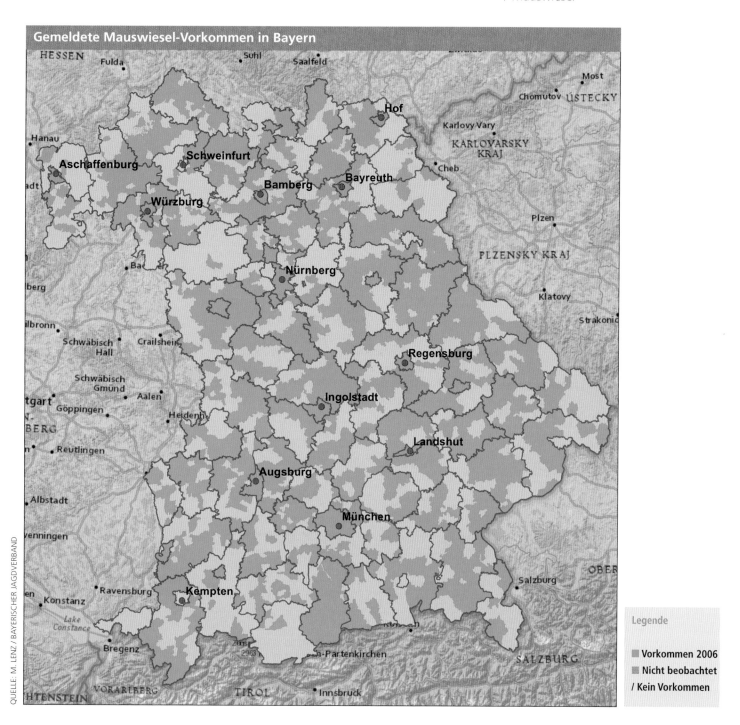

Gemeldete Mauswiesel-Vorkommen in Bayern

Legende

■ Vorkommen 2006
■ Nicht beobachtet
/ Kein Vorkommen

Zum Nach- und Weiterlesen

ANDERSSON, M.; ERLINGE, S. Influence of predation on rodent populations. Oikos **29**, 591–597, 1977

BEHNKE, H. Erfahrungen beim Fangen von Wieseln. Z. Jagdwissenschaft **12**, 189–191, 1966

BRANDT, M.; LAMBIN, X. Summertime activity patterns of common weasels Mustela nivalis under differing prey abundances in grassland habitats: Acta Theriologica **50**, 67–79, 2005

BUSKIRK, S. W.; LINDSTEDT, S. Sex biases in trapped samples of Mustelidae. J. Mammalogy **7**, 88–97, 1989

DELATTRE, P. Density of weasel (Mustela nivalis) and stoat (Mustela erminea) in relation to water vole abundance. Acta Zool. Fennica **174**, 221–222, 1983

ERLINGE, S. Distribution, territoriality and numbers of the weasel (Mustela nivalis) in relation to prey abundance. Oikos **25**, 308–314, 1974

GOSZCZYSNSKI, J. Food consumption of weasels (Mustela nivalis) in Poland. Mammalia **63**, 431–436, 1999

GRAHAM, I.M. Estimating weasel Mustela nivalis abundance from tunnel tracking indices at fluctuating field vole Microtus agrestis density. Wildlife Biol. **8**, 279–287, 2002

HELLSTEDT, P.; KALLIO, E. Survival and behaviour of captive-born weasels (Mustela nivalis) released in nature. J. Zool. **266**, 37–44, 2005

MACDONALD, D.; TEW, T.; TODD, I. The ecology of weasels (Mustela nivalis) in mixed farmland in southern England. Biologica **59**, 235–242, 2004

REICHSTEIN, H. Mustela nivalis L. 1766 – Mauswiesel. In: Handbuch der Säugetiere Europas, Raubsäuger Teil II, 571–629. Aula Verl., Wiesbaden, 1993

SCHMITT, B. Das Mauswiesel in der Kulturlandschaft Südwestdeutschlands. Dissertation Biogeographie, Universität Trier, 2006

STUBBE, M.; STUBBE, A. Das Mauswiesel (Mustela nivalis) bejagt oder geschützt? – Seine Stellung im Ökosystem und im Gesetz. Beitr. Jagd- u. Wildforschung **22**, 257–262, 1997

SUNDELL, J.; NORRDAHL, K.; KORPIMAKI, E.; HANSKI, I. Functional response of the least weasel, Mustela nivalis nivalis. Oikos **90**, 501–508, 2000

Dachs
(Meles meles)

Steckbrief

Körperlänge	60 bis 100 cm
Gewicht	Sieben bis 20 kg
Paarungszeit (Ranz)	Februar/März und Juli/August (Sommerranz, mit Keimruhe)
Wurfzeit	März bis Mai
Anzahl Jungtiere	Ein bis fünf, meist zwei Welpen
Rechtlicher Status	Unterliegt dem Jagdrecht, Jagdzeit in Bayern 1.8. bis 31.10.

Erst Verlierer, jetzt Gewinner: Grimbarts Populationsdichten steigen wieder

Obwohl die Zahl von Dachsmutterbauten, die bekanntlich wahre Kunstwerke sind, und auch die der Populationsdichten in einzelnen Naturräumen Bayerns sehr unterschiedlich ist, kommt unsere größte Marderart heute wieder flächendeckend vor. Die Aktionsräume des Dachses schwanken z. T. beträchtlich in Abhängigkeit von der Region, Flächennutzung, Populationsdichte und Jahreszeit (zwischen ca. 22 bis ca. 800 Hektar). Die Populationen wachsen weiter, was zwar auch die Jagdstrecken zeigen, viel deutlicher jedoch einzelne Populationsstudien in verschiedenen bayerischen Landschaften und Verkehrsunfallzahlen mit Dachsen aufzeigen. Die Jagdstrecken beim Dachs sind viel stärker Indikatoren des unterschiedlichen jagdlichen Interesses und besitzen deshalb bei Niederwild- und Schalenwildjägern eine unterschiedliche Aussagekraft.

Verkehrsopfer auf bayerischen Bundes- und Landstraßen und Untersuchungen in Referenzrevieren zeigen, dass neben Normaldichten von zwei bis vier Dachsen pro 100 Hektar auch Gebiete mit über neun Dachsen zwischenzeitlich vorhanden sind.

Nachdem der einheimische Dachsbestand infolge der Fuchsbaubegasung Mitte bis Ende des 20. Jahrhunderts, sozusagen ein „Kollateralschaden" der Tollwutbekämpfung, deutlich zurückgegangen war, scheinen Dachse heute wieder Gewinner unseres kulturlandschaftlichen Wandels zu sein. Unsere Kulturlandschaft sichert diesem überwiegend dämmerungs- und nachtaktiven Nahrungsopportunisten Regenwürmer, Gliederfüßer, Obst, Getreide und Mais im Überfluss. Er ist aber nicht nur Mäuse- und Insektenjäger sondern verschmäht auch Bodenbrütergelege nicht und findet diese gerade in der Zeit, wenn die Familienverbände beginnen die Bauumgebung zu erkunden (vgl. u. a. BOCK 1988, GRAF 1988, HARRIS 1984, HOFMANN *et al.* 2000, SCHLIESSNER 1995, NEAL 1986, STUBBE 1993).

Nach der Jagdzeiten-Verordnung des Bundes kann Meister Grimbart nur von August bis Ende Oktober bejagt werden. In einigen Ländern genießt er sogar ganzjährige Schonzeit, wie vor Ausbruch der Rindertuberkulose auch in England, wo er beinahe Kultstatus besaß.

Dachsschinken ist, nach korrekt erfolgter Trichinenschau, etwas Köstliches. Die Dachsschwarte selbst ist am besten im Winter, ebenso sein begehrtes Fettpolster. Der günstige Populationsstatus und seine Wirkungen auf Bodenbrüter und Niederwildarten sprechen keineswegs für eine Schonzeit von Anfang November bis zum ersten August. Bei objektiver Betrachtung ist eine stärkere Flexibilisierung der bisherigen Jagdzeiten-Regelungen angesagt, mit einer Schonzeitenregelung für Altdachse, die primär durch

Jahresstrecken

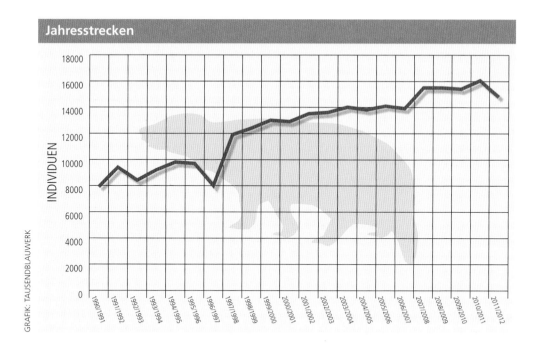

GRAFIK: TAUSENDBLAUWERK

die Geburt und Aufzuchtsphase der Jungtiere bestimmt ist, d. h. vom 15. Januar bis 31. Juli eines Jahres.

Die Ranzzeit der Dachse fällt mit der Rehwild-Brunft zusammen. Wie beim Reh existiert auch beim Dachs eine Eiruhe, und die Jungdachse werden erst nach einer Tragzeit von über sieben Monaten geboren. Dachse verursachen oft Schäden in der Landwirtschaft. Im Gegensatz zu Schwarzwildschäden sind Dachsschäden nach Bundesjagdgesetz nicht ersatzpflichtig.

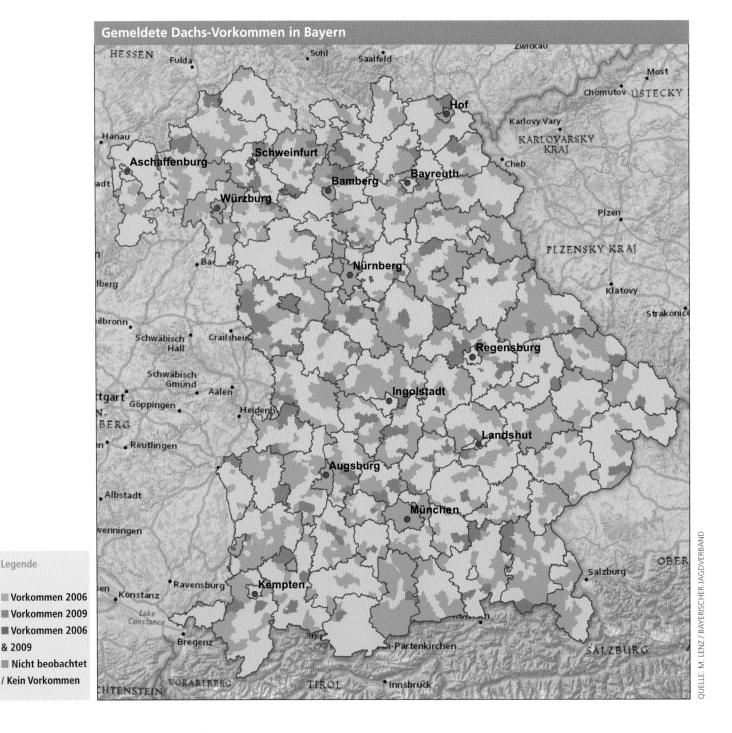

Gemeldete Dachs-Vorkommen in Bayern

Legende

- Vorkommen 2006
- Vorkommen 2009
- Vorkommen 2006 & 2009
- Nicht beobachtet / Kein Vorkommen

QUELLE: M. LENZ / BAYERISCHER JAGDVERBAND

Zum Nach- und Weiterlesen

BOCK, W.F. Die Bedeutung des Untergrundes fur die Größe von Bauen des Dachses Meles meles L. am Beispiel zweier Gebiete Südostbayerns. Zeitschrift für Säugetierkunde **53**, 349–357, 1988

BODIN, C.; BENHAMOU, S.; POULLE, M.-L. What do European badgers (Meles meles) know about the spatial organisation of neighbouring groups? Behav. Processes **72**, 84–90, 2006

CHEESEMAN, C.; MALLINSON, P.; RYAN, J.; WILESMITH, J. Badger population dynamics in a high-density area. Symp. Zool. Soc. Lond. **58**, 279–294, 1987

DO LINH SAN, E.; FERRARI, N.; WEBER, J.-M. Spatio-temporal ecology and density of badgers Meles meles in the Swiss Jura Mountains. Eur. J. Wildl. Res. **53**, 265–275, 2007

GRAF, M. Die räumliche und zeitliche Habitatnutzung einer Dachspopulation am Gurten bei Bern. Dissertation, Universität Bern, 1988

HARRIS, S. Ecology of urban badgers Meles meles. Biol. Conserv. **28**, 349–375, 1984

HOFMANN, TH.; EBERSBACH, H.; STUBBE, M. Home range Größe und Habitatnutzung beim Europäischen Dachs (Meles meles L. 1758) im nordöstlichen Harzvorland (Sachsen-Anhalt). Beiträge zur Jagd- und Wildforschung **25**, 199–209, 2000

JOHNSON, D.; JETZ, W.; MACDONALD, D. Environmental correlatres of badger social spacing across Europe. J. Biogeogr. **29**, 411–425, 2002

NEAL, E. The natural history of badgers. Crom Helm, London, 1986

SELZER, D. Etho-ökologische Untersuchungen am Europäischen Dachs (Meles meles L. 1758) im Hochtaunus. Diplom-Arbeit, Justus-Liebig-Universität Gießen, 1995

SCHLIESSNER, P. Nahrungsökologische Untersuchungen am Europäischen Dachs (Meles meles L.) im Hochtaunus. Diplomarbeit, Justus-Liebig-Universität, Gießen, 1995

SHEPERDSON, D.; ROPER, T.; LUPS, P. Diet, food availability and foraging behaviour of badger (Meles meles L.) in southern England. Zeitschrift für Säugetierkunde **55**, 81–93, 1990

STUBBE, M. Verbreitung und Population des Dachses in Europa. Beiträge zur Jagd- und Wildforschung **18**, 93–105, 1993

ZUCKERMAN, L. Badgers, cattle and tuberculosis. London, 1980

Fischotter
(Lutra lutra)

Steckbrief	
Körperlänge	66 bis 90 cm (ohne Rute)
Gewicht	Sieben bis zwölf kg
Paarungszeit (Ranz)	Ganzjährig
Wurfzeit	März bis Mai
Anzahl Jungtiere	Ein bis fünf Welpen
Rechtlicher Status	Unterliegt dem Jagdrecht, ganzjährig geschont

Eine Chance für den Wassermarder

Im Reichsjagdgesetz vom 3. Juli 1934 wird erstmals dem Fischotter eine ganzjährige Schonzeit zugestanden, allerdings mit der Einschränkung, dass Eigentümern und Pächtern von Fischteichen, beim „Auftreten erheblicher Schäden", ermöglicht wurde, den „Spezialisten für unsere Gewässer" zu fangen oder zu erlegen. Deshalb verdanken viele Restpopulationen ihr Überleben in Deutschland merkwürdigerweise dem II. Weltkrieg, wo die Menschen andere Sorgen hatten als dem „Wassermarder" nachzustellen.

Früher war die Art in Deutschland häufig. Am 28.12.1535 wird sogar von Georg, Herzog zu Sachsen, „ein Otterstecher für die Ämter Dresden, Pirna und Radeberg eingestellt, weil in den „dortigen Gewässern durch die Otter merklicher Schaden geschieht". Die Zeiten haben sich geändert und heute existieren für viele deutsche Bundesländer Artenschutzprogramme für den Otter. Zur Beurteilung der Vitalität einer Fischotter-Population sind neben der genauen Kenntnis ihrer Aktionsräume insbesondere Kenntnisse über ihre Reproduktionsraten, die Mortalität und die Populationsstruktur unerlässlich. Diese Daten sind nur über sorgfältige Freilanduntersuchungen zu erhalten. Zwischen der Zahl der Jungen, dem Nahrungsangebot in einem Fischotter-Lebensraum und der Populationsdichte bestehen enge Beziehungen.

Die Nahrung des Otters besteht aus Fischen, Krebsen und kleinen Wasservögeln, die er meist schwimmend und tauchend erbeutet. Fischteiche sind für ihn naturgemäß ein ideales „Frühstücksbrettchen", sehr zum Schrecken der Teichbesitzer. Dabei kann es zu hohen Schäden kommen. Als Abwehrmaßnahmen haben sich Zäune mit Elektrodraht bewährt.

Diese sollten, je nach winterlicher Schneelage, eine Höhe von mindestens einem Meter aufweisen und einen guten Bodenabschluss haben. In seinem Lebensraum ist der Fischotter eines der Tiere, das am Ende einer verkürzten Nahrungskette steht. Die in der Natur vorkommenden und in seinen Beutetieren angereicherten Umweltgiften stellen eine große Bedrohung für den Bestand dar. Fischotter bevorzugen naturnahe, möglichst ruhig gelegene Gewässersysteme, deren Uferbereiche im Idealfall durch überhängende

Bäume, Sträucher oder Schilfbestände gute Deckungsmöglichkeiten bieten (HERTWECK 1996). Heute ist der Fischotter trotz Artenschutzprogrammen weiter gefährdet. Primäre Gründe für den Rückgang sind weitgehende Zerstörungen seiner Lebensgrundlagen durch Ausbaumaßnahmen an Flüssen, die Trockenlegung von Feuchtgebieten. Ist der Bestand noch gering, spielt wohl auch Straßenverkehr eine nicht unbedeutende Rolle. Die Wildland-Stiftung Bayern ist unter anderem mit dem Ankauf von Ufergrundstücken und dem „Otterhaus Bayern" als Umweltbildungszentrum seit über 20 Jahren beim Schutz der Fischotter aktiv. Schwerpunkt der Arbeit ist derzeit der Aufbau eines Schadensmanagements.

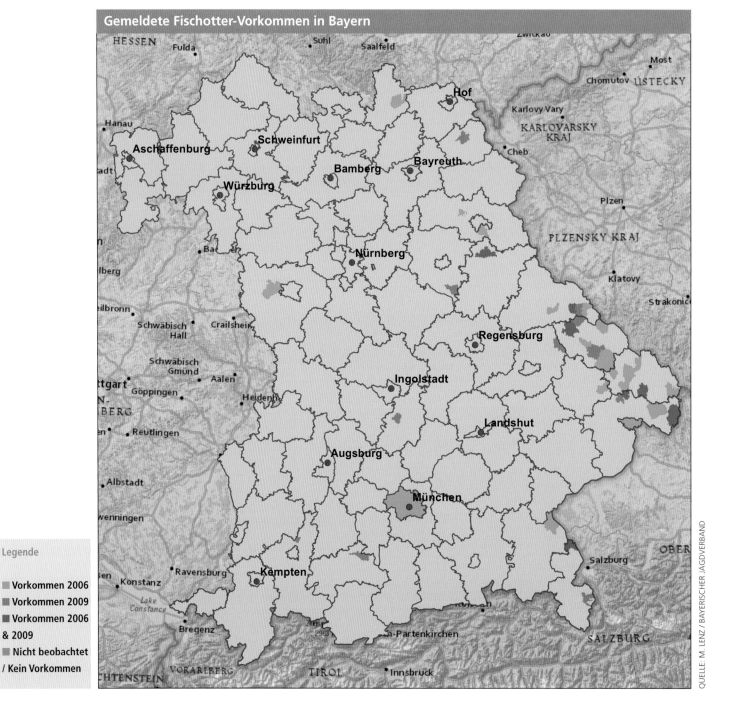

Gemeldete Fischotter-Vorkommen in Bayern

Legende

- Vorkommen 2006
- Vorkommen 2009
- Vorkommen 2006 & 2009
- Nicht beobachtet / Kein Vorkommen

QUELLE: M. LENZ / BAYERISCHER JAGDVERBAND

Zum Nach- und Weiterlesen

ANSORGE, H.; SCHIPKE, H.; ZINKE, O. *Population structure of the otter,* Lutra lutra, *Parameters and model for a Central European region. Zeitschrift für Säugetierkunde* **62**, *143–151, 1997*

BEHL, S. *Die nordwestliche Arealerweiterung des Fischotters (*Lutra lutra*) in Deutschland in den Jahren 1990 bis 2005. Beitr. Jagd- u. Wildforschung* **31**, *213–221, 2006*

BINNER, U.; HENLE, K.; HAGENGUTH, A. *(1996) Raumnutzung und Dismigration des Fischotters. Schriftenr. Landesamt Umwelt Natur Mecklenburg-Vorpommern* **1**, *43–47 1996*

EFFENBERGER, S.; SUCHENTRUNK, F. *RFLP analysis of the mitochondrial DNA of otters (*Lutra lutra*) from Europe – implications for conservation of a flagship species. Biol. Conserv.* **90**, *229–234, 1999*

FIEDLER, F. *Verbreitung und Lebensraum des Fischotters in Sachsen. In: Artenschutzprogramm Fischotter in Sachsen. Materialien zu Naturschutz und Landschaftspflege, 7–26, Radebeul, 1996*

GRIESAU, A.; ROWITZ, F.; RAUMANN, F. *Einflussfaktoren auf die Effizienz artenschutzkonformer Brückenbauwerke für Säugetiere, insbesondere des Fischotters. Beitr. Jagd- u. Wildf.* **32**, *211–229, 2007*

HERTWECK, K. *(1996) Ergebnisse von Geländeuntersuchungen in der Sächsischen Schweiz. In: Artenschutzprogramm Fischotter in Sachsen. Materialien zu Naturschutz und Landschaftspflege, 37, Radebeul, 1996*

HODL-ROHN I. *Über Vorkommen und Verhalten des Eurasischen Fischotters im Bereich des Bayerischen Waldes. Schriftenreihe des Nationalparks Bayerischer Wald* **3**, *32 S., 1978*

MASON, C.; MACDONALD, S. *Otters – Ecology and conservation. Cambridge Univ. Press, Cambridge, 1986*

REUTHER, C.; DOLCH, D.; GREEN, R.; JAHRI, J.; JEFFERIES, D.; KREKMEYER, A.; KUCEROVA, M.; MADSEN, A.; ROMANOWSKI, J.; ROCHE, K.; RUIZ-OLMO, J.; TEUBNER, J.; TRINDADE, A. *Surveying and Monitoring Distribution and Population Trends of the Eurasian Otter (*Lutra lutra*). Habitat* **12**, *1–148, 2000*

SOMMER, R.; GRIESAU, A.; ANSORGE, H.; PRIEMER, J. *Daten zur Populationsökologie des Fischotters* Lutra lutra *(Linnaeus, 1758) in Mecklenburg-Vorpommern. Beitr. Jagd- u. Wildforschung* **30**, *253–271, 2005*

STUBBE, M. *Monitoring Fischotter – Grundlagen zum überregionalen Management einer bedrohten Säugerart in Deutschland. Tiere im Konflikt* **1**, *3–10, 1993*

TEUBNER, J.; TEUBNER, J.; DOLCH, D. *Können technische Maßnahmen Fischotterverluste im Strassenverkehr vermindern? Beiträge zur Jagd- und Wildforschung* **32**, *231–238, 2007*

ZINKE, O. *Gefährdung des Fischotters. In: Artenschutzprogramm Fischotter in Sachsen. Materialien zu Naturschutz und Landschaftspflege, 53–67, Radebeul, 1996*

FOTO: HANSGEORG ARNDT

Mink
(Mustela vison)

Illegal freigelassen und etabliert

Ausgebrochen aus Pelztierfarmen oder von „Tierbefreiern" freigelassen, hat der amerikanische Nerz (Mink) zwischenzeitlich viele für ihn günstige Freiland-Biotope in Europa besiedelt, wo er naturgemäß nicht nur die Gesamtzahl der auf unsere einheimischen Biozönosen einwirkenden opportunistischen Beutegreifer erhöht, sondern insbesondere auch die letzten Restpopulationen des Europäischen Nerzes (Mustela lutreola) in erhebliche Bedrängnis bringt. Wo beide Arten aufeinander treffen, tritt der Mink mit dem europäischen Nerz in Konkurrenz.

Die Form der „Einbürgerung" ist auch für Bayern nachgewiesen, wo sich zunächst in der nordöstlichen Oberpfalz (Raum Schwandorf) ein Bestand seit 1998 etablieren konnte (VAN DER SANT 2001). In anderen deutschen Bundesländern hat sich der Mink ebenfalls bereits angesiedelt (u. a. Brandenburg, Hessen, Schleswig-Holstein). Inzwischen hat sich auch bei München eine selbsttragende Minkpopulation gebildet. Eine Einwanderung aus der Tschechischen Republik ist bisher nicht erfolgt. Wie aus der aktuellen Karte der flächendeckenden Einschätzung ersichtlich ist, hat der amerikanische Nerz mittlerweile auch andere Gebiete von Bayern als Lebensraum entdeckt.

Zoologisch gesehen gehört der Mink zur Familie der Marder und zur Unterfamilie der wieselartigen Marder. Kennzeichnend für ihn sind in Anpassung an seine semiaquatische Lebensweise seine kurzen Ohren und Schwimmhäute zwischen den Zehen.

Hinsichtlich der Farbe des Felles zeigt er kein einheitliches Bild, weil in Pelztierfarmen die unterschiedlichsten Farbtöne, von weiß über verschiedene Grau- und Braunstufen bis zu schwarz, gezüchtet wurden. Er ist überwiegend dämmerungs- und nachtaktiv und bevorzugt als Lebensraum die Nähe von fisch- und amphibienreichen Gewässern. Sein Nahrungsspektrum reicht von Mäusen und Ratten über Enten, Teich- und Blässhühner bis hin zu kleinen Fischen. Die Schäden an der Teichwirtschaft beschränken sich in der Regel auf Zuchtteiche oder sehr intensiv genutzte Angelteiche, wobei eine genaue Quantifizierung der Schäden nur selten möglich ist. Vor allem in der Winterzeit ernährt sich der Mink überwiegend von Jungfischen, dabei taucht er gelegentlich auch unter dem Eis nach seiner Beute. Das Gewicht der neugeborenen Tiere beträgt im Durchschnitt nur etwa neun Gramm.

Steckbrief	
Körperlänge	31 bis 37 cm (ohne Rute)
Gewicht	Sieben bis 20 kg
Paarungszeit (Ranz)	Februar bis April
Wurfzeit	Mai/Juni
Anzahl Jungtiere	Ein bis neun, meist drei bis sechs Welpen
Rechtlicher Status	Unterliegt dem allgemeinen Naturschutzrecht, eine Bejagung aus Gründen des Jagdschutzes ist möglich

Mit einem Alter von vier Wochen beginnen die Jungnerze feste Nahrung aufzunehmen und in der sechsten Lebenswoche wird erstmals das Nest verlassen. Im Juli beginnen die Jungen ein selbstständiges Leben ohne Muttertier. Der Mink unterliegt nicht dem Jagdrecht, seine Bejagung ist jedoch nach einem Beschluss des Bayerischen Landtages vom 2. Februar 2000 aus Gründen des Jagdschutzes möglich.

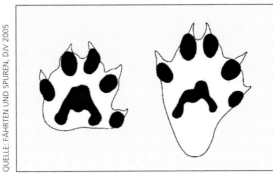

QUELLE: FÄHRTEN UND SPUREN, DJV 2005

Minkfährte Vorderlauf (links) und Hinterlauf (rechts)

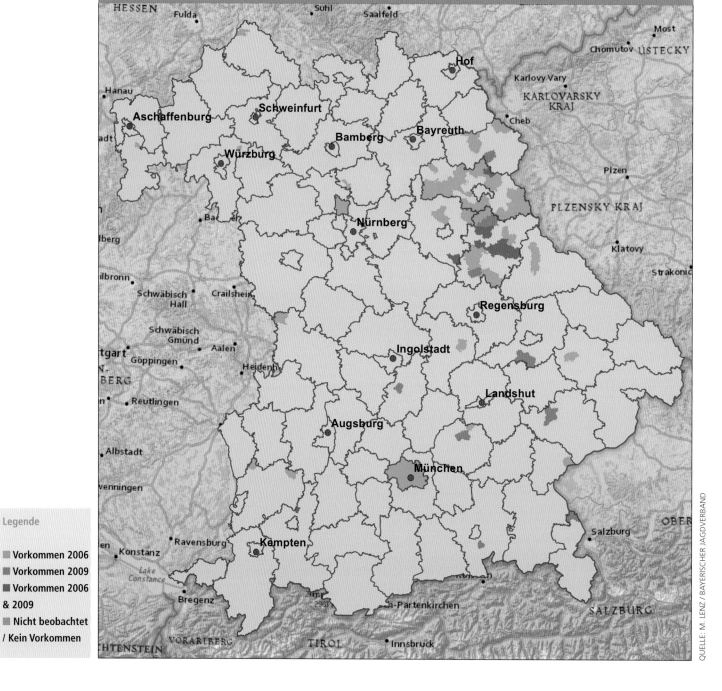

Gemeldete Mink-Vorkommen in Bayern

Legende

Vorkommen 2006

Vorkommen 2009

Vorkommen 2006
& 2009

Nicht beobachtet
/ Kein Vorkommen

QUELLE: M. LENZ / BAYERISCHER JAGDVERBAND

Zum Nach- und Weiterlesen

BOYE, P. Der Einfluss neu angesiedelter
Säugetierarten auf Lebensgemeinschaften.
In: Gebietsfremde Tierarten, 279–285,
Ecomed Verl., Berlin, 1996

BRASEKE, R. Zur Verbreitung und Ökologie des Minks (Mustela vison) im Bezirk
Schwerin. Wiss. Beitr. Univ. Halle **27**,
333–346, 1989

DUNSTONE, N. The Mink. Poyser Verl.,
London, 1993

ELMEROS, M.; HAMMERSHOJ, M. Experimental evaluation of the reliability of
placental scar counts in American mink
(Mustela vison). Eur. J. Wildl. Res. **52**,
132–135, 2006

HAMMERHOJ, M. Population ecology
of free-ranging American mink Mustela
vison in Denmark. Dissertation, Universität
Kopenhagen, 2004

STUBBE, M. Die expansive Arealerweiterung des Minks Mustela vison (Schreber,
1777) in der DDR in den Jahren 1975 bis
1984. Beitr. Jagd- u. Wildf. **15**, 75–90,
1988

VAN DER SANT, D. Bestandssituation und
Ausbreitungstendenz des Amerikanischen
Nerzes (Mustela vison Schreber, 1777) in
Nordbayern. Beiträge zur Jagd- und Wild-
forschung **26**, 229–234, 2001

YAMAGUCHI, N.; MACDONALD, D.W.
Habitat preference of feral American mink
in the upper Thames. J. Mammal. 84 (4):
1356–1373, 2003

ZABALA, J.; ZUBEROGOITIA, I. Habitat use
of male European mink (Mustela lutreola)
during the activity period in south western
Europe. Zeitschrift für Jagdwissenschaft
49, 77–81, 2003

Marderhund
(Nyctereutes procyonoides)

FOTO: HELMUT PIEPER

Steckbrief

Körperlänge	50 bis 80cm (ohne Rute)
Gewicht	Vier bis zehn kg
Paarungszeit (Ranz)	Februar/März
Wurfzeit	April bis Juni
Anzahl Jungtiere	Drei bis 15, meist fünf bis sieben Welpen
Rechtlicher Status	Unterliegt dem Jagdrecht, Jagdzeit in Bayern ganzjährig

Konkurrenzstarker Neubürger

Ursprünglich auf das Amur-Ussuri-Gebiet, Korea, das östliche China und nördliche Vietnam beschränkt, kam er als Pelztier in die Ukraine und gelangte von dort aus in die freie Wildbahn (AHRENS *et al.* 2003). Der außerordentlich anpassungsfähige Marderhund begann bereits vor dem II. Weltkrieg eine bis heute erfolgreiche Westwärts-Expansion, erreichte 1935 Finnland, 1945 Schweden, 1951 Rumänien, 1961 und 1964 Ungarn und die damalige DDR. Am 6. Mai 1967 wurde die erste Fähe gefangen, am 8. September 1967 ein Rüde im Wildforschungsgebiet Spree. Die in den Folgejahren sehr schnell ansteigenden Jagdstrecken belegen, dass der Marderhund sich in vielen Bundesländern etabliert hat, mit Schwerpunkt in Mecklenburg-Vorpommern und Brandenburg, wo derzeit die meisten Marderhunde erlegt werden. Die Population breitet sich weiterhin expansiv aus, wenngleich es seit 2008 zu einem Rückgang der Marderhundstrecke auf 14.674 (2010/2011) kam. In Bayern wurden im Jagdjahr 2011/2012 39 Marderhunde erlegt.

Der etwa fuchsgroße Marderhund, der zu den Hundeartigen gehört, wirkt insgesamt gedrungener als Reineke. Seine charakteristische Kopfzeichnung erinnert an eine Waschbärenmaske.

Bevorzugt kommt der Marderhund in feuchten Laub- und Mischholzbeständen mit dichtem Unterwuchs und verschilften Fluss- und Seeufern im Tiefland vor (bis 900 m Höhe). Generell scheint das Vorhandensein von Gewässern eine begünstigende Rolle zu spielen. Aktionsräume der Marderhunde besitzen Größen zwischen rund 850 und 2.000 Hektar.

In der Nahrungssuche und dem Nahrungsspektrum ähnelt der Marderhund dem Dachs. Die Ranzzeit fällt in die Monate Februar und März. Nach einer Tragzeit von 59 bis 70 Tagen werden im Durchschnitt

	Bayern	**Deutschland**
1998/1999	13	3249
1999/2000	19	5711
2000/2001	31	7161
2001/2002	16	11659
2002/2003	25	16087
2003/2004	12	18634
2004/2005	35	23262
2005/2006	21	30016
2006/2007	30	27512
2007/2008	25	35529
2008/2009	34	30053
2009/2010	17	17550
2010/2011	27	14674

Der Anteil der in Bayern erlegten Waschbären ist im Vergleich zur deutschlandweiten Jagdstrecke sehr gering.

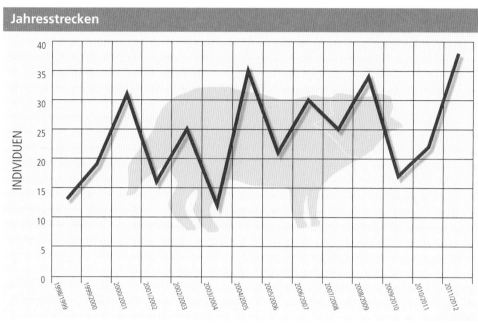

Jahresstrecken

Jahresstrecken des Marderhundes in Bayern
1998 bis 2011

INDIVIDUEN

QUELLE: VAN DER SANT D. UND KRAFT R. ERSCHIENEN IN DER PIRSCH AUSGABE 15/2002; GRAFIKEN: TAUSENDBLAUWERK

sechs bis sieben Welpen im April/Mai häufig in alten Fuchs- und Dachs-
bauten gewölft. In ihren Wohngebieten legen Marderhunde Latrinen, die
nicht abgedeckt werden, an.

Der Marderhund ist Nahrungskonkurrent und wohl auch Konkurrent um
die Baue von Fuchs und Dachs. Rückgänge in den Fuchsstrecken etwa in
Brandenburg gaben in der jüngeren Vergangenheit bereits Anlass zu Speku-
lationen, inwieweit der Marderhund in der Lage ist, den Fuchs zu verdrängen.
Derartige Aussagen sind allerdings momentan noch nicht mit hinreichender
Sicherheit möglich. Virus- und bakteriell bedingte Infektionskrankheiten und
Parasiten können wiederum die Populationsentwicklung des Marderhundes
beeinflussen. Staupe und weitere Virusinfektionen sind nachgewiesen, ebenfalls bakterielle Infektionskrankheiten (Milzbrand, Paratyphus, Tuberkulose,
Leptospirose u. a.). Eine Besatzermittlung erfordert die Erfassung der Gehe-
cke und wie bei Fuchs und Dachs die Führung eines Baukatasters. Marderhunde wurden bisher eher zufällig als gezielt zur Strecke gebracht, was mit
ihrer heimlichen, primär nächtlichen Lebensweise zusammenhängt. Berichte
über erfolgreiche Bauhundjagden häufen sich. Der Marderhund kann in Bayern ganzjährig bejagt werden.

Verbreitung in Deutschland

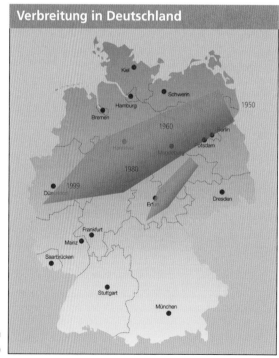

Ausbreitungsrichtungen des Marderhundes in
Deutschland 1950 – 2000

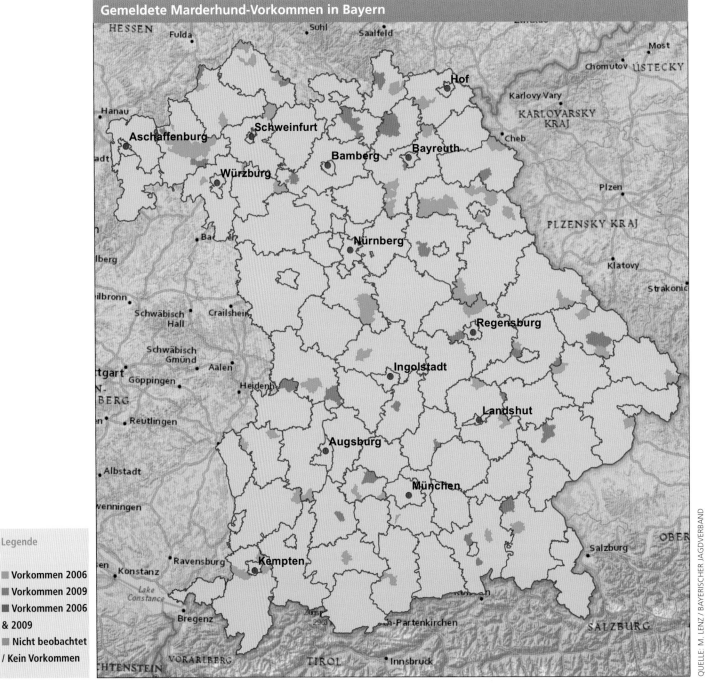

Gemeldete Marderhund-Vorkommen in Bayern

Legende

- Vorkommen 2006
- Vorkommen 2009
- Vorkommen 2006 & 2009
- Nicht beobachtet / Kein Vorkommen

Zum Nach- und Weiterlesen

AHRENS, M.; DOBIAS, K.; GORETZKI, J. Heimkehrer und Neubürger unter den wildlebenden Säugetieren Brandenburgs. Basler Verlag, Berlin, 2003

ANSORGE, N.; TIEBLING, U. Die Populationsökologie des Marderhundes (Nyctereutes procyonoides) im östlichen Deutschland – Einwanderungsstrategie eines Neuburgers. Beiträge zur Jagd- und Wildforschung **26**, 247–254, 2001

BRUCHHOLZ, S. Zur gegenwärtigen Verbreitung des Marderhundes in Mitteleuropa. Beitr. Jagd- u. Wildforschung **6**, 211–217, 1968

DRYGALA, F.; STIER, N.; ROTH, M. Erste Ergebnisse zur Nahrungsökologie, Home-Range und Habitatnutzung des Marderhundes (Nyctereutes procyonoides) – eines invasiven Caniden in Ostdeutschland. Artenschutzreport **12**, 48–54, 2002

GORETZKI, J. Die Entwicklung der Jagdstrecken von Waschbär (Procyon lotor), Marderhund (Nyctereutes procyonoides) und Nordamerikanischem Nerz (Mustela vison) in Deutschland. Beitr. Jagd- u. Wildforschung 29: 249–255, 2004

TACKMANN, K.; GORETZKI, J.; SUTOR, A.; SCHWARZ, S.; CONRATHS, F.J. Der Marderhund (Nyctereutes procyonoides) als neuer Endwirt für Echinococcus multilocularis in Ostdeutschland – erste Ergebnisse einer Studie in Brandenburg. Beitr. Jagd- u. Wildforschung **30**, 323–330, 2005

WOLOCH, A., ROZENKO, N. (2007): Die Akklimatisation des Marderhundes (Nyctereutes procyonoides Gray, 1834) in der Südukraine. Beitr. Jagd- u. Wildforschung **32**, 409–422, 2007

Waschbär
(Procyon lotor)

FOTO: HELMUT PIEPER

Pionier der Urbanisierung

Der Waschbär ist ein Vertreter der Kleinbären und stammt aus Nordamerika. Im Jahre 1934 wurden einige Exemplare in Nordhessen am Edersee ausgesetzt, welche zu einer Kernpopulation in Hessen, Nordrhein-Westfalen und Niedersachsen führten. Weitere Ausbreitungszentren bildeten sich in Brandenburg, Berlin und der Harzregion, wo während und als Folge des II. Weltkrieges Tiere aus Pelztierfarmen entkamen. Da junge Waschbären auch zu einem beliebten „Haustier" wurden, kamen weitere Aussetzungen in der Folgezeit hinzu. Zwischenzeitlich ist der Waschbär zum festen Bestandteil der deutschen Fauna geworden. Naturgemäß hat er auch Einfluss auf die regionaltypischen, einheimischen Biozönosen und damit auch auf das Niederwild.

Durch ihn wurden neue Krankheiten und Parasiten eingeschleppt (u. a. Waschbärspulwurm, *Baylisascaris procyonis*). Rund 70 % der hessischen Waschbären tragen den Waschbärspulwurm (GEY 1998) und fast 40 % der Waschbären in Sachsen-Anhalt (WINTER et al. 2005). Da die Tiere den urbanen Bereich keineswegs meiden, sondern zwischenzeitlich in vielen deutschen Städten zu einem „kleinen Problembären" geworden sind, sind vor allem Kinder, die auf Spielplätzen möglicherweise direkt mit Waschbärkot in Berührung kommen, gefährdet.

Steckbrief

Körperlänge	40 bis 95 cm (ohne Rute)
Gewicht	Sechs bis acht kg
Paarungszeit (Ranz)	Februar/März
Wurfzeit	April/Mai
Anzahl Jungtiere	Ein bis acht, meist drei Welpen
Rechtlicher Status	Unterliegt dem Jagdrecht, Jagdzeit in Bayern ganzjährig

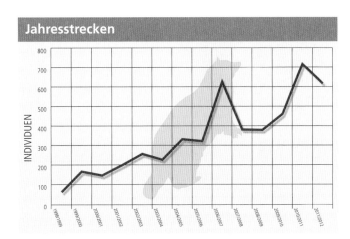

Jahresstrecken

In den meisten Bundesländern, so auch in Bayern, unterliegt der Waschbär dem Jagd-recht und darf ganzjährig erlegt werden. Allerdings erschwert die nächtliche Lebens-weise der Waschbären eine geregelte Bejagung. Daher werden die meisten Wasch-bären mit Fallen gefangen, gelegentlich sind sie Zufallsbeute, z.B. auf Drückjagden oder beim Sauenansitz.

Waschbären sind typische Allesfresser, mit deutlicher Vorliebe für Insekten, Mäuse, Früch-te und Vogeleier. Nicht selten kommt es zu Schäden in Obstkulturen. Den Tag verschlafen Waschbären, in der Nacht begeben sie sich nicht selten auf gemeinschaftliche Nahrungs-suche. Sie bevorzugen Lebensräume mit oder in der Umgebung von Gewässern.

Die Entwicklung der Verbreitung des Waschbären in Deutschland seit 1935

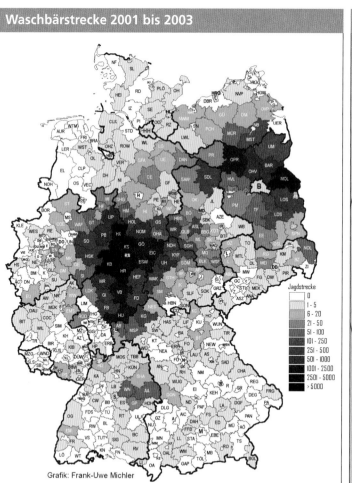

Waschbärstrecke 2001 bis 2003

Jagdstrecke

0
1 - 5
6 - 20
21 - 50
51 - 100
101 - 250
251 - 500
501 - 1000
1001 - 2500
2501 - 5000
> 5000

Grafik: Frank-Uwe Michler

QUELLE: VAN DER SANT D. UND KRAFT R. ERSCHIENEN IN DER PIRSCH AUSGABE 15/2002, GESELLSCHAFT FÜR WILDÖKOLOGIE UND NATURSCHUTZ E.V. „PROJEKT WASCHBÄR", GRAFIK: TAUSENDBLAUWERK

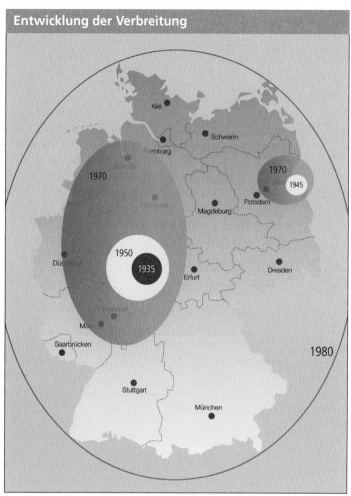

Entwicklung der Verbreitung

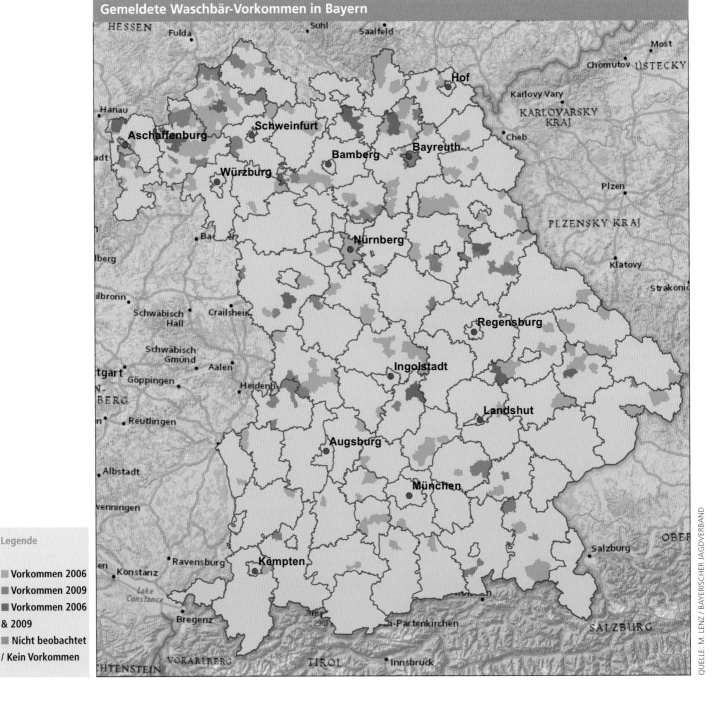

Gemeldete Waschbär-Vorkommen in Bayern

Legende

Vorkommen 2006

Vorkommen 2009

Vorkommen 2006
& 2009

Nicht beobachtet
/ Kein Vorkommen

QUELLE: M. LENZ / BAYERISCHER JAGDVERBAND

Zum Nach- und Weiterlesen

BAUER, C.; KNORR, H.; GEY, A. Baylisaka-riose – eine in Europa neue Zoonose. Ber. Dtsch. Veterinärm. Ges. **4**, *204–206, 1992*

CONRATHS, F.; BAUER, C.; CSEKE, J.; LAU-BE, H. Arbeitsplatzbedingte Infektionen des Menschen mit dem Waschbärspul-wurm Baylisascaris procyonis. *Arbeitsmed., Sozialmed., Umweltmedizin* **31**, *13–17, 1996*

GEY, A. Synopsis der Parasitenfauna des Waschbären (Procyon lotor) *unter Be-rücksichtigung von Befunden aus Hessen. Dissertation, Universität Gießen, 1998*

HEDDERGOTT, M. Zur Altersschätzung vom Waschbär Procyon lotor *(L. 1758) nach dem Gewicht des Os baculum. Beitr. Jagd- u. Wildtierforschung* **33**, *383–388, 2008*

HOHMANN, U. Untersuchungen zur Raumnutzung des Waschbären (Procyon lotor L. 1758) *im Solling, Südniedersach-sen, unter besonderer Berücksichtigung des Sozialverhaltens. Dissertation, Georg-August-Universität Göttingen*

HOHMANN, U.; GERHARD, R.; KASPER, M. (2000): Home range size of adult raccoons (Procyon lotor) *in Germany. Zeit-schrift für Säugetierkunde* **65**, *124–127, 2000*

LUTZ, W. Untersuchungen zur Nahrungs-biologie des Waschbären Procyon lotor *(Linne 1758) und zum möglichen Einfluss auf andere Wildarten in seinem Lebens-raum. Dissertation, Universität Heidelberg 1981*

LUX, E.; BARKE, A.; MIX, H. Die Wasch-bären (Procyon lotor) *Brandenburgs eine Herausforderung für den Naturschutz. Artenschutzreport* **9**, *12–16, 1999*

PAGE, K.L.; SWIHART, R.; KAZACOS, K. Raccoon latrine structure and its potential role in the transmission of Baylisascaris procyonis *to vertebrates. Americ. Midl. Naturalist* **140**, *180–185, 1998*

STUBBE, M. Der Status des Waschbären Procyon lotor *(L.) in der DDR (1975 bis 1984). Beitr. Jagd- u. Wildforschung* **17**, *180–192, 1990*

WINTER, M.; STUBBE, M.; HEIDECKE, D. Zur Ökologie des Waschbären (Procyon lotor L., 1758) *in Sachsen-Anhalt. Beitr. Jagd- u. Wildforschung* **30**, *303–322, 2005*

ZEVELOFF, S.I. Raccons. A natural history. Smithsonian Institute Press, Washington, 2002

Nutria
(Myocastor coypus)

Steckbrief

Körperlänge	40 bis 65 cm (ohne Schwanz)
Gewicht	Vier bis neun, maximal zwölf kg
Paarungszeit	Ganzjährig
Wurfzeit	Zwei bis drei Würfe pro Jahr
Anzahl Jungtiere	Ein bis zwölf, meist vier bis fünf Jungtiere pro Wurf
Rechtlicher Status	Unterliegt dem Jagdrecht, Jagdzeit in Bayern ganzjährig (Ausnahme: zur Aufzucht der Jungen erforderliche Elterntiere)

Lebensweise eines „Südamerikaners" in Deutschland

Die Nutria oder der Sumpfbiber war ursprünglich nur in Südamerika heimisch, wurde jedoch wegen seiner Pelz- und Fleischqualität in viele Gebiete der Erde in Zuchtanlagen eingeführt, von wo die Art dann auch in die Freiheit gelangte. Heute leben Freilandpopulationen auf allen Kontinenten (CARTER & LEONARD 2002, MEYER 2001, MEYER & ZILLMANN 2008), in vielen Ländern Europas (MITCHELL-JONES *et al.* 1999) und naturgemäß auch in Deutschland. Bedingt durch milde Winter und hohe Anpassungsfähigkeit erweitert er sein deutsches Areal.

Vorkommensschwerpunkte in Deutschland sind Brandenburg, die Region Eifel/Ruhrgebiet/Niederrhein, die Oberrheinebene, Sachsen-Anhalt, Sachsen und Thüringen.

Nutrias leben in Familienverbänden, können in geeigneten Habitaten hohe Populationsdichten erreichen und sind vorzugsweise nacht- und dämmerungsaktiv. An stehende oder fließende Gewässer gebunden (ca. 200 m Aktionsradien), bevorzugen die nicht territorialen Tiere überwiegend pflanzliche Kost. Dabei kommt es auch verstärkt zu Fraßschäden in landwirtschaftlichen Kulturen (insbesondere Kartoffel- und Maisanbau).

Nutrias leben paarweise oder in Gruppen. Diese umfassen die Eltern und Ihre letztjährigen Nachkommen. Paare leben monogam, beide Eltern kümmern sich um den Nachwuchs. Zwei bis dreizehn Junge werden nach einer Tragzeit von 19 Wochen in einem Erdbau im Uferbereich pro Wurf geboren. Diese erreichen mit fünf bis sechs Monaten Geschlechtsreife. Ein Schälen von Bäumen erfolgt in der Regel nur im Winter bei hoher Schneelage. Auch an der Schwimm- und Ufervegetation hinterlassen Nutrias ihre Spuren. Dies kann bis zur Zerstörung von ganzen Schilfgürteln führen. Bei der Bauanlage kommt es oft zu Unterhöhlungen von Uferbefestigungen. Die Baue liegen immer in Wassernähe, mit Eingängen über dem Wasserspiegel. Die Normalfärbung des Nutrias ist gelb- bis dunkelbraun, jedoch kommen zahlreiche Farbvariationen vor. Limitierend für das Populationswachstum sind strenge Winter.

Im Vergleich zum Biber ist die Nutria deutlich kleiner. Auch besitzt sie keine abgeplattete, sondern eine drehrunde, behaarte Rute. Eine Besonderheit zeigen die Nutriaweibchen. Ihre Milchdrüsen befinden sich seitlich am Körper, fast auf dem Rücken.

In einigen Bundesländern, darunter Bayern, ist er dem Jagdrecht unterstellt und darf ganzjährig, mit Ausnahme der zur Aufzucht der Jungtiere nötigen Elterntiere (§ 22 BJagdG) erlegt werden. Ein Problem stellt dabei die Tatsache dar, dass führende Elterntiere zu verschiedenen Jahreszeiten zu beobachten sind. Nach dem Naturschutzrecht genießt diese vom Menschen eingeschleppte Art keinen besonderen Schutz.

FOTO: DR. DIRK VAN DER SANT

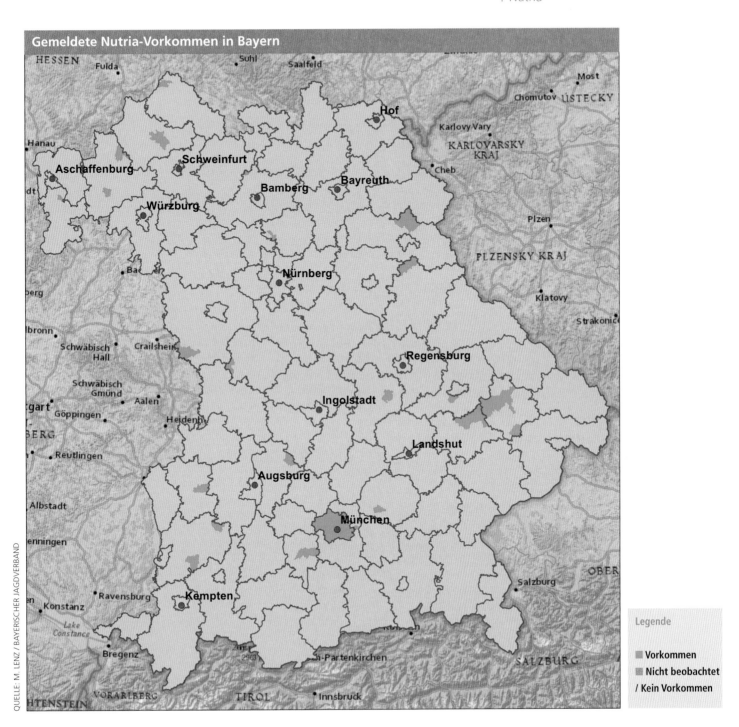

Gemeldete Nutria-Vorkommen in Bayern

Legende

◼ Vorkommen
◼ Nicht beobachtet
/ Kein Vorkommen

Zum Nach- und Weiterlesen

VON ACKEN, W. Sumpfbiber – fast 50 Jahre bei uns heimisch. Wild u. Hund **76**, 342, 1973

CARTER, J.; LEONARD, B. A review on the literature on the worldwide distribution, spread of, and efforts to eradicate the coypu (Myocastor coypus). Wildl. Soc. Bull. **30**, 162–175, 2002

DONCASTER, P.; JOUVENTIN, P. Les Ragondins. La recherche **211**, 754–761, 1989

DONCASTER, C.; MICOL, T. Annual cycle of a coypu (Myocastor coypus) population: male and female strategies. J. Zool. London **217**, 227–240, 1989

EHRLICH, S. Experiment on the adaption of nutria to winter conditions. J. Mammal. **43**, 418, 1962

GOSLING, L. Research and the control of Coypus – 1973 to 1976. Trans. Norwich Nat. Soc. **24**, 36–38, 1976

MEYER, J. Die Nutria (Myocastor coypus Molina 1780) – eine anpassungsfähige Wildart. Beitr. Jagd- u. Wildforschung **26**, 339–347, 2001

MEYER, J. Field methods for studying nutria. Wildl. Soc. Bull. **34**, 229–231, 2006

MEYER, J.; ZILLMANN, F. Wie alt? Methoden zur Altersschatzung bei der Nutria, Myocastor copyus (Molina 1782). Beitr. Jagd- u. Wildforschung **33**, 389–397, 2008

MITCHELL-JONES, A.; AMORI, G.; BOGDANOWICZ, W.; KRYSTUFEK, B.; REIJNDERS, P.; SPITZENBERGER, F.; STUBBE, M.; THISSEN, J.; VOHRALIK, V.; ZIMA, J. The atlas of European mammals. Poyser, London, 1999

REGGIANI, G.; BOITANI, L.; D'ANTONI, S.; DE STEFANO, R. (1993) Biology and control of the coypu in the Mediterranean area. Ric. Biologia della Selvaggina **21**, 67–100, 1993

STUBBE, M.; KRAPP, F. Familie Capromyidae – Biberratten. In: Handbuch der Säugetiere Europas 2/1 (2), 606–637, 1982

WOODS, C.; CONTRERAS, L.; WILLNER-CHAPMAN, G.; WHIDDEN, P. (1992): Myocastor coypus. Mammalian species **398**, 1–8, 1992

Biber
(Castor fiber)

FOTO: WERNER NAGEL

Steckbrief

Körperlänge	75 bis 100 cm (ohne Kelle)
Gewicht	13 bis 32 kg
Paarungszeit	Januar/Februar
Wurfzeit	Mai/Juni
Anzahl Jungtiere	Ein bis fünf Jungtiere
Rechtlicher Status	Unterliegt dem Naturschutzrecht

Wasserbaumeister mit Schadenspotential

Der Biber ist mit einem Gewicht von 25-30 kg und einer Länge von bis zu einem Meter (ohne Schwanz) das größte europäische Nagetier. Biber sind mit ihrem spindelförmigen Körper, hervorragend an das Leben im Wasser angepasst. Nasen- und Ohren sind beim Tauchen verschließbar. Ein extrem dichtes Haarkleid mit bis zu 23.000 Haaren/ cm², das zudem eingefettet wird, schützt vor Kälte. Schwimmhäute der Hinterpfoten dienen dem Schwimmen und Tauchen, mit dem abgeplatteten Schwanz, der Kelle, wird gesteuert.

Biber leben gesellig im Familienverband, bestehend aus den Eltern und den Jungtieren der letzten zwei Jahre. Jede Familie besetzt ein eigenes Revier entlang der Gewässer, aus dem fremde Biber vertrieben werden. Biber sind dämmerungs- und nachtaktiv.

Charakteristisches Markenzeichen des Bibers ist seine intensive Bautätigkeit, durch die er seine Umwelt nach seinen Ansprüchen gestaltet. Er kann Staudämme zur Regulierung des Wasserstands an Fließgewässern bauen, Biberburgen zum Schutz des unterirdischen Baus, Fluchtröhren als Unterschlupf bei Gefahr und auch Kanäle als Wasserwege zu Nahrungsflächen. Diese Bautätigkeit ist neben den Fraßschäden an Bäumen und Feldfrüchten der wesentliche Grund für massive Konflikte.

Der Biber wurde ab 1966 mit Zustimmung des damals zuständigen Landwirtschaftministeriums in Bayern wieder angesiedelt. Heute ist Bayern fast flächendeckend wieder vom Biber besiedelt. Der Bestand dürfte zwischen 12.000 und 15.000 Tiere betragen mit nach wie vor steigender Tendenz.

Aufgrund der mit der Verbreitung des Bibers zunehmenden massiven Konflikte wurde ein eigenes Bibermanagement entwickelt. Zuständig sind jeweils die Unteren Naturschutzbehörden der Landratsämter.

Rechtliche Grundlage ist die „Verordnung über die Zulassung von Ausnahmen von den Schutzvorschriften für besonders geschützte Tier- und Pflanzenarten (Artenschutzrechtliche Ausnahmeverordnung - AAV)„ des Bayerischen Umweltministeriums vom 3.Juni 2008.

Das bayerische Bibermanagement enthält vier wesentliche Bestandteile:

- Beratung: Bei Konflikten stehen auf Landkreisebene ehrenamtliche Biberberater zur Verfügung, die landesweit über die „Akademie für Naturschutz und Landschaftspflege (ANL)" geschult werden. Zusätzlich gibt es landesweit zwei hauptamtliche Biberberater.

- Prävention: Oft ist es möglich, durch geeignete Präventionsmaßnahmen Schäden erst gar nicht entstehen zu lassen. Hierzu gehören Maßnahmen wie z.B. Einzelbaumschutz, Elektrozäune oder auch die Ausweisung von Pufferstreifen entlang der Gewässer.
- Schadensausgleich: Das Bayerische Umweltministerium stellt jährlich zur Begleichung von Biberschäden in Land-, Forst- und Teichwirtschaft eine Summe von derzeit 350.000,- Euro zur Verfügung.
- Zugriff: Überall, wo gravierende Schäden drohen und Präventionsmaßnahmen nicht möglich oder zu aufwändig wären, dürfen Biber auf Antrag durch eigens bestellte Personen gefangen und/oder getötet werden und Biberbauten beseitigt werden.

Da der Biber ausschließlich dem Naturschutzrecht unterliegt, sind Jagd und Jäger zunächst nicht für den Biber zuständig. In der Praxis ergeben sich jedoch sehr viele Berührungspunkte. Spätestens, wenn Biber mit jagdlichen Mitteln, d.h. mit Kastenfalle oder Schusswaffe der Natur entnommen werden, müssen die Revierinhaber informiert werden. Oft dürfen die Biber nach Beauftragung durch die Unteren Naturschutzbehörden auch direkt vom Revierinhaber gefangen und / oder getötet werden. Auch stammen viele ehrenamtliche Biberberater aus der Jägerschaft.

Wo Tierarten auf Dauer mit jagdlichen Mitteln reguliert werden müssen, muss dies in Kompetenz der Jäger geschehen. Dies gilt auch, wenn diese Tierarten im Einzelfall nicht dem Jagdrecht unterliegen, wie dies beim Biber oder auch dem Kormoran der Fall ist.

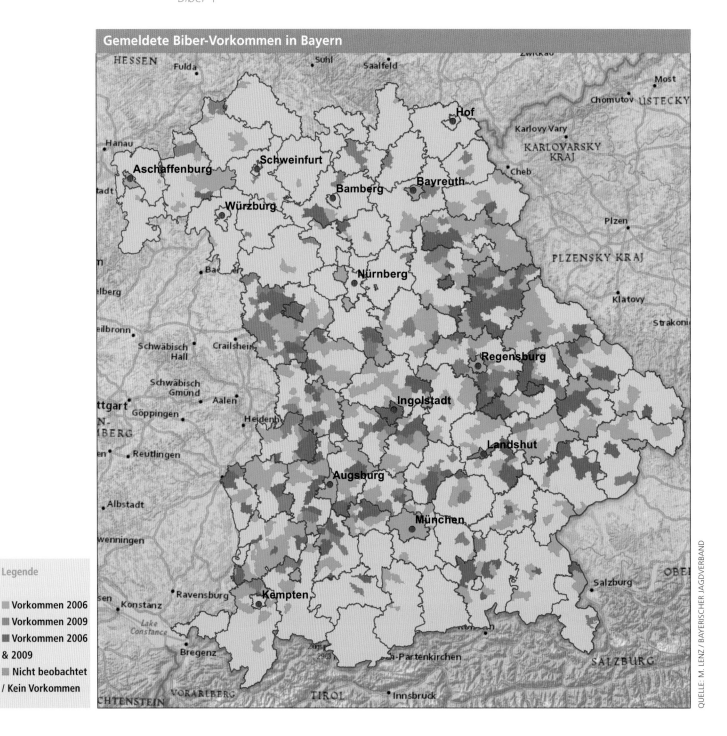

Gemeldete Biber-Vorkommen in Bayern

Legende

Vorkommen 2006
Vorkommen 2009
Vorkommen 2006
& 2009
Nicht beobachtet
/ Kein Vorkommen

Zum Nach- und Weiterlesen

BLANCHET, M. Le castor et son royaume. Ligue Suisse pour la protection de la nature. Basel, 1977

HAUSSER, J. Säugetiere der Schweiz. Birkhäuser Verl., Basel, 1995

HEIDECKE, D. Untersuchungen zur Ökologie und Populationsentwicklung des Elbebibers, Castor fiber albicus Matschie, 1907. Teil 1: Biologische und population-sökologische Ergebnisse. Zool. Jb. Syst. **111**, 1–40, 1984

HEIDECKE, D. Erste Ergebnisse der Bibe-rumsiedlungen in der DDR (Mammalia, Rodentia, Castoridae). Zool. Abh. Mus. Tierkd. Dresden **41**, 137–142, 1985

HEIDECKE, D. Taxonomische Aspekte des Artenschutzes am Beispiel der Biber Eurasiens. Hercynia **22**, 146–161, 1986

MITCHELL-JONES, A.J.; AMORI G.; BOG-DANOWICZ W.; KRYSTUFEK B.; REIJNDERS P.; SPITZENBERGER F.; STUBBE M.; THIS-SEN J.; VOHRALIK V.; ZIMA J. The Atlas of European mammals. Academic Press, London, 1999

NITSCHE, K.-A. Biber (Castor fiber) in Deutschland – Fakten und Probleme, Grenzen der Population und des Manage-ments. Beitr. Jagd- und Wildforschung **33**, 179–192, 2008

NOLET, B.A.; ROSELL F. Comeback of the beaver Castor fiber: an overview of old and new conservation problems. Biological Conservation **83**, 165–173, 1998

SCHWAB, G.; SORG U.M. Modellhaftes Bi-bermanagement in der Region Ingolstadt mit Landkreis Kelheim. Schlussbericht. Schriften aus dem Donaumoos **3**, 1–74, 2003

STOCKER, G. Biber in der Schweiz. Probleme der Wiedereinbürgerung aus biologischer und ökologischer Sicht. Eidgen. Anst. für das forstl. Versuchswesen **274**, 1–147, 1985

ZAHNER, V.; SCHMIDTBAUER M.; SCHWAB G. Der Biber – Die Rückkehr der Burgherren. Amberg, 2005

3. Regenerative Energiequellen: Wildtiermonitoring wird immer wichtiger!

QUELLE: PROF. DR. S. HERZOG

Unter dem Slogan „Energiewende" wurde im vergangenen Jahr eine politische Entwicklung eingeleitet, deren mittel- und langfristige Auswirkungen sowohl in ökonomischer, vor allem aber in ökologischer Hinsicht derzeit noch kaum absehbar sind.

Deshalb soll an dieser Stelle einmal kurz dargestellt werden, welche Folgen die Umsetzung dieses politischen Weges für einen Teil unserer Fauna, die Wirbeltiere, mit sich bringt bzw. mit sich bringen kann.

Aufgrund fehlender langfristiger Untersuchungsergebnisse will und kann dies keine wissenschaftlich fundierte Prognose sein. Eine orientierende Einschätzung der Entwicklung erscheint allerdings durch schlüssiges Kombinieren vorhandener Erkenntnisse mit den vorhersehbaren technischen sowie land- und forstwirtschaftlichen Entwicklungen durchaus legitim.

Ein heute typisches Bild: Täglich entstehen neue Windkraft- und Photovoltaikanlagen.

Politisches Ziel ist es, nicht erst langfristig, sondern bereits mittel- oder gar kurzfristig auf die Nutzung der Kernenergie zu verzichten. Damit sind zunächst die in den vergangenen Jahren ebenfalls politisch sehr hoch gehandelten Ziele des Klimaschutzes, welche im wesentlichen durch einen gewissen Anteil der Kernenergie im Energiemix gut erreichbar gewesen wären, sozusagen „in die zweite Reihe" gerückt, auch wenn das nicht offen zugegeben wird.

Somit mündet der Versuch, langfristig doch noch eine Reduktion klimawirksamer Emissionen zu erreichen, in eine beinahe vorbehaltslose Unterstützung von Photovoltaik, Wind- und Wasserkraft sowie nachwachsender Rohstoffe.

Es soll an dieser Stelle nicht diskutiert werden, wer letztlich aus ökonomischer Perspektive den Preis für diese Politik bezahlt, sondern der Blick mehr auf deren ökologische Auswirkungen gelenkt werden.

In Bayern stellt sich die Entwicklung folgendermaßen dar:

- Biogasanlagen:
  Bestand 2000: 329   Bestand 2011: 2.372
- Windkraftanlagen mit einer Höhe von Mindestens 100 m (Windparks sind in der Aufstellung nicht enthalten):
  Bestand 2000: 40   Bestand 2011: 386

Hinsichtlich der Auswirkungen auf die Artenvielfalt und auf den Zustand der Populationen verschiedener Wirbeltierarten wissen wir am Anfang einer solchen Entwicklung naturgemäß noch wenig. Die bislang existierenden Erkenntnisse lassen jedoch für die Zukunft eher unerfreuliche Szenarien befürchten.

Windenergie

So sind die zusehends in die Landschaft wachsenden Windkraftanlagen, verniedlichend gerne auch als „Windparks" bezeichnet, nicht nur ein landschaftsästhetisches Problem, sondern auch aus Tier- und Artenschutzgründen keineswegs harmlos.

Die Geschwindigkeit der auf den ersten Blick eher als träge empfundenen Rotorblätter beträgt an deren Spitzen bis zu 300 km/h. Wirbeltiere (in diesem Falle vor allem Vögel und Fledermäuse) können erfahrungsgemäß Geschwindigkeiten, welche sie selbst oder ihre Prädatoren erreichen, vergleichsweise gut einschätzen. Darüber hinausgehende Geschwindigkeiten führen allerdings vermehrt zu Kollisionen. Diese Überlegung, auf Windkraftanlagen angewandt, deutet bereits auf ein großes Risiko solcher Anlagen hin.

So gibt es zahlreiche Hinweise, dass insbesondere ziehende Vögel und Fledermäuse an Windkraftanlagen zu Tode kommen. Eine ausführliche Literaturstudie zu diesem Thema stammt von HÖTKER *et al.* (2005). Diese zeigt, dass besonders Windkraftanlagen in der Nähe von Feuchtgebieten und auf Gebirgsrücken ein tendenziell höheres Kollisionsrisiko für Vögel bergen, während Windkraftanlagen in Waldgebieten ein solches Risiko insbesondere für Fledermäuse mit sich bringen.

Inwieweit dieses Risiko im Sinne einer kompensatorischen Mortalität für die Population möglicherweise generell oder bei bestimmten Arten nicht relevant ist, wäre noch intensiver zu überprüfen.

Untersuchungen wie etwa diejenige von DE LUCAS *et al.* (2008) aus Spanien weisen aber darauf hin, dass zumindest für bestimmte (Greifvogel-)Arten die Mortalität durch Windturbinen nicht eindeutig mit der Häufigkeit der jeweiligen Art korreliert ist. Dies wiederum kann ein Indiz dafür sein, dass eine zusätzliche, also nicht-kompensatorische Mortalität durch Windkraftanlagen entsteht.

QUELLE: PROF. DR. S. HERZOG

Windkraftanlagen stellen für Vögel und (insbesondere im Wald) Fledermäuse ein Risiko dar, über dessen Ausmaß weitere Untersuchungen Aufschluss geben müssen.

Neben der Problematik ziehender Arten, die auch und gerade bei den derzeit vieldiskutierten Offshore-Anlagen relevant wird, gibt es aber noch das besondere Risiko für die Aasfresser unter den Vogelarten. Dies betrifft neben den Rabenvogelarten vor allem Seeadler und Milane. Es ist zu befürchten, dass gerade die letztgenannten Greifvogelarten sehr schnell lernen werden, dass im Umfeld von Windkraftanlagen leicht Beute zu machen ist. Damit werden Windkraftanlagen ähnlich wie derzeit Straßen schnell zu ökologischen Fallen. Sowohl beim Seeadler (*Haliaeetus albicilla*), als auch beim Rotmilan (*Milvus milvus*), dessen weltgrößtes Brutvorkommen in Deutschland liegt, und für den wir daher eine besondere Verantwortung tragen, muss dringend geprüft werden, ob deren Populationen langfristig durch den zusätzlichen Mortalitätsfaktor „Windkraft" nicht in ihrem Erhaltungszustand bedroht wird. Bereits in der Studie von HÖTKER *et al.* (2005) finden sich für diese Arten Hinweise auf gehäufte Todesfälle.

Darüber hinaus ergeben sich aber weitere ökologische Probleme aus dem extrem schnellen Ausbau der Windkraft. So wird derzeit bereits intensiv diskutiert, ob zukünftig auch Windkraftanlagen im Wald errichtet werden sollen. Dadurch würden viele Wälder, die nach vielen Jahren Waldumbau nun langsam zu stabilen und artenreichen Ökosystemen heranwachsen, nicht nur landschaftsästhetisch, sondern auch ökologisch in großen Teilen entwertet.

Wasserkraft

Wenngleich die Energiegewinnung aus Wasserkraft derzeit in Deutschland im Vergleich zur Photovoltaik und zur Windenergie noch ein Schattendasein führt, so ist doch abzusehen, dass sowohl in großem (etwa durch Errichtung von Pumpspeicherwerken) als auch in kleinerem Maßstab (etwa durch die Ausstattung zahlreicher kleinerer Fließgewässer mit Turbinen zur Stromerzeugung) zahlreiche Eingriffe in unsere Gewässer, meist besonders wertvolle Ökosysteme, erfolgen.

Während früher die Probleme von Wasserkraftanlagen insbesondere in der Verhinderung von flussaufwärts gerichteten Wanderbewegungen der Fische lagen, ist es heute vor allem die Rückwanderung, welche durch schnell laufende Turbinen zum Risiko für verschiedene Fischarten wird. Während die Fische beim Aufstieg ins Laichgewässer die Aufstiegshilfen in der Regel (leider auch nicht immer) nutzen, folgen sie bei ihrer Wanderung flussabwärts oft nicht dem zur Umgehung der Turbine vorgesehenen Bypass, sondern dem Hauptstrom im Gewässer, der geradewegs in die Turbinen führt, in denen die Fische dann schwer verletzt oder getötet werden. Besonders beim Lachs (*Salmo salar*) und dem aktuell in seinem Bestand massiv rückläufigen Europäischen Aal (*Anguilla anguilla*) wäre durch weitere Untersuchungen zu prüfen, ob dieses Phänomen auch signifikant zur Gefährdung der Arten beiträgt.

Das lokale Aufstauen der Gewässer vor Wasserkraftanlagen führt ebenfalls zu ökologischen Problemen. Neben der grundlegenden Veränderung des Gewässercharakters ist es – zusammen mit der allenthalben zu beobachtenden Eutrophierung – vor allem das Wachstum von Braunalgen, welches die Gewässerqualität sowie den gesamten Charakter von Gewässerabschnitten einschließlich der darin lebenden Flora und Fauna grundlegend verändern kann.

Photovoltaikanlagen in der Landschaft werden regelmäßig gezäunt und fördern dadurch die Landschaftszerschneidung.

Photovoltaik

Photovoltaikanlagen in der Landschaft nehmen mit ähnlicher Geschwindigkeit wie Windräder zu. Während sie auf Hausdächern vor allem ein Problem für den Geldbeutel der übrigen Stromkunden darstellen, sind von Gebäuden unabhängige Anlagen im Außenbereich ähnlich wie die Windkraftanlagen einerseits ein landschaftsästhetisches, andererseits ein ökologisches Problem. Letzteres soll uns hier vor allem interessieren.

Photovoltaikanlagen wirken zunächst unspezifisch im Sinne einer Versiegelung der Landschaft ebenso wie – aufgrund der obligatorisch durchgeführten Einzäunung – im Sinne einer Landschaftszerschneidung.

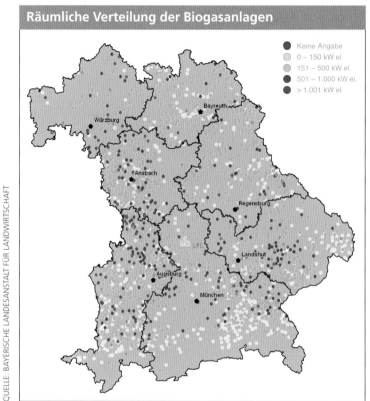

Räumliche Verteilung der Biogasanlagen

- Keine Angabe
- 0 – 150 kW el.
- 151 – 500 kW el.
- 501 – 1.000 kW el.
- > 1.001 kW el.

Bayreuth
Würzburg
Ansbach
Regensburg
Landshut
Augsburg
München

QUELLE: BAYERISCHE LANDESANSTALT FÜR LANDWIRTSCHAFT

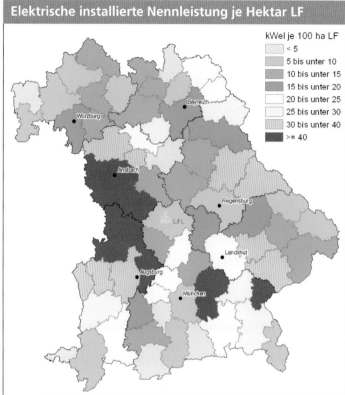

Elektrische installierte Nennleistung je Hektar LF

kWel je 100 ha LF
- < 5
- 5 bis unter 10
- 10 bis unter 15
- 15 bis unter 20
- 20 bis unter 25
- 25 bis unter 30
- 30 bis unter 40
- >= 40

Bayreuth
Würzburg
Ansbach
Regensburg
Landshut
Augsburg
München

Darüber hinaus besteht die sehr konkrete Befürchtung, dass die spiegelnden Oberflächen Gefahren für zahlreiche Wildtiere bergen. Für Wasservögel oder -insekten wird insbesondere die Möglichkeit der Verwechslung mit einer Wasseroberfläche gesehen, sodass Landeversuche provoziert werden. Zugvögel, die nachts ein Gewässer zum Ausruhen suchen, können dabei verletzt werden. Auch ist nicht auszuschließen, dass diese entkräftet verenden, wenn für wassergebundene Vögel ein Start zwischen den Solarmodulen nach einer solchen versehentlichen Landung nicht möglich ist. Eine Zusammenfassung potentieller ökologischer Auswirkungen von Photovoltaikanlagen findet sich etwa bei HERDEN *et al.* (2009).

Nachwachsende Rohstoffe

Bioenergie im Sinne von Energieerzeugung aus nachwachsenden Rohstoffen ist in Bezug auf die ökologischen Auswirkungen sicherlich am differenziertesten zu betrachten. Während (mehrjährige) Kurzumtriebsplantagen mit Gehölzen hinsichtlich ihrer Auswirkungen auf die Fauna zumindest noch einige Chancen bergen (vergl. HERZOG

QUELLE: PROF. DR. S. HERZOG

Biogasanlagen sind ein ökologisches Problem, wenn sie nicht mit Gülle und Stroh, sondern mit eigens zum Zwecke der Biogasgewinnung angebauten Pflanzen wie Mais versorgt werden

2011), ist die Situation bei annuellen Kulturen wie dem sog. „Energiemais" ernüchternd.

Neben den ethischen Problemen der weltweit steigenden Nahrungsmittelpreise aufgrund der Inanspruchnahme von Agrarflächen für die Energieerzeugung ist es die fortschreitende Industrialisierung der Landwirtschaft, welche dadurch weiter unterstützt wird.

Schon heute sind Feldfluren keineswegs mehr der Hort der Biodiversität, der sie noch bis in die 1960er und 1970er Jahre einmal waren. Mit zunehmender Betriebs- und vor allem Schlaggröße und den damit verbundenen großflächigen Monokulturen, mit immer enger getakteten Rhythmen der Flächenbearbeitung und mit entsprechend großflächigem Pestizideinsatz stellt die moderne Landwirtschaft bereits heute eines der größten ökologischen Risiken dar (vergl. u.a. auch HERZOG 2012).

Hinzu kommt nun, dass bei Kulturen für die Energiegewinnung auch die Orientierung an den traditionell üblichen Aussaat- und Erntezeiträumen nicht mehr zwingend erforderlich ist. Damit kommt auf uns ein nochmals deutlich größeres Risiko der Jungtier- und Gelegeverluste beim Niederwild bzw. allen bodenbrütenden Arten des Offenlandes zu.

Fazit

Nachhaltigkeit hat bekanntlich immer eine ökonomische, eine ökologische und eine sozio-kulturelle Komponente. Von Nachhaltigkeit können wir daher erst sprechen, wenn alle drei Aspekte Berücksichtigung finden. Eine Politik, welche derzeit mit dem Slogan „Energiewende" umschrieben wird, ist in diesem Sinne also keineswegs von nachhaltigem Handeln bestimmt. Um bisher nicht erkannte ökologische Risiken zu erkennen, ist daher ein intensives ökologisches Monitoring unabdingbar. Das Wildtiermonitoring der Jägerschaft ist dabei ein wichtiger Bestandteil, der in Zukunft sicher an Bedeutung gewinnen wird.

Zum Nach- und Weiterlesen

BAYERISCHE LANDESANSTALT FÜR LAND-WIRTSCHAFT Biogas in Zahlen – Bayern zum 31.12.2011

BAYERISCHE LANDESANSTALT FÜR LAND-WIRTSCHAFT Räumliche Verteilung der Biogasanlagen in Bayern und elektrisch installierte Nennleistung je Hektar LF zum 31.12.2011

*DE LUCAS, M.; JANSS, G.F.E.; WHITFIELD, D.P.; FERRER, M. Collision fatality of raptors in wind farms does not depend on raptor abundance. Journal of Applied Ecology **45**, 1695–1703, 2008*

*HERDEN, C.; RASSMUS, J.; GHARADJE-DAGHI, B.; GÖDDERZ, S.; GEIGER, S.; JANSEN, S. Naturschutzfachliche Bewertungsmethoden von Freilandphotovoltaikanlagen. BfN Skripten **247**, 1–168, 2009*

HERZOG, S. Kurzumtriebsplantagen: Eine Chance für das Niederwild? Revierkurier, 1–3, Juni 2011

HERZOG, S. Der Anfang vom Ende? Gedanken zum jagdlichen Einsatz von Nachtzielgeräten. unsere Jagd, 10–15, Juni 2012

*HÖTKER, H.; THOMSEN, K.-M.; KÖSTER, H. Auswirkungen regenerativer Energiegewinnung auf die biologische Vielfalt am Beispiel der Vögel und der Fledermäuse. BFN-Skripten **142**, 1–83, 2005.*

WIKIPEDIA Liste von Windkraftanlagen

3. Wildtiermonitoring und Entwicklungskonzepte für Habitate

Das Wildtiermonitoring ist ein wichtiges Standbein für Jagd und Naturschutz. Aber allen ist auch bewusst, dass daneben die Erhaltung und Weiterentwicklung der Wildtierlebensräume in den Revieren unser besonderes Anliegen sein muss. Viele Jäger leisten hier vorbildliche Arbeiten.

Der Bayerische Jagdverband hat mit seiner W i l d l a n d - S t i f t u n g   B a y e r n eine wichtige Grundlage für eine langfristige Sicherung besonders schutzwürdiger Lebensräume geschaffen.

Gegründet wurde die Stiftung als Wildland-GmbH im Jahr 1967 als 100-%-Tochter des Bayerischen Jagdverbandes mit dem Ziel, den Arten- und Biotopschutz zu fördern und Biotopverbundsysteme zu schaffen. Hierzu erwarb die Wildland in den folgenden Jahren insgesamt Grundstücke von fast 500 ha Größe. Der erste Flächenankauf erfolgte im Jahr 1972 im Landkreis Schweinfurt mit einem ca. zwei ha großer Maisacker, der einem Naturschutzgebiet vorgelagert war. Heute finden wir auf der Fläche einen wertvollen Trockenrasen und ein wichtiges Trittsteinbiotop für Niederwild und Feldvögel.

Schwerpunkte der Naturschutzarbeit finden sich bei folgenden Arten:

• Fischotter im Bayerischen Wald

Insgesamt hat die Wildland-Stiftung Bayern seit 1989 über 100 Hektar Ufergrundstücke als Fischotterschutzfläche erworben. Die Pflege- und Gestaltungsmaßnahmen, wie Mahd der Feuchtwiesen, die Anlage von Nahrungsteichen und Renaturierungsmaßnahmen der Ufer werden vor Ort von der örtlichen Jägerschaft in Zusammenarbeit mit den Naturschutzbehörden und dem Naturpark Bayerischer Wald umgesetzt.

- **Birkwild in der Rhön**

Die Rhön beherbergt die letzte außeralpine Birkwildpopulation Süddeutschlands. Nach einem dramatischen Bestandseinbruch bis Mitte der 90er Jahre hatte sich der Bestand bis 2003 aufgrund intensiver Schutzbemühungen wieder erholt. Fehlende Vermehrung wegen vermuteter Inzuchteffekte ließ die Population danach wieder schrumpfen. Begleitet von intensivem Lebensraum- und Störungsmanagement sowie der Kontrolle der Beutegreifer setzt die Wildland-Stiftung seit drei Jahren ein Auswilderungsprojekt mit schwedischen Birkhühnern um.

Übrigens: Die Rhön beherbergt neben dem Birkwild u.a. etwa 10% der bayerischen Bekassinenpopulation, das letzte bayerische Brutvorkommen des Raubwürgers und 10% der bayerischen Wiesenpiper.

- **Fränkische Rezat mit den Hauptzielarten Bekassine, Braunkehlchen, Grauammer und Weißstorch**

Im Arten- und Biotopschutzprogramm des Landkreises Ansbach gilt der Abschnitt der Fränkischen Rezat im Teilbereich zwischen Windsbach und Ansbach als ein Landschaftsschutzgebiet von überregionaler Bedeutung. Die Wildland Gesellschaft ist Dank des engagierten Revierinhabers Hans Betz seit 1982 an der Fränkischen Rezat aktiv und konnte fast zehn Hektar Ufergrundstücke nahe der Stadt Windsbach erwerben und als Bruthabitat für die Bekassinen sichern und gemeinsam mit dem Landschaftspflegeverband Mittelfranken optimieren.

- **Mooswiesen im Wiesental**

Das Isental ist von einer vielfältigen, bäuerlichen Landwirtschaft geprägt. Moorflächen wechseln sich mit landwirtschaftlich genutzten Flächen ab. Anders als die meisten Flussläufe in Bayern, die überwiegend in Nord-Süd-Richtung verlaufen, bildet die Isen eine Ost-West-Achse und verbindet die Münchner Schotterebene mit dem Naturraum des Unteren Inntales. Dadurch bietet sie die Möglichkeit der wirksamen Verbindung der Lebensgemeinschaften im Naturraum zwischen Isar und Inn. Die Wildland-Stiftung hat zum Schutz der Hauptzielarten Bekassine und Großer Brachvogel seit dem Jahr 2001 insgesamt 13 ha Fläche erworben. Gemeinsam mit dem Landschaftspflegeverband Altötting wurden umfangreiche Optimierungsmaßnahmen umgesetzt. U.a. wurden verbuschte ehemalige Torfstiche freigestellt und Wiesenseigen angelegt. Für Umweltbildungszwecke wurde nach altem Vorbild eine Torfhütte neu errichtet und für Umweltbildungszwecke eingerichtet. Das Projekt wurde 2012 mit dem Landschaftspflegepreis des Deutschen Verbands für Landschaftspflege ausgezeichnet.

- **Wiesenbrüter und Schwarzstorch im Schönseer Land**

Das „Schönseer Land" liegt im östlichen Oberpfälzer Wald an der Grenze zu Tschechien. Durch eine früher übliche extensive und kleinparzellige landwirtschaftliche Nutzung und eine Vielzahl von Gehölzstrukturen, Fließgewässern und auch einige große Feuchtgebiete bietet das Schönseer Land bis heute einer Vielzahl an seltenen Pflanzen und TierartenLebensraum. Besonders hervorzuheben sind dabei Wiesenbrüter wie Bekassine, Kiebitz oder Braunkehlchen und der Schwarzstorch. Mit dem Ankauf von fast 30ha Biotopfläche und Gestaltung und Pflege der Flächen trägt die Wildland-Stiftung zum Erhalt dieser Artenvielfalt bei.

- **Moorrenaturierung im Fichtelgebirge**

Im Ehewald im Landkreis Wundsiedel kauft die Stiftung wertvolle Moorflächen an, um eine Renaturierung und Wiedervernässung des Moorkernes umzusetzen. Damit leistet sie einen Beitrag zur Reduzierung des Treibhausgases CO_2 und schafft moortypische Lebensräume.

- **Fledermaushotel und Station zur Umweltbildung**

Im Fledermaus- und Tierhotel in Oberflossing im Landkreis Mühldorf sollen nicht nur heimische Tiere wie Wildbienen und Fledermäuse eine neuen Heimat finden, sondern auch Schüler der umliegenden Schulen ein „grünes Klassenzimmer", um in der Natur über die Natur zu lernen und zu experimentieren. Prof. Dr. Jürgen Vocke eröffnete als Vorsitzender des Stiftungsrats zusammen mit Dieter Sedlmayer als stellvertretendem Leiter der Abteilung Naturschutz und Landschaftspflege des Umweltministeriums das Fledermaushotel. Mit der dazugehörenden interaktiven Ausstellung wird die Neugier experimentierfreudiger Kinder geweckt und das Wissen über Fledermäuse und Insekten ganz spielerisch vermittelt.

- **Startschuss zum Wiesenbrütergebiet an der Baunach**

2012 fiel bei Pfarrweisach im Landkreis Haßberge der Startschuss für ein Projekt an der Baunach, das den Lebensraum für seltene, hoch gefährdete Vogelarten wie Bekassine, Rohrweihe oder Blaukehlchen auf Dauer sichern soll. Langfristiges Ziel des Projekts ist eine Teilrenaturierung der Baunach und der angrenzenden Aue. Dabei sind extensiv genutzte Wiesenbereiche nicht nur für den Hochwasserschutz, sondern für den Artenschutz allgemein besonders wertvoll. Intakte Auenwiesen bieten seltenen Wiesenbrütern Lebensraum während der Brutzeit und sichern so die Artenvielfalt. Darüber hinaus sind sie als Rastplätze für wiesenbrütende Vogelarten wie Rot- oder Grünschenkel während des Vogelzugs von besonderer Bedeutung.

- **Modellgemeinde Biodiversität Tännesberg**

Die Marktgemeinde Tännesberg im Oberpfälzer Wald zeichnet sich durch eine einmalige Vielzahl an Naturschutzprojekten aus, u.a. seit 1978 erste Flächenankäufe der Wildland und seit 1999 ein Rebhuhnprojekt unter Trägerschaft der Wildland-Stiftung. Seit 2008 ist Tännesberg Modellgemeinde zur Umsetzung der Bayerischen Biodiversitätsstrategie.

Gemeinsam mit der Gemeinde, dem Naturpark Nördlicher Oberpfälzer Wald, dem Bund Naturschutz und dem Landesbund für Vogelschutz ist die Wildland-Stiftung Träger dieses Modellprojekts.

Wildland-Stiftung Bayern – die Naturschutzorganisation der bayerischen Jäger

Wir schaffen Lebensräume.

Helfen Sie mit!

Wildland
STIFTUNG BAYERN

Wildland-Stiftung Bayern
Hohenlindnerstr. 12
85622 Feldkirchen

Spendenkonto: 11 80 800
Bankhaus Reuschel & Co.
BLZ: 700 303 00

info@wildland-bayern.de
www.wildland-bayern.de